主编 陈科　副主编 董瑞雪

生活中的法律常识

让你少吃亏的300个锦囊

百图百解轻松学习　　用好法律保护自己

中国法治出版社
CHINA LEGAL PUBLISHING HOUSE

目录 CONTENTS

第一章　生活中离不开的合同

第一节　签订合同的常识应知晓 / 003

1. 常见的合同有哪些？ / 003
2. 任何人都可以签订合同吗？ / 004
3. 合同一般应具备哪些条款？ / 006
4. 口头订立的合同有效吗？ / 007
5. 事后补签的合同有效吗？ / 009
6. 合同在双方签字后就一定能生效吗？ / 010
7. 未成功签订合同，可以要求对方赔偿损失吗？ / 012
8. 合同未约定价款，履行合同时如何确定价款？ / 014
9. 合同签订后本应先履行的一方可以中止履行吗？ / 015
10. 已经成立的合同该怎么解除？ / 017

第二节　常见合同纠纷提示 / 019

11. 货物与卖方承诺不一致，应如何处理？ / 019
12. 买方逾期提货导致货物受损的，损失由谁承担？ / 021

13. 购买的货物毁损、灭失的，应由谁承担风险？ / 022

14. 赠与合同签订后可以撤销吗？ / 024

15. 赠与的财产有瑕疵，赠与人要承担责任吗？ / 025

16. 发布悬赏失物招领信息，找到遗失物后可以不履行悬赏承诺吗？ / 026

17. 朋友找我做合同的保证人，我要答应吗？ / 028

18. 买卖合同未约定逾期付款违约金，应该如何处理？ / 029

19. 多重买卖合同中，买方如何维护自己的合法权益？ / 030

20. 商家称会员卡售出后不退还、不找零、不兑现，合法吗？ / 033

第二章　网络消费如何维权

21. 网络购买预售商品忘付尾款，能退定金吗？ / 037

22. 网络购物付款后，卖方迟迟不发货怎么办？ / 038

23. 网络购物买到假货，应如何维权？ / 039

24. 网络购买的食品有质量问题，应如何维权？ / 041

25. 网络购物收到的赠品有质量问题，可以索赔吗？ / 042

26. 直播间买到假货造成损害，应如何维权？ / 044

27. 网购货物在运输途中毁损，应由谁承担损失？ / 046

28. 快递未经收货人同意被放代收点后遗失，应由谁承担损失？ / 047

29. 网络购买的二手商品能否"七天无理由"退货？ / 049

目录

30. 网络购物遇到"霸王条款",可以主张无效吗? / 051

31. 未成年人给网络主播转账,家长该怎么办? / 052

第三章　借款、还款明明白白

32. 如何写一份规范的借条? / 057

33. 借款合同未约定还款时间,还款就没有期限吗? / 058

34. 给朋友借款时没有约定利息,还能主张利息吗? / 060

35. 借款利息可以预先扣除吗? / 061

36. 朋友之间借款,利息最高可以约定多少? / 062

37. 只有借条的情况下能否证明存在借贷关系? / 064

38. 父母为子女出资买房是赠与还是借贷? / 065

39. 借款合同什么情况下会被认定为无效? / 067

40. 借款人未按照约定还款,3年后出借人才起诉,能胜诉吗? / 068

第四章　租赁、买卖房屋如何避坑

41. 租赁合同未到期,房东卖房,租客该怎么办? / 073

42. 租客在出租屋内出事故,房东要承担责任吗? / 075

43. 中介将代管的房屋改造后群租,发生事故的,房东要承担责任吗? / 076

44. 房屋租赁合同到期，房东或中介不退还租房押金怎么办？/ 077

45. 出租房甲醛超标怎么办？/ 079

46. 租客可以拒绝房东或中介带人看房吗？/ 080

47. 租客可以自行维修出租屋内的设施、设备吗？/ 082

48. 租客可以擅自对承租房进行转租吗？/ 083

49. 房东卖房，租客可以优先购买吗？/ 084

50. 租客在房屋租赁合同到期后拒不搬出，房东该怎么办？/086

51. 购买房屋，卖方不迁出户口怎么办？/ 087

52. 签订购房"阴阳合同"，可能存在哪些法律风险？/ 089

53. 开发商交付的房屋与销售广告不符，买方可以要求其承担违约责任吗？/ 091

54. 开发商逾期交房怎么办？/ 092

55. 购买的房屋面积"缩水"该怎么办？/ 094

56. 房屋买卖合同签订后，房屋毁损、灭失的风险由谁承担？/ 096

57. 开发商未取得商品房预售许可证，签订的房屋预售合同是否有效？/ 097

58. 房屋所有权人一房多卖怎么办？/ 098

59. 房屋产权证迟迟办不下来，卖方应当承担违约责任吗？/ 100

60. 房屋买卖合同的解除权行使有期限吗？/ 101

目录

61. 房屋买卖合同签订后，一方能以未办理房屋产权变更登记为由主张合同无效吗？/ 103

62. 房屋买卖中，买方迟延交付购房款，卖方可以要求解除合同吗？/ 104

63. 小区公共区域的广告收入属于业主吗？/ 106

64. 业主不交纳物业费，物业公司可以停止供水、供电吗？/ 107

第五章　生活中的侵权与维权

65. 人身损害赔偿的范围和标准是什么？/ 111
66. 打羽毛球时被球击伤，扣球的人要承担责任吗？/ 114
67. 羽毛球馆地面湿滑导致接球时摔倒受伤，球馆经营者应当承担责任吗？/ 115
68. 顾客在洗浴时摔倒受伤，洗浴中心应当承担责任吗？/ 116
69. 顾客因抢购促销商品摔伤，超市应当承担责任吗？/ 117
70. 七旬老人在游泳馆泳池内溺亡，游泳馆要承担责任吗？/ 119
71. 居民在公园内悬挂晾衣绳致人受伤，公园管理者应当承担责任吗？/ 120
72. 邻居在我家住宅附近栽种树木，影响采光怎么办？/ 122
73. 楼上邻居私自将厨房改成卫生间，楼下住户应如何维权？/ 124
74. 邻居擅改入户门朝向影响通行，应如何维权？/ 125
75. 邻居家空调外机安装在我家窗户边，应如何维权？/ 126

005

76. 对门邻居安装可视门铃，我有权要求拆除吗？/ 128

77. 小区商店广告牌的灯光太亮影响居民生活，可以要求拆除吗？/ 129

78. 孕妇因交通事故流产能否主张精神损害赔偿？/ 130

79. 监护人侵害被监护人权利的，应如何承担责任？/ 131

80. 小学生在校园受到人身损害，学校应当承担责任吗？/ 133

81. 幼儿园学生在校园受伤，责任应由谁承担？/ 135

82. 朋友聚会一起饮酒，有人醉酒后发生意外事故，朋友要承担责任吗？/ 136

83. 饲养的宠物伤人，谁应当承担责任？/ 138

84. 业主委员会在公众号上发布对业主的起诉状，合法吗？/ 139

85. 物业公司将判决书公布在业主交流群，合法吗？/ 141

86. 强降雨导致小区车库内车辆被淹，物业公司应当承担民事责任吗？/ 143

87. 游客在旅游途中意外受伤，旅行社应当承担责任吗？/ 144

88. 在网络平台上称呼已婚朋友的丈夫"老公"，违法吗？/ 146

89. 已故亲属被造谣，可以要求赔偿吗？/ 148

90. 车借给朋友后出了交通事故，由谁承担责任？/ 149

目录

第六章　婚恋中的那些事儿

第一节　恋爱中的纠纷提示 / 153

91. 恋爱期间赠与巨款，分手后能否要回？/ 153

92. 恋爱期间表情达意的转账，分手后要返还吗？/ 155

93. 分手后索要"青春损失费"合法吗？/ 156

94. 分手后被频繁骚扰怎么办？/ 158

95. 悔婚后，已经收取的高价彩礼要返还吗？/ 159

第二节　准备好结婚了吗 / 161

96. 法定结婚年龄是多少岁？/ 161

97. 去哪办理结婚登记？/ 162

98. 举办过婚礼就算结婚了吗？/ 163

99. 婚前隐瞒重大疾病，婚姻可以被撤销吗？/ 165

100. 婚姻无效的情况下，双方生育的子女由谁抚养？/ 166

第三节　离婚纠纷如何好聚好散 / 168

101. 协议离婚的基本流程是什么？/ 168

102. 什么是离婚冷静期？/ 170

103. 一份标准的离婚协议应具备哪些要素？/ 171

104. 签了离婚协议就算离婚了吗？/ 173

105. 离婚协议签订后，一方不履行协议该怎么办？/ 174

106. 离婚协议关于财产的约定能否对抗法院强制执行？/ 176

107. 协议离婚后就财产分割问题反悔，能请求撤销吗？/ 179

108. 婚内签署"忠诚协议"，离婚时能否依据该协议分割财产？/ 180

109. 诉讼离婚的，起诉有时间限制吗？/ 182

110. 诉讼离婚应该准备哪些材料？/ 183

111. 诉讼离婚有离婚冷静期吗？/ 185

112. 夫妻感情破裂的判断标准是什么？/ 186

113. 什么样的分居会被认定为感情破裂？/ 188

114. 如何证明夫妻已经分居两年？/ 189

115. 军人的配偶可以要求离婚吗？/ 191

116. 无民事行为能力人如何提起离婚诉讼？/ 192

117. 婚内被配偶家暴怎么办？/ 194

118. 夫妻一方为家庭付出较多，离婚时可以要求补偿吗？/ 196

119. 夫妻一方被家暴，离婚时可以要求赔偿吗？/ 198

120. 离婚时发现子女非亲生可以要求赔偿吗？/ 200

121. 离婚时，子女的抚养权归谁？/ 201

122. 离婚后，子女抚养费如何计算？/ 203

123. 离婚后发现抚养费不够，能要求增加吗？/ 205

124. 离婚后直接抚养孩子的一方可以任意更改孩子的姓名吗？/ 206

125. 离婚后，可以变更抚养权吗？/ 208

126. 未成年子女可以要求父亲或母亲履行探望权吗？/ 210

127. 夫妻一方离婚前私卖车辆，分割财产时是否予以
少分？/ 211

128. 离婚时隐藏、变卖夫妻共同财产会被罚款吗？/ 212

129. 离婚时可以要求返还婚前给付的彩礼吗？/ 214

第四节　婚姻中如何守护财产、分清债务 / 216

130. 夫妻可以约定婚内财产的归属吗？/ 216

131. 夫妻一方婚内挥霍财产，另一方可以请求分割共同
财产吗？/ 217

132. 婚前个人所有的房屋在婚内因拆迁取得补偿款、回
迁安置房，是否属于夫妻共同财产？/ 219

133. 房改房是否属于夫妻共同财产？/ 221

134. 婚前房产在婚后添加配偶为共有人，离婚时要均分吗？/ 222

135. 婚前购买股票，婚后增值部分是否属于夫妻共同
财产？/ 224

136. 婚前与父母共有的房产，离婚时配偶能否要求分割？/ 226

137. 婚后房产登记在夫妻一方名下，是否属于夫妻共
同财产？/ 228

138. 婚内购买、登记在未成年子女名下的房屋，离婚时
可以要求分割吗？/ 229

139. 离婚冷静期内新增的财产如何处理？/ 231

140. 离婚时一方可以要求分割配偶将要继承的遗产吗？/ 232

141. 一方父母在子女婚后出资首付款购买的房产属于子女的夫妻共同财产吗？子女离婚后该房屋如何分割？/234

142. 婚前贷款购买房产，登记在自己名下，婚后夫妻共同还贷，离婚时如何分割？/236

143. 婚后购买的房产登记在夫妻一方名下，离婚时如何分割？/237

144. 婚前借给别人的钱在婚后收回，离婚时会被分割吗？/239

145. 父母在子女婚后为子女出资购房，子女离婚时如何分割？/241

146. 父母在子女婚前为子女全款出资购房，子女离婚时如何分割？/242

147. 婚后购买的保险，离婚时如何分割？/243

148. 婚前购买的房产在婚后产生的租金收益是否属于夫妻共同财产？/245

149. 夫妻一方从己方父母借钱，能否认定为夫妻共同债务？/247

150. 夫妻一方婚内举债，另一方同意偿还借款，能否认定为夫妻共同债务？/249

151. 夫妻一方婚内以个人名义举债，另一方有还款义务吗？/250

152. 夫妻一方婚内以个人名义举债后转借给他人并收取利息，另一方有还款义务吗？/ 252

153. 离婚后发现还有夫妻共同财产未分割，怎么办？/ 253

154. 未经配偶同意，低价出卖共有房产有法律效力吗？/ 255

155. 丈夫瞒着妻子多次向情人转账，妻子可以主张返还吗？/ 256

第五节　家庭和顺，有法可依 / 258

156. 离婚后不直接抚养未成年子女的一方还有抚养义务吗？/ 258

157. 双方未办理结婚登记，对非婚生子女有抚养义务吗？/ 259

158. 如何认定继父母与继子女之间形成扶养关系？/ 261

159. 对亲子关系有异议怎么办？/ 262

160. 祖孙之间有抚养、赡养义务吗？/ 263

161. 离婚后，子女长期由其祖父母抚养，生父母的抚养义务可以免除吗？/ 265

162. 成年的弟、妹对兄、姐有扶养义务吗？/ 266

163. 具有完全民事行为能力的成年人可以指定监护人吗？/ 267

164. 监护人侵害被监护人权益的，可以撤销其监护人资格吗？/ 269

165. 父母有权拒绝成年子女"啃老"吗？/ 271

166. 子女未尽赡养义务，父母能否将遗产赠与别人？/ 273

167. 子女之间约定了履行赡养义务的分工方式，父母可以向任一子女主张赡养费吗？/ 274

第七章　遗产继承的规则

168. 法定继承人的范围和顺序是怎样的？/279

169. 法定继承人对是否接受继承不明确表态，有什么法律后果？/281

170. 什么情况下，继承人会丧失继承权？/282

171. 法定继承、遗嘱继承、遗赠扶养协议发生冲突时怎么办？/284

172. 如果解除遗赠扶养协议，扶养人能否追回已经支付的费用？/286

173. 父母子女在同一起事故中死亡，其遗产应如何继承？/288

174. 腹中胎儿可以继承遗产和接受赠与吗？/289

175. 母亲先于外祖父去世，外祖父去世后，外孙子女有权继承外祖父的遗产吗？/290

176. 儿媳对公婆有继承权吗？/292

177. 多个继承人继承遗产应如何分配？/293

178. 对被继承人生前照顾较多的继承人以外的人，可以分遗产吗？/295

179. 什么样的人可以立遗嘱？/296

180. 自书遗嘱应具备哪些条件？/298

181. 代书遗嘱应具备哪些条件？/300

182. 打印遗嘱应具备哪些条件？/301

目录

183. 录音录像遗嘱应具备哪些条件？/303

184. 口头遗嘱应具备哪些条件？/304

185. 什么情况下遗嘱无效？/306

186. 第二顺序法定继承人能否作为代书遗嘱的见证人？/308

187. 多份遗嘱之间存在冲突如何处理？/309

188. 遗嘱可以附义务吗？/311

189. 遗嘱中的必留份是什么？/313

190. 立遗嘱后又反悔了，可以撤销吗？/314

191. 遗产分割协议签订后可以反悔吗？/315

192. 死亡赔偿金属于遗产吗？/317

193. 死亡抚恤金属于遗产吗？/318

194. 拆迁合户政策下父母遗留的房产属于遗产吗？/319

195. 公房可以继承吗？/320

196. 借用老人的工龄买房，老人去世后该房屋属于老人的遗产吗？/321

197. 独生子女就一定能继承父母的全部遗产吗？/322

198. 老人去世后无人继承的房屋归谁所有？/324

199. 老人可以把遗产赠给居委会吗？/325

200. 唯一继承人如何通过诉讼取得遗产？/326

201. 法定继承与遗嘱继承同时存在，被继承人生前负债如何处理？/327

202. 借款人去世，家人都放弃继承遗产，债务由谁承担？/328

013

203. 继承人放弃继承权，还需要承担义务吗？/ 330

第八章 职场中的劳动权益保护

204. 企业能拒绝录用乙肝病原携带者吗？/ 335
205. 企业和员工约定将社会保险费直接支付给员工，有效吗？/ 336
206. 员工不胜任工作，企业可以随意调岗吗？/ 337
207. 企业经济性裁员可以随时通知员工走人吗？/ 339
208. 劳动合同被企业违法解除后，员工能要求恢复劳动关系吗？/ 341
209. 员工辞职须经用人单位批准吗？/ 342
210. 公司拖欠工资，员工能解除劳动合同吗？/ 344
211. 劳动合同约定每日工作 8 小时，包含午餐时间吗？/ 345
212. 员工能以企业未缴纳社会保险费为由解除劳动合同吗？/ 346
213. 员工离职后还能要求企业支付年终奖吗？/ 347
214. 员工离职后，企业不出具离职证明怎么办？/ 349
215. 员工离职未依约办理工作交接，要承担责任吗？/ 351
216. 劳动合同终止后员工发现已怀孕，能要求续签劳动合同吗？/ 352
217. 劳动合同到期终止，企业要支付经济补偿吗？/ 354
218. 员工失职给企业造成损失，应如何赔偿？/ 355

目录

219. "三期"女职工的工资该怎么发？/357

220. "三期"女职工严重违纪，企业可以解除劳动合同吗？/359

221. 企业对"三期"女职工调岗、降薪违法吗？/360

222. 企业欠缴社会保险费，员工能通过仲裁或诉讼要求补缴吗？/361

223. 劳动合同约定企业可根据生产经营情况进行调岗，是否有效？/363

224. 员工连续工作已满十年，企业是否必须续订劳动合同？/365

225. 无固定期限劳动合同订立的条件有哪些？/366

226. 企业违法不与劳动者订立无固定期限劳动合同，应承担什么责任？/368

227. 劳动者提供虚假学历与用人单位签订劳动合同，应承担什么责任？/370

228. 录用通知的工资与劳动合同不一致怎么办？/371

229. 企业要求员工保守商业秘密需要支付费用吗？/373

230. 如何证明员工在试用期内不符合录用条件？/374

231. 企业发出录用通知后又反悔，劳动者应该怎么办？/377

232. 远程加班算加班吗？/379

233. 员工要求支付加班费，谁应承担举证责任？/381

234. 陪客户喝酒致身体健康受损属于工伤吗？/383

015

235. 企业为员工办理北京户口，约定服务期及高额违约金，员工在服务期内离职要按约定支付违约金吗？/384

第九章 刑法红线与刑事诉讼程序

236. 酒后开车，会被追究刑事责任吗？/389

237. 行人违反交通规则造成交通事故，会被追究刑事责任吗？/391

238. 未经许可推销投资理财产品，会被追究刑事责任吗？/393

239. 将银行卡借给他人使用并收取使用费，会被追究刑事责任吗？/394

240. 娶不到媳妇找"媒人"买媳妇，会被追究刑事责任吗？/396

241. 与现役军人配偶存在不正当男女关系，会被追究刑事责任吗？/397

242. 打了执行公务的警察耳光，会被追究刑事责任吗？/399

243. 吵架时将椅子扔出窗外，会被追究刑事责任吗？/401

244. 在互联网上辱骂他人，会被追究刑事责任吗？/402

245. 帮朋友做虚假证言，会被追究刑事责任吗？/403

246. 捏造事实，提起民事诉讼，会被追究刑事责任吗？/405

247. 分手后将前女友的私密视频发到网络上，会被追究刑事责任吗？/407

248. 拒不执行法院生效判决，会被追究刑事责任吗？/408

目录

249. 离婚诉讼期间强行与妻子发生性关系，会被追究刑事责任吗？/409

250. 在自家院子里种植罂粟用于观赏，会被追究刑事责任吗？/411

251. 外出游玩时随手挖走植物，会被追究刑事责任吗？/412

252. 下载、分享暴力恐怖视频，会被追究刑事责任吗？/413

253. 不满14周岁的未成年人犯罪，能免于承担刑事责任吗？/415

254. 犯罪后20年内未被发现，还会被追究刑事责任吗？/416

255. 被取保候审后还会被追究刑事责任吗？/418

256. 犯罪后自动投案但不如实交代，能从轻或减轻处罚吗？/420

257. 被判缓刑后还需要在监狱服刑吗？/422

258. 犯罪嫌疑人从什么时候开始有权委托辩护人？/424

259. 刑事诉讼中的"黄金37天"是指什么？/426

260. 犯罪嫌疑人有权核对讯问笔录吗？/428

261. 检察院不起诉的案件会留案底吗？/429

262. 什么是认罪认罚？/431

263. 检察院的量刑意见就是最终的量刑吗？/433

264. 被害人及亲属可以自己去法院提起刑事诉讼吗？/435

265. 刑事案件一审、二审审理期限是多久？/437

266. 对一审判决不服，上诉会被加重刑罚吗？/438

017

267. 什么情形下可以暂予监外执行？/ 440

第十章　农村居民权益保护

第一节　土地承包纠纷提示 / 445

268. 村民与村委会签订承包合同未经村民会议讨论决定，是否有效？/ 445

269. 同一土地上签订了两个承包合同，谁能取得土地经营权？/ 446

270. 他人在我的土地上种植树木，怎么办？/ 448

271. 未经合法审批改变农用地用途的承包合同是否有效？/ 449

272. 承包合同到期后承包地的地上物归属谁所有？/ 451

273. 承包方擅自改变土地用途的，村集体可以解除承包合同吗？/ 453

274. 承包地被征收可以获得补偿吗？/ 455

第二节　宅基地纠纷提示 / 456

275. 遗嘱处分了宅基地及地上房屋，有效吗？/ 456

276. 宅基地上的房屋可以卖掉吗？/ 458

277. 农村宅基地及地上房屋可以抵押吗？/ 460

278. 进城落户的农民能否继续保留宅基地使用权？/ 461

279. 城镇居民能在农村买宅基地盖房吗？/ 463

280. 宅基地被泥石流掩埋、灭失后怎么办？/ 464

目录

281. 村集体在什么情况下可以收回农民的宅基地？/466

282. 同村村民之间签署的宅基地转让合同有效吗？/468

283. 农民自愿退出宅基地后还可以再申请吗？/469

第十一章　如何准备打官司

284. 借款合同纠纷案件如何起诉、立案？/473

285. 法定继承纠纷案件应向哪个法院起诉？/475

286. 通过诉讼方式离婚，应向哪个法院起诉？/475

287. 买卖合同纠纷案件如何起诉？/477

288. 发生网络购物纠纷，去哪儿起诉？/478

289. 收到法院传票后应当做什么？/479

290. 离婚案件当事人可以不出庭吗？/480

291. 哪些材料可以作为案件的证据？/482

292. 证人出具证言后，必须出庭作证吗？/484

293. 如何撰写一份起诉状？/485

294. 离婚案件不想公开审理，怎么办？/486

295. 一审判决对我不利，我应该怎么办？/487

296. 对方不履行生效判决，可以申请强制执行吗？/489

297. 法院错误执行了我的财产，我可以提出异议吗？/491

298. 成为失信被执行人有什么后果？/492

299. 符合哪些情况可以申请法律援助？/494

300. 申请法律援助应准备什么材料？/495

第一章

生活中离不开的合同

第一章
生活中离不开的合同

第一节　签订合同的常识应知晓

1.常见的合同有哪些？

律师说法

《民法典》规定了19种典型合同，这些典型合同在市场经济活动和社会生活中应用普遍，且最为常见、最具有代表性。具体包括：买卖合同，供用电、水、气、热力合同，赠与合同，借款合同，保证合同，租赁合同，融资租赁合同，保理合同，承揽合同，建设工程合同，运输合同（客运合同、货运合同、多式联运合同），技术合同（技术开发合同、技术转让合同和技术许可合同、技术咨询合同和技术服务合同），保管合同，仓储合同，委托合同，物业服务合同，行纪合同，中介合同，合伙合同。

生活中的法律常识
——让你少吃亏的300个锦囊

2.任何人都可以签订合同吗？

> 阿姨，我要买这盒卡片！多少钱？

> 这个100元一盒。

▶ 情景再现①

邓某的女儿邓小某（7周岁）独自前往商店用100元购买了一盒卡片，邓某得知后认为商店与不满8周岁的未成年人订立的买卖合同无效，遂要求商店退钱。商店老板认为其在出售卡片时询问过邓小某的年龄及金钱来源，尽到了合理注意义务，且卡片已经拆封，影响二次销售，不同意退钱。双方协商无果后，邓某诉至法院，要求商店返还邓小某购买卡片花费的100元。

---

① 本书中的案例为作者在某些真实案例基础上，为说明法律问题编辑、加工而成。本书基础案例的搜集整理由团队实习生吴馨颖、班宇涵、董静娴、张琳颖及沈露负责，在此特别感谢。

> **律师说法**

《民法典》第二十条规定,"不满八周岁的未成年人为无民事行为能力人,由其法定代理人代理实施民事法律行为"。第二十一条规定,"不能辨认自己行为的成年人为无民事行为能力人,由其法定代理人代理实施民事法律行为。八周岁以上的未成年人不能辨认自己行为的,适用前款规定"。不满八周岁的未成年人和不能辨认自己行为的成年人均为无民事行为能力人,无民事行为能力人需要由其法定代理人代理民事活动,其独自作出的民事法律行为是无效的。

本案中,法院经审理认为,商店与邓小某订立买卖合同的行为属于无效的民事法律行为,双方应各自退还货款及货物。因案涉卡片已拆封,影响二次销售,为兼顾双方利益,经调解后,邓某同意以成本价70元购买案涉卡片,商店退还邓某30元。

提醒注意,经营者在与未成年人进行商品交易时,应当十分审慎;与难以判断年龄的未成年人进行大额交易时,可以要求其出示身份证件进行确认,从而避免交易被认定为无效的风险。而未成年人的法定代理人一旦发现未成年人实施了无效的民事法律行为,就应及时依法维权。

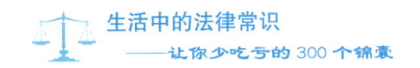

3.合同一般应具备哪些条款?

律师说法

《民法典》第四百七十条规定,合同的内容由当事人约定,一般包括下列条款:(1)当事人的姓名或者名称和住所;(2)标的;(3)数量;(4)质量;(5)价款或者报酬;(6)履行期限、地点和方式;(7)违约责任;(8)解决争议的方法。当事人可以参照各类合同的示范文本订立合同。

一般而言,合同具备上述条款后,合同内容相对清楚,权利义务相对明确,有利于合同的实际履行以及发生争议后的解决。但并不是说一份合同必须具备上述全部条款,缺少上述任一条款,合同就不生效。合同是民事主体之间设立、变更、终止民事法律关系的协议,只要该协议不违反法律、行政法规的强制性规定,不违背社会公序良俗,双方意思表示真实,即使是简短的几句话,或者以口头形式达成的协议,也具有法律效力。但是如果约定的合同条款不清楚,甚至没有书面约定,就很容易发生争议,且在发生争议后难以举证。

4.口头订立的合同有效吗？

> ▶ **情景再现**
>
> 朱某经人介绍到 A 公司定作高尔夫球杆一套，双方商定价款为 3 万元。协商过程中，朱某未对球杆型号及具体规格提出特别要求，也未专门提示 A 公司要根据其身高情况适当加长球杆尺寸。A 公司在询问了朱某的身高、年龄以及其此前使用的球杆的型号后，根据其陈述及公司的经验，确定了球杆的相关数据并进行制作。朱某向 A 公司付款 3 万元后，A 公司向朱某交付了一套球杆。朱某在使用该套球杆过程中发现因定作的球杆长度过短，导致其击球水平受到影响，遂与 A 公司协商退款事宜。双方协商未果后，朱某诉至法院，要求解除双方口头订立的高尔夫球杆定作合同，并要求 A 公司返还其支付的 3 万元款项。

律师说法

《民法典》第四百六十九条第一款规定,"当事人订立合同,可以采用书面形式、口头形式或者其他形式"。本案中,朱某与 A 公司口头订立的高尔夫球杆定作合同是双方当事人的真实意思表示,合法有效。双方当事人均应严格履行合同义务。因定作合同属于承揽合同,故制作人应当向定作人交付符合定作人要求或需要的劳动成果,而 A 公司在为朱某制作球杆时,未采取科学技术手段对影响球杆使用效果的数据进行测量,仅凭公司经验进行判断,存在一定的履约瑕疵。由于 A 公司未要求定作人在球杆数据上签字确认,导致现有证据不足以证明 A 公司交付的球杆符合定作人的需要和要求,因此 A 公司未全面履行合同义务,构成违约。同时结合案件的具体情况,双方之间针对定作产品已不存在修理、重作或更换的基础。法院最终判决解除定作合同,由 A 公司为朱某办理退货。同时考虑到朱某已实际使用了定制的球杆,故法院判令 A 公司返还部分货款。

合同的订立有多种形式,口头形式订立的合同与书面形式订立的合同均具有法律效力,受到法律保护。即使订立的是口头合同,双方也应严格按照口头的约定来履行合同。但因为口头形式的合同在发生纠纷时取证困难,所以在涉及大额交易时,建议采用书面合同来明确双方的权利义务。

第一章
生活中离不开的合同

5.事后补签的合同有效吗?

> 哥们儿,我之前借给你的钱能还了吗?咱们补签个合同吧!

> 最近手头有点紧……

情景再现

董某与李某是朋友,2020年至2023年,董某陆续向李某借款10万元,每次借款时董某均向李某表示其有钱的时候就会还款,却一直未还款。2024年3月,李某催要借款时,双方签订了一份借款协议,约定董某从李某处借款的金额、利息计算方式、借款期限。此种事后补签的合同有效吗?

律师说法

《民法典》第一百三十六条第一款规定,"民事法律行为

009

自成立时生效，但是法律另有规定或者当事人另有约定的除外"。第一百四十四条规定，"无民事行为能力人实施的民事法律行为无效"。第一百四十六条第一款规定，"行为人与相对人以虚假的意思表示实施的民事法律行为无效"。第一百五十三条规定，"违反法律、行政法规的强制性规定的民事法律行为无效。但是，该强制性规定不导致该民事法律行为无效的除外。违背公序良俗的民事法律行为无效"。第一百五十四条规定，"行为人与相对人恶意串通，损害他人合法权益的民事法律行为无效"。

本案中，董某与李某作为完全民事行为能力人，补签的合同既是双方当事人的真实意思表示，也是当事人对借款事实的书面确认，只要不违反法律法规的规定，补签的合同就合法有效，双方应按照合同的约定享有权利、履行义务。

6.合同在双方签字后就一定能生效吗?

▷ **情景再现**

董某与李某于2024年4月1日签订一份买卖合同，约定李某向董某出卖1000公斤白菜，每公斤4元，合同自双方签字时成立，自2024年10月1日起生效，在2024年10月1日前，双方均可以通知对方的方式解除本合同。董某与李某签署的合同什么时候生效?

第一章
生活中离不开的合同

律师说法

《民法典》第四百九十条第一款规定，"当事人采用合同书形式订立合同的，自当事人均签名、盖章或者按指印时合同成立。在签名、盖章或者按指印之前，当事人一方已经履行主要义务，对方接受时，该合同成立"。第一百三十六条第一款规定，"民事法律行为自成立时生效，但是法律另有规定或者当事人另有约定的除外"。

通常而言，民事法律行为在没有特殊约定或法律另有规定的情况下，自成立时生效。本案中，董某和李某于2024年4月1日签订了合同，合同于双方签字时成立，但因为双方在合同中明确约定了生效时间，在不违反法律、行政法规的情况下，该合同按照双方约定的生效时间生效。

7.未成功签订合同,可以要求对方赔偿损失吗?

▶ **情景再现**

董某与李某在同一条街道上经营餐馆,董某知道李某要对外转让餐馆后,虽不想购买李某的餐馆,但为了阻止李某将餐馆卖给竞争对手王某,董某假意与李某进行磋商、谈判。当王某购买了另一家餐馆后,董某告知李某不再购买其餐馆,李某只能将餐馆转让给比王某出价更低的其他人。李某认为董某多次明确表示肯定会购买其餐馆,结果却未购买,属于恶意磋商。李某可以向董某主张赔偿吗?

第一章
生活中离不开的合同

> **律师说法**

《民法典》第七条规定,"民事主体从事民事活动,应当遵循诚信原则,秉持诚实,恪守承诺"。第五百条规定,当事人在订立合同过程中有下列情形之一,造成对方损失的,应当承担赔偿责任:(1)假借订立合同,恶意进行磋商;(2)故意隐瞒与订立合同有关的重要事实或者提供虚假情况;(3)有其他违背诚信原则的行为。

通常而言,在未签订合同的情况下,双方当事人不存在任何义务关系,也就不存在一方需要向另一方承担赔偿损失的责任,当事人无须根据合同承担赔偿损失的违约责任。但如果一方在合同订立过程中本没有订立合同的目的,而是假借订立合同的名义达到其他目的,损害订约对方当事人的利益,这就属于假借订立合同进行恶意磋商,属于缔约过失行为。因缔约过失造成对方损失的,应当向对方承担赔偿责任。

本案中,董某本就没有购买李某餐馆的意向,但为了阻止李某将餐馆卖给自己的竞争对手王某,恶意与李某进行磋商、谈判,导致李某错失了将餐馆卖给王某的机会,造成李某的利益损失,依法应当进行赔偿。

8.合同未约定价款,履行合同时如何确定价款?

▶ **情景再现**

某年5月1日,甲公司与乙公司签订了标的为50吨钢材的买卖合同,约定次年1月11日之前,甲公司到乙公司处提货。但合同中未约定每吨钢材的价款以及合同总价款。次年1月1日,甲公司前往乙公司处提货,此时钢材的价格已经暴涨,每吨钢材的市场价格比合同签订时要贵1000元。甲公司要求按照合同签订时的价格提货,乙公司则要求按照此时的市场价格付款,甲、乙公司不能协商一致,后甲公司诉至法院。

律师说法

《民法典》第五百一十条规定,"合同生效后,当事人就质量、价款或者报酬、履行地点等内容没有约定或者约定不明确的,可以协议补充;不能达成补充协议的,按照合同相关条款或者交易习惯确定"。第五百一十一条第二项规定,"价款或者报酬不明确的,按照订立合同时履行地的市场价格履行;依法应当执行政府定价或者政府指导价的,依照规定履行"。

本案中,甲、乙公司在订立合同时未约定价款,后续也未能达成一致,双方之间不存在其他交易习惯可以用于确定合同的履行价格。法院根据《民法典》第五百一十一条以订立合同时的履行地的市场价格为合同价款,因甲公司需要到乙公司提货,合同订立时的履行地为乙公司所在地,故应按订立合同时乙公司所在地的市场价格来履行合同。

价款不明并不必然导致合同不成立,而是应当进一步审查是否可以通过双方协商补充约定或是按照合同相关条款或者交易习惯加以明确。但在签订合同时应尽量明确合同各项条款,以避免争议的发生。

9.合同签订后本应先履行的一方可以中止履行吗?

> 老李,听说你现在债务缠身,我实在担心你的还款能力,我们俩的合同先中止吧!

▶ 情景再现

某年6月10日,董某与李某签订商铺买卖合同,约定李某购买董某所有的商铺,董某将商铺转让给李某并办理登记后3日内，李某向董某支付转让对价。某年6月11日，董某得知李某因借用他人款项未归还已被诉至法院，且其名下还有多起民间借贷诉讼，存在丧失履行能力的风险。董某遂告知李某，暂时中止履行合同。董某有权中止履行吗？

律师说法

《民法典》第五百二十七条规定，应当先履行债务的当事人，有确切证据证明对方有下列情形之一的，可以中止履行：（1）经营状况严重恶化；（2）转移财产、抽逃资金，以逃避债务；（3）丧失商业信誉；（4）有丧失或者可能丧失履行债务能力的其他情形。当事人没有确切证据中止履行的，应当承担违约责任。

本案中，李某因未归还他人到期借款而被多人诉至法院，说明李某个人资信状况不良，有丧失履行债务能力的风险，此时董某有权行使不安抗辩权，中止履行。董某中止履行后，如果李某能够提供充分的证据证明其具有履约能力，则董某应恢复履行，董某仍未履行的，应当承担违约责任。

10.已经成立的合同该怎么解除？

▷ 情景再现

某年6月6日，董某与李某签订一份药材买卖合同，约定董某于当年7月7日前向李某交付某种野生道地药材500公斤，并约定每公斤价格100元。合同签订后，董某即开始寻找该野生道地药材，但由于上一年度过度采挖，董某仅寻找到该野生道地药材10公斤。7月8日，董某与李某协商解除合同，李某同意解除。

▷ 律师说法

已经依法成立的合同是可以解除的。合同的解除方式包括约定解除和法定解除两种。

（1）约定解除。《民法典》第五百六十二条规定，"当事人协商一致，可以解除合同。当事人可以约定一方解除合同的事由。解除合同的事由发生时，解除权人可以解除合同"。本案中，董某与李某协商一致解除合同，即属于这种情况。

（2）法定解除。根据《民法典》第五百六十三条的规定，有下列情形之一的，当事人可以解除合同：①因不可抗力致使不能实现合同目的；②在履行期限届满前，当事人一方明确表示或者以自己的行为表明不履行主要债务；③当事人一方迟延履行主要债务，经催告后在合理期限内仍未履行；④当事人一方迟延履行债务或者有其他违约行为致使不能实现合同目的；⑤法律规定的其他情形。此外，以持续履行的债务为内容的不定期合同，当事人可以随时解除合同，但是应当在合理期限之前通知对方。

值得注意的是，一方当事人以法定解除方式解除合同时应当依法通知对方。《民法典》第五百六十五条规定，"当事人一方依法主张解除合同的，应当通知对方。合同自通知到达对方时解除；通知载明债务人在一定期限内不履行债务则合同自动解除，债务人在该期限内未履行债务的，合同自通知载明的期限届满时解除。对方对解除合同有异议的，任何一方当事人均可以请求人民法院或者仲裁机构确认解除行为的效力。当事人一方未通知对方，直接以提起诉讼或者申请仲裁的方式依法主张解除合同，人民法院或者仲裁机构确认该主张的，合同自起诉状副本或者仲裁申请书副本送达对方时解除"。

第一章
生活中离不开的合同

第二节 常见合同纠纷提示

11.货物与卖方承诺不一致，应如何处理？

> 上周收到的机器都不能正常使用，我要求退货！

> 陆总，我们在想办法维修，收了货哪有退回来的……

▶ 情景再现

　　A机械制造公司与陆某签订产品购销合同，约定由A机械制造公司为陆某提供机器，保修期为自产品交付之日起一年。陆某收到货物并完成安装后，发现机器不能正常运转。后陆某多次与A机械制造公司相关人员联系，就机器安装、调试等问题进行沟通。A机械制造公司

019

> 也多次派人修理、更换零部件，但一直未能修复机器，后陆某诉至法院，要求退还不合格机器。

律师说法

《民法典》第六百一十条规定，"因标的物不符合质量要求，致使不能实现合同目的的，买受人可以拒绝接受标的物或者解除合同"。根据该法第五百八十二条至第五百八十四条、第六百一十七条的规定，出卖人交付的标的物不符合质量要求的，买受人可以请求出卖人承担修理、重作、更换、退货、减少价款或者报酬、支付违约金、赔偿损失等违约责任。

本案中，A机械制造公司所售产品在保修期内正常使用时出现质量问题，应由该公司负责免费维修。陆某在保修期内对机器的运转问题提出异议，双方当事人对此进行了沟通交流，A机械制造公司也派人进行了维修。经鉴定，A机械制造公司向陆某出售的机器的质量不符合合同约定，该公司存在违约行为，故法院最终判决支持了陆某的诉讼请求。

提醒注意，买受人在收到货物后，应在约定的检验期内进行检验，发现货物与合同约定不一致或者货物存在不符合质量要求的，应及时留存证据，并及时联系出卖人解决。

12.买方逾期提货导致货物受损的，损失由谁承担？

▶ 情景再现

2023年9月20日，刘某从苏某处订购苹果2000斤，双方约定于9月30日交货，由苏某采摘苹果并运往自家仓库后，刘某上门提取。后刘某因个人原因未按时提取货物，也未告知苏某。10月5日，仓库被雷电击中后起火，导致苹果全部毁损。刘某得知消息后要求苏某赔偿。

律师说法

根据《民法典》第六百零八条的规定，出卖人按照约定或者依据法律规定将标的物置于交付地点，买受人违反约定没有收取的，标的物毁损、灭失的风险自违反约定时起由买受人承担。

本案中，苏某根据双方的约定已经履行了其应承担的交付义务，故苏某不存在过错。刘某因自身原因未按照约定及时提取货物，违反了约定，故逾期提货后货物毁损、灭失等风险应由其自行承担。

13.购买的货物毁损、灭失的，应由谁承担风险？

情景再现

李某与陈某达成买卖协议，约定李某以6.5万元价格购买陈某的纯种汗血马一匹。后双方约定，由陈某向李某提供运输司机的联系方式，由李某负责联系运输车辆事宜并支付运费。陈某按约定将案涉马匹配合司机装上车并交付承运人，当日李某分两次向陈某指定的账户转账共6.5万元。次日，李某给陈某打电话，告知陈某运送马匹的车辆在途中发生交通事故，导致马腿受伤，其无法联系到运送司机，遂让陈某配合其找司机索赔。后李某诉至法院，要求陈某返还购买款及赔偿各项损失。

律师说法

《民法典》第六百零四条规定,"标的物毁损、灭失的风险,在标的物交付之前由出卖人承担,交付之后由买受人承担,但是法律另有规定或者当事人另有约定的除外"。

本案中,在双方对于交付前后标的物毁损、灭失的风险由何方承担并无特殊约定的情况下,由买受人李某与承运人联系运输案涉马匹事宜,并向承运人支付了运费,故出卖人陈某将案涉马匹交付承运人后,即履行了出卖人的交付义务。因此,案涉马匹毁损、灭失的风险在陈某将马匹交予承运人之后就已经由李某承担了。法院最终判决驳回李某的诉讼请求。

平等民事主体之间签订的协议,在不违法、不违背社会公序良俗的前提下,合同双方可以充分协商,明确权利义务。提醒注意,此类案件的当事人,尤其是买方,可以在合同中明确约定标的物毁损、灭失的风险从何时开始转移。

14.赠与合同签订后可以撤销吗?

▷ 情景再现

孙某与孟某签订协议,约定孙某将其应获得的拆迁安置房份额及相应的拆迁补偿款全部赠与孟某,孟某则无偿提供一套简单装修的小户型安置房供孙某生前居住,并承担对孙某的赡养义务。协议签订后,因孟某未按照协议约定履行赡养义务,孙某遂诉至法院,要求撤销对孟某的赠与。

律师说法

《民法典》第六百六十三条第一款规定,受赠人有下列情形之一的,赠与人可以撤销赠与:(1)严重侵害赠与人或者赠与人近亲属的合法权益；（2）对赠与人有扶养义务而不履行；（3）不履行赠与合同约定的义务。

本案中，孙某与孟某签订协议，约定了赠与事项及孟某接受赠与应履行的合同义务，即孙某将自己的拆迁安置房份额及补偿款赠与孟某的前提是孟某履行赡养义务，而孟某在接受赠与后，未按照协议的约定履行赡养义务，故孙某有权撤销赠与。

提醒注意，赠与人应在协议中明确约定受赠人应履行的义务以及赠与人在哪些情形下可以撤销赠与；受赠人应秉持诚实信用原则，按照协议约定履行自己的义务。

15.赠与的财产有瑕疵，赠与人要承担责任吗？

▷ 情景再现

某日，董某购买了一辆公路自行车，骑行一段时间后，其又购买了该款自行车的升级版产品，遂将自己之前购买的自行车赠与李某。后李某骑行该自行车时，车轮突然飞出，导致其受伤。董某应当对李某的损失承担责任吗？

律师说法

《民法典》第六百六十二条规定，"赠与的财产有瑕疵的，赠与人不承担责任。附义务的赠与，赠与的财产有瑕疵的，赠与人在附义务的限度内承担与出卖人相同的责任。赠与人故意不告知瑕疵或者保证无瑕疵，造成受赠人损失的，应当承担赔偿责任"。

本案中，董某并不知道其赠与李某的公路自行车存在瑕疵，而且这是无偿赠与，根据法律规定，董某对于李某的损失不承担责任。如果董某在明知公路自行车存在瑕疵的情况下，故意不告知瑕疵或者保证无瑕疵，那么对于公路自行车出事故导致李某的损失，董某应承担赔偿责任。

提醒注意，赠与人在赠与他人财产时，如果明知赠与的财产存在瑕疵，则应明确告知受赠人财产的真实情况，不能有所隐瞒；如果不知道赠与的财产是否存在瑕疵，则不要轻率作出该财产无瑕疵的保证。

16.发布悬赏失物招领信息，找到遗失物后可以不履行悬赏承诺吗？

第一章
生活中离不开的合同

情景再现

董某的手机丢失,其向遗失的手机发送短信,表示如果捡到手机的人能够退还手机,其愿意支付5000元作为感谢费。李某收到董某发送的短信后向董某拨打了电话,要求董某先支付2500元再见面,见面时再支付剩余的2500元,待董某支付完5000元后,李某将退还手机。董某支付5000元并取回手机后,要求李某返还其收取的5000元,李某不同意,董某诉至法院。

律师说法

《民法典》第三百一十七条规定,"权利人领取遗失物时,应当向拾得人或者有关部门支付保管遗失物等支出的必要费用。权利人悬赏寻找遗失物的,领取遗失物时应当按照承诺履行义务。拾得人侵占遗失物的,无权请求保管遗失物等支出的费用,也无权请求权利人按照承诺履行义务"。

通过悬赏的方式找到遗失物,悬赏人就应向拾得人履行其在悬赏广告中作出的承诺。本案中,董某向其遗失的手机发送悬赏短信的行为属于发布悬赏广告。董某通过悬赏的方式找到遗失物,就应向拾得人即李某履行其在悬赏广告中承诺的给付义务。因此,李某取得董某给付的5000元酬金有法律依据,不属于不当得利,法院最终判决驳回董某的诉讼请求。

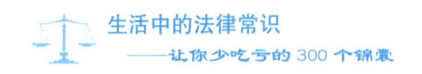

17.朋友找我做合同的保证人,我要答应吗?

▷ **情景再现**

董某与李某是多年朋友,董某因投资做生意需要周转资金,遂向李某借款100万元。李某为了保证债权的实现,在答应借给董某该款项的同时,要求董某提供保证人。董某此时找到了朋友王某,王某很犹豫,不知道要不要答应董某的请求。

律师说法

《民法典》第六百八十八条规定,"当事人在保证合同中约定保证人和债务人对债务承担连带责任的,为连带责任保证。连带责任保证的债务人不履行到期债务或者发生当事人约定的情形时,债权人可以请求债务人履行债务,也可以请求保证人在其保证范围内承担保证责任"。

债权人为了保证债权的实现,要求债务人提供保证人。当债务人不履行到期债务时,债权人尤其是连带保证的债权人通常会要求保证人履行保证责任。保证人以其财产代为清偿债务后可以向债务人追偿,但在债务人偿还能力薄弱或者已经丧失的情况下,保证人向债务人顺利实现追偿的目标恐难以实现。

提醒注意,如果有朋友找你做保证人,一定要谨慎,建议先充分了解这位朋友是否有足够的偿还能力,千万不要稀里糊涂地同意做保证人并在合同的保证人处签字。

18.买卖合同未约定逾期付款违约金,应该如何处理?

▶ 情景再现

北京某公司与南京某公司签订买卖合同,约定南京某公司购买北京某公司的一批电器设备。合同签订后,北京某公司按照约定的时间向南京某公司供货,但南京某公司收到货物并验收合格后迟迟未付款。然而,双方签订的买卖合同中对于逾期付款违约金并无约定,于是北京某公司诉至法院,要求南京某公司支付货款并支付延期支付货款的违约金。

律师说法

《最高人民法院关于审理买卖合同纠纷案件适用法律问题的解释》第十八条第四款规定,买卖合同没有约定逾期付款违约金或者该违约金的计算方法,出卖人以买受人违约为由主张赔偿逾期付款损失,违约行为发生在 2019 年 8 月 19 日之前的,人民法院可以中国人民银行同期同类人民币贷款基准利率为基础,参照逾期罚息利率标准计算;违约行为发生在 2019 年 8 月 20 日之后的,人民法院可以违约行为发生时中国人民银行授权全国银行间同业拆借中心公布的一年期贷款市场报价利率（LPR）标准为基础，加计30%—50%计算逾期付款损失。

本案中，北京某公司与南京某公司签订的买卖合同是双方当事人真实意思表示，不违反法律的禁止性规定，当属合法有效，双方应当按照约定全面履行自己的义务。北京某公司已履行交付货物的义务，有权获取相应的货款；南京某公司收货后未按合同约定付款，应承担相应的违约责任。法院经审理，判决南京某公司向北京某公司支付其欠付的货款及利息（利息按全国银行间同业拆借中心公布的贷款市场报价利率的1.5倍计算）。

19.多重买卖合同中，买方如何维护自己的合法权益？

> **情景再现**
>
> 2024年3月12日，董某与张某口头达成买卖手机协议，约定董某将其使用一个月的手机出卖给张某。张某于当日向董某支付价款4000元，因董某当时未随身携带该手机，董某与张某约定两天后再交货。3月13日，李某去董某家做客时听说董某以4000元的价格将手机卖给了张某但还未交付，便向董某提出愿意以5000元的价格购买该手机，董某同意，于是李某向董某支付

第一章
生活中离不开的合同

了5000元,并当场取得该手机。3月14日,张某去董某家取手机时被告知该手机已经卖给李某,张某一怒之下将董某诉至法院,要求其返还手机款并赔偿损失。

律师说法

《最高人民法院关于审理买卖合同纠纷案件适用法律问题的解释》第六条规定,出卖人就同一普通动产订立多重买卖合同,在买卖合同均有效的情况下,买受人均要求实际履行合同的,应当按照以下情形分别处理:(1)先行受领交付的买受人请求确认所有权已经转移的,人民法院应予支持;(2)均未受领交付,先行支付价款的买受人请求出卖人履行交付标的物等合同义务的,人民法院应予支持;(3)均未受领交付,也未支付价款,依法成立在先合同的买受人请求出卖人履行交付标的物等合同义务的,人民法院应予支持。

具体到本案,董某与张某的口头协议在先,董某与李某的口头协议在后,但是李某已取得董某交付的手机,李某享有该手机的所有权,张某要求董某交付该手机的请求权灭失,只能对董某主张其他救济方式,如解除合同、返还已支付价款、赔偿损失等。最终,经法院组织调解,董某同意退还张某已支付的4000元价款,并赔偿张某损失400元。

《最高人民法院关于审理买卖合同纠纷案件适用法律问题的解释》第六条是针对普通动产多重买卖的处理规则,而针对船舶、航空器、机动车等特殊动产存在不同的处理规则。该司法解释第七条规定，出卖人就同一船舶、航空器、机动车等特殊动产订立多重买卖合同，在买卖合同均有效的情况下，买受人均要求实际履行合同的，应当按照以下情形分别处理：（1）先行受领交付的买受人请求出卖人履行办理所有权转移登记手续等合同义务的，人民法院应予支持；（2）均未受领交付，先行办理所有权转移登记手续的买受人请求出卖人履行交付标的物等合同义务的，人民法院应予支持；（3）均未受领交付，也未办理所有权转移登记手续，依法成立在先合同的买受人请求出卖人履行交付标的物和办理所有权转移登记手续等合同义务的，人民法院应予支持；（4）出卖人将标的物交付给买受人之一，又为其他买受人办理所有权转移登记，已受领交付的买受人请求将标的物所有权登记在自己名下的，人民法院应予支持。

针对房产的多重买卖，《第八次全国法院民事商事审判工作会议（民事部分）纪要》第十五条规定，审理一房数卖纠纷案件时，如果数份合同均有效且买受人均要求履行合同的，一般应按照已经办理房屋所有权变更登记、合法占有房屋以及合同履行情况、买卖合同成立先后等顺序确定权利保护顺位。但恶意办理登记的买受人，其权利不能优先于已经合法占有该房屋的买受人。对买卖合同的成立时间，应综合主管机关备案时间、合同载明的签订时间以及其他证据确定。

20.商家称会员卡售出后不退还、不找零、不兑现,合法吗?

▷情景再现

某年1月,董某出于运动健身目的,在某游泳馆办理了一张游泳卡,并预存了5000元,双方约定健身卡使用期限为两年。次年1月,董某打算回老家工作,想到自己的游泳卡中有余额尚未用完,便和游泳馆商量能否将余额退还,游泳馆则回复,会员卡一经售出概不退还。于是董某将游泳馆诉至法院。

律师说法

《民法典》第四百九十六条规定,"格式条款是当事人为了重复使用而预先拟定,并在订立合同时未与对方协商的条款。采用格式条款订立合同的,提供格式条款的一方应当遵循公平原则确定当事人之间的权利和义务,并采取合理的方式提示对方注意免除或者减轻其责任等与对方有重大利害关系的条款,按照对方的要求,对该条款予以说明。提供格式条款的一方未履行提示或者说明义务,致使对方没有注意或者理解与其有重大利害关系的条款的,对方可以主张该条款不成为合同的内容"。

本案中,游泳馆提供的合同是未与当事人协商的格式合同，游泳卡一经售出概不退还的约定明显增加了消费者的责任，排除了消费者的权利，根据《民法典》第四百九十七条第三项的规定，提供格式条款一方排除对方主要权利的，该格式条款无效。因此，董某有权就游泳卡内剩余费用要求游泳馆退款。

第二章

网络消费如何维权

第二章
网络消费如何维权

21.网络购买预售商品忘付尾款，能退定金吗？

> 糟糕！忘记交尾款了！昨天是最后截止日期！

▷ 情景再现

董某在网络商家做促销活动时预付了商品定金，后因工作繁忙忘记支付尾款，董某已支付的定金还能退回吗？

律师说法

《民法典》第五百八十七条规定，"债务人履行债务的，定金应当抵作价款或者收回。给付定金的一方不履行债务或者履行债务不符合约定，致使不能实现合同目的的，无权请求返还定金；收受定金的一方不履行债务或者履行债务不符合约定，致使不能实现合同目的的，应当双倍返还定金"。

定金合同自实际交付定金时成立，对合同双方即具有法律约束力。给付定金的一方不履行债务或者履行债务不符合约

037

定，致使不能实现合同目的的，无权请求返还定金。

本案中，董某在支付定金后，应按照定金合同的约定支付尾款，董某因自身的原因未支付尾款，根据前述规定，卖家有权拒绝退还定金。反之，如果卖家收到定金后未按时发货，则应当双倍返还定金。

22.网络购物付款后，卖方迟迟不发货怎么办？

▶ 情景再现

董某在网店购买了一副标价500元的羽毛球拍，购买时该商品页面中卖家宣称"16:00前下单，当天发货！"董某下单后等了两周，但该笔交易的物流信息一直显示未发货。董某多次催促卖家后，卖家回复，若一周内未发货请自行申请退款。于是董某将卖家诉至法院，要求卖家依约交付商品，并赔偿购买价款3倍的赔偿金1500元。

律师说法

《民法典》第五百七十七条规定，"当事人一方不履行合同义务或者履行合同义务不符合约定的，应当承担继续履行、采取补救措施或者赔偿损失等违约责任"。

本案中，董某在卖家经营的网店购买了案涉商品，双方建立了网络购物合同关系。董某下单并支付相应货款后，卖家未按照合同约定的时间履行发货义务，构成违约，因此董某有权要求其承担继续履行的义务。此外，卖家还告知消费者案涉商品可以"当天发货"的虚假信息，使董某作出购买该商品的错误意思表示，董某下单后卖家不仅没有对缺货情况主动进行沟通解释，反而掩饰缺货事实，存在虚构库存的故意，其行为构成欺诈。根据《消费者权益保护法》第五十五条第一款的规定，经营者提供商品或者服务有欺诈行为的，应当按照消费者的要求增加赔偿其受到的损失，增加赔偿的金额为消费者购买商品的价款或者接受服务的费用的 3 倍，增加赔偿的金额不足 500 元的，为 500 元。所以董某有权主张购买价款 3 倍的赔偿。

23.网络购物买到假货，应如何维权？

情景再现

某年4月20日，董某从某家具公司官方旗舰店购买了一张沙发，实际购买价款为1万元，购买网页显示为"真皮头层牛皮沙发"。5月30日，专业检测机构的检验结果显示，该沙发为非天然皮革。董某遂向法院起诉，要求某家具公司退还购买价款及赔偿损失。

律师说法

《消费者权益保护法》第五十五条规定，"经营者提供商品或者服务有欺诈行为的，应当按照消费者的要求增加赔偿其受到的损失，增加赔偿的金额为消费者购买商品的价款或者接受服务的费用的三倍；增加赔偿的金额不足五百元的，为五百元。法律另有规定的，依照其规定。经营者明知商品或者服务存在缺陷，仍然向消费者提供，造成消费者或者其他受害人死亡或者健康严重损害的，受害人有权要求经营者依照本法第四十九条、第五十一条等法律规定赔偿损失，并有权要求所受损失二倍以下的惩罚性赔偿"。

本案中，董某在某家具公司开设的网络店铺购买沙发，双方成立网络购物合同关系，应按照合同约定履行各自义务。董某支付货款后，某家具公司未按其宣传承诺的"真皮头层牛皮沙发"销售商品，属于在提供商品或者服务时，采取虚假或者其他不正当手段欺骗、误导消费者，使消费者的合法权益受损的行为。由于某家具公司存在明显欺诈情形，董某请求支付3倍赔偿的诉讼主张符合法律规定，法院最终判决某家具公司返还董某沙发购买价款1万元，并赔偿损失3万元。

24.网络购买的食品有质量问题，应如何维权？

情景再现

某年12月12日，李某在"董家食品"网店购买了一款网红食品"美味丸"若干箱，并支付了全部货款4000元。食用"美味丸"一段时间后，李某发现该商品来自某国外环境污染区域，既无中文标识，也未经有关部门检验检疫，且该网店无食品经营许可证。李某认为店主董某经营其明知不符合食品安全标准的食品，于是向法院提起诉讼要求退还购物款，并支付10倍惩罚性赔偿款40000元。

律师说法

《食品安全法》第一百四十八条规定，"消费者因不符合食品安全标准的食品受到损害的，可以向经营者要求赔偿损失，也可以向生产者要求赔偿损失。接到消费者赔偿要求的生产经营者，应当实行首负责任制，先行赔付，不得推诿；属于生产者责任的，经营者赔偿后有权向生产者追偿；属于经营者责任的，生产者赔偿后有权向经营者追偿。生产不符合食品安全标准的食品或者经营明知是不符合食品安全标准的食品，消费者除要求赔偿损失外，还可以向生产者或者经营者要求支付价款十倍或者损失三倍的赔偿金；增加赔偿的金额不足一千元的，为一千元。但是，食品的标签、说明书存在不影响食品安全且不会对消费者造成误导的瑕疵的除外"。

根据《进出口食品安全管理办法》的规定，进口的预包装食品应当具有中文标签，进口的食品应当符合我国食品安全标准，且应经出入境检验检疫机构检验合格。消费者网络购物时买到不符合质量要求的商品，有权要求经营者予以退换、修理、赔偿等。我国法律对于食品类商品的监管比一般的商品更加严格，因此消费者对于生产不符合食品安全标准的食品或者经营明知是不符合食品安全标准的食品的生产者和经营者，不仅可以要求其赔偿损失，还可以要求其支付价款10倍或者损失3倍的惩罚性赔偿金。

25.网络购物收到的赠品有质量问题，可以索赔吗？

▶ 情景再现

王某为装修住房在某家居建材厂网店购买全房木制品定制家具一批，总价为31万元，并附赠一楼、二楼门及窗套罗马柱。后经鉴定，上述赠品均为假冒注册商标商品。王某诉至法院，要求某家居建材厂赔偿损失。

第二章
网络消费如何维权

律师说法

《民法典》第六百六十二条规定,"……附义务的赠与,赠与的财产有瑕疵的,赠与人在附义务的限度内承担与出卖人相同的责任。赠与人故意不告知瑕疵或者保证无瑕疵,造成受赠人损失的,应当承担赔偿责任"。

《最高人民法院关于审理网络消费纠纷案件适用法律若干问题的规定(一)》第八条规定,"电子商务经营者在促销活动中提供的奖品、赠品或者消费者换购的商品给消费者造成损害,消费者主张电子商务经营者承担赔偿责任,电子商务经营者以奖品、赠品属于免费提供或者商品属于换购为由主张免责的,人民法院不予支持"。

赠品属于经营者以其他方式表明商品或者服务质量状况的产品,应当与销售的商品一样具备合格的品质,经营者不得以赠送为由提供不合格或者假冒赠品。商家提供的赠品如有质量问题,消费者同样可以要求退换或者赔偿。

本案中,某家居建材厂赠与王某的均为假冒注册商标商品,已经构成欺诈,应承担赔偿责任。

26.直播间买到假货造成损害,应如何维权?

情景再现

董某在李某的直播间购买了一个电饭煲,李某和商家在售卖时均保证该电饭煲为正品电饭煲。后董某使用该电饭煲做饭时发生爆炸,致董某受伤。经鉴定,该电饭煲为假冒产品。董某将主播李某诉至法院,要求其赔偿损失。

律师说法

通常情况下,主播不参与实际交易过程,不具有经营者身份。如果主播除带货行为外,还参与商品或者服务的提供、经营,成为商品或者服务买卖合同的相对方,则其就具有经营者身份，需要承担经营者责任。

《最高人民法院关于审理网络消费纠纷案件适用法律若干问题的规定（一）》第十一条规定，"平台内经营者开设网络直播间销售商品，其工作人员在网络直播中因虚假宣传等给消费者造成损害，消费者主张平台内经营者承担赔偿责任的，人民法院应予支持"。

《消费者权益保护法》第五十五条第一款规定，"经营者提供商品或者服务有欺诈行为的，应当按照消费者的要求增加赔偿其受到的损失，增加赔偿的金额为消费者购买商品的价款或者接受服务的费用的三倍；增加赔偿的金额不足五百元的，为五百元。法律另有规定的，依照其规定"。

本案中，李某通过积累观众的信任经营自己的流量，在直播期间持续挂牌，为商家引流推广，具有经营者身份和对外销售获利的主观企图，其销售假冒电饭煲的行为构成欺诈，应承担赔偿责任。法院最终判令李某履行"退一赔三"的赔偿责任。

消费者遇到此类情况，有哪些方式可以维护自己合法权益呢？首先，协商解决，可以联系店家、直播间、主播、购物平台客服等，就退款、赔偿事宜进行协商；其次，向消费者协会投诉，由消费者协会进行协调，促成纠纷的解决；再次，向有关行政部门（如当地市场监督管理局）投诉，由行政部门进行调查及调解，如果达成和解，则可撤回投诉，并请求该行政部门出具调解书；最后，向人民法院提起诉讼，请求法院依照法定程序作出判决。

需要注意的是，消费者一定要保存与店家、直播间、主播、购物平台客服沟通的相关证据，如相关产品仍在销售中，则可保存其销售的视频、截图等相关证据。

27.网购货物在运输途中毁损，应由谁承担损失？

▶ 情景再现

董某通过网络购买了一箱柑橘。在货物运输途中，由于快递车辆发生交通事故导致董某购买的柑橘全部毁损，柑橘的毁损责任应由谁来承担？

律师说法

《民法典》第六百零四条规定，"标的物毁损、灭失的风险，在标的物交付之前由出卖人承担，交付之后由买受人承担，但是法律另有规定或者当事人另有约定的除外"。第五百一十二条第一款规定，"通过互联网等信息网络订立的电子合同的标的为交付商品并采用快递物流方式交付的，收货人的签收时间为交付时间。电子合同的标的为提供服务的，生成的电子凭证或者实物凭证中载明的时间为提供服务时间；前述凭证没有载明时间或者载明时间与实际提供服务时间不一致的，以实际提供服务的时间为准"。

本案中，董某与卖家签订电子合同，约定网购柑橘，并通过快递物流交付。这种情况下，交付时间应为董某签收快递的时间。也就是说，董某网购的柑橘毁损、灭失的风险，在董某签收快递之前由卖家承担。此外，根据《民法典》第八百三十二条的规定，承运人对运输过程中货物的毁损、灭失承担赔偿责任。因此，卖家在其对董某承担赔偿责任之后，可以向快递公司追偿，最终由快递公司承担货物在运输途中毁损、灭失的风险。

28.快递未经收货人同意被放代收点后遗失，应由谁承担损失？

▶ 情景再现

　　某年5月25日，董某在网上购买了一件衣物。物流信息显示：5月27日，包裹到达营业部；5月31日，包裹已由本人签收，收货地点是某代收点。然而，董某在此期间一直在国外出差，7月初回家后才发现该包裹遗失，多次致电快递公司要求赔偿未果后诉至法院。

律师说法

《快递暂行条例》第二十五条规定，"经营快递业务的企业应当将快件投递到约定的收件地址、收件人或者收件人指定的代收人，并告知收件人或者代收人当面验收。收件人或者代收人有权当面验收"。

本案中，案涉包裹于5月27日已到达营业部，即快递公司已实际从卖方即托运方处取得案涉包裹，快递公司作为案涉包裹的运输方，其在向收货方交付包裹前负有对包裹妥善保管的义务。物流信息虽显示案涉包裹于5月31日经"本人"签收，但该物流信息是由物流公司单方提供的，若包裹确由"本人"签收，应有原告董某签名的物流底单，但快递公司未能提供该物流单据，依法应承担举证不能的不利后果。

董某提供的护照出入境信息显示，其自5月19日至7月2日均在境外，不可能在5月31日前往收货地址签收案涉包裹。快递公司主张案涉包裹本应由代收点代收，但其未提供相关证据证实包裹被他人代收。因快递公司遗失包裹对董某构成侵权，所以董某请求快递公司就其所遗失包裹本身的价值进行赔偿有事实及法律依据，法院最终判决支持董某的请求。

29.网络购买的二手商品能否"七天无理由"退货?

▷ 情景再现

李某通过某二手交易平台,在某商贸公司经营的店铺购买二手手镯1枚,支付价款6000元。某商贸公司在商品详情中宣称"该商品不支持七天无理由退货"。李某收到该手镯后,当天通过平台向某商贸公司提出无理由退货。某商贸公司在该平台留言称,按照双方约定,该商品不支持七天无理由退货。李某认为某商贸公司的行为侵害了其合法权益,遂诉至法院。法院经审理,判决某商贸公司返还李某货款6000元,同时李某将案涉商品返还给某商贸公司。

律师说法

《消费者权益保护法》第二十五条规定,经营者采用网络、电视、电话、邮购等方式销售商品,消费者有权自收到商品之日起七日内退货,且无需说明理由,但下列商品除外:(1)消费者定作的;(2)鲜活易腐的;(3)在线下载或者消费者拆封的音像制品、计算机软件等数字化商品;(4)交付的报纸、期刊。除前述所列商品外,其他根据商品性质并经消费者在购买时确认不宜退货的商品,不适用无理由退货。

对于二手商品是否为"不宜退货"的商品,不能一概而论，要从以下三个方面进行判断：

一是二手商品本身的性质是否"不宜退货"。《消费者权益保护法》规定，定作商品、鲜活易腐商品等四类商品不适用无理由退货，主要是因为该类商品出售后将难以再次出售，从而使经营者承受重大损失。在约定不适用无理由退货的情形中，判断根据商品性质不宜退货时，也应当以此为标准。

二是消费者在购买时是否确认二手商品不适用无理由退货。无理由退货是法律赋予非现场购物消费者的特有权利，属于消费者的一项重要权利。经营者在约定不适用无理由退货时，应当以明示的方式获得消费者的确认。

三是二手商品是否完好。二手商品本身不具有未拆封、未使用、无损耗等特征。因此需要对消费者退还的商品与经营者发出的商品进行比较，判断消费者退还的商品是否存在数量的减少、质量的减损或功能的损耗。只要不是因消费者的原因而造成退还的二手商品价值明显贬损的，就应认定为"商品完好"。

第二章
网络消费如何维权

30.网络购物遇到"霸王条款",可以主张无效吗?

亲,原订单有赠品,退差价需要扣除赠品金额哦!

▶ 情景再现

黄某在某公司网上旗舰店购买了一部手机,并支付货款5679元。交易快照显示,该商品享受"30天价保"(具体保价规则按照《某公司价格保护规则》执行),购买该商品即赠送价值199元的某品牌无线充电器一个。黄某收货后发现该手机降价至5099元,与其支付的货款存在580元差价,遂向某公司申请价格保护。某公司同意退还580元,却以原订单中包含一个某品牌无线充电器赠品,履行价格保护承诺需扣除赠品金额为由,拒绝退还剩余的199元差价,并向黄某出示了其作为依据的《某公司价格保护规则》。黄某认为,某公司

051

拒绝退还199元所依据的条款属于"霸王条款"，系变相捆绑销售和欺骗消费者以达到商品促销的目的，遂诉至法院。

律师说法

赠品区分于正价商品，经营者须单独取得消费者同意方能要求消费者对此支付对价。本案中，《某公司价格保护规则》关于原订单含赠品申请价保时需扣除赠品金额的条款，将赠品作为退还价差时应予扣除的部分，且不给予消费者是否以退还赠品的方式获得全额价差补偿的自由选择权，在消费者提出保价时强制消费者接受赠品，不仅限制了消费者获取全额价差补偿的权益，也限制了消费者自由选择是否需要赠品的权利，显然侵害了消费者的合法权益。根据《民法典》第四百九十七条第三项的规定，提供格式条款一方排除对方主要权利的，该格式该条款无效，法院最终判决支持黄某的诉讼请求。

31.未成年人给网络主播转账，家长该怎么办？

情景再现

黎某（9岁）看到网络主播何某宣称赠送"迷你世界"皮肤后，按照主播指示使用母亲刘某的手机通过微信向主播扫码支付了15000元。刘某发现后要求主播退还，因双方不能协商一致，刘某诉至法院。

律师说法

《民法典》第十九条规定,"八周岁以上的未成年人为限制民事行为能力人,实施民事法律行为由其法定代理人代理或者经其法定代理人同意、追认;但是,可以独立实施纯获利益的民事法律行为或者与其年龄、智力相适应的民事法律行为"。第一百四十五条第一款规定,"限制民事行为能力人实施的纯获利益的民事法律行为或者与其年龄、智力、精神健康状况相适应的民事法律行为有效;实施的其他民事法律行为经法定代理人同意或者追认后有效"。

本案中,黎某是限制民事行为能力人,限制民事行为能力人可以实施与其年龄、智力相符合的民事行为,对于与其年龄和智力不相符的民事行为,需要经其法定代理人同意或追认。黎某花费15000元购买皮肤的行为明显与其年龄和智力不相符,其法定代理人刘某知情后明确表示不认可其实施的行为,因此黎某向主播购买皮肤的行为无效,法院判决主播何某返还黎某15000元,黎某返还购买的皮肤。

第三章

借款、还款明明白白

32.如何写一份规范的借条?

律师说法

《民法典》第六百六十八条规定,"借款合同应当采用书面形式,但是自然人之间借款另有约定的除外。借款合同的内容一般包括借款种类、币种、用途、数额、利率、期限和还款方式等条款"。

具体而言,写一份规范的借条要注意以下十一点:

(1)标题要写明"借条",而不能写为"欠条""收条"等。

(2)写清楚借款事由,明确借款的去向和用途,以便为将来可能发生的纠纷提供证据。

(3)写明借贷双方的全名、身份证号码、身份关系,有助于出借人证明自己并非向不特定多人出借资金,避免落入违法陷阱。

(4)写明借款的币种和金额。金额要写清阿拉伯数字、汉字大写,以免金额被篡改。

(5)写明利息的计算标准,且利息上限以具体法律规定为标准,如未写明利息则会被认定为无息借款。

(6)写明还款期限,借款人应当在具体期限内还清借款。

(7)写明逾期利率,但不得超过合同成立时全国银行间同业拆借中心一年期贷款市场报价利率的4倍。

（8）写明如果发生借款纠纷诉讼，产生的律师费、诉讼费等合理费用应由败诉方承担。

（9）写明借贷双方的地址，以便诉讼时法院准确送达法律文书。

（10）借款人应当在借条中签名、捺印。

（11）为保障债权的实现，可以约定保证条款，保证人和债权人约定，当债务人不履行到期债务或发生当事人约定的情形时，由保证人履行债务或者承担责任。

此外，在支付借款时，应尽量使用银行转账等线上支付方式，从而清晰留痕，而支付记录可以作为诉讼时的重要证据。

33.借款合同未约定还款时间，还款就没有期限吗？

第三章
借款、还款明明白白

▶ **情景再现**

王某于某年3月15日向董某出借3万元,并签订了简单的借条,但借条中并未约定具体的还款时间。王某出借款项一年后开始催促董某还款,但董某均以各种理由推托不还,后董某电话关机并失联。王某遂诉至法院,要求董某给付欠款本金及利息。

律师说法

《民法典》第六百七十五条规定,"借款人应当按照约定的期限返还借款。对借款期限没有约定或者约定不明确,依据本法第五百一十条的规定仍不能确定的,借款人可以随时返还;贷款人可以催告借款人在合理期限内返还"。第五百一十条规定,"合同生效后,当事人就质量、价款或者报酬、履行地点等内容没有约定或者约定不明确的,可以协议补充;不能达成补充协议的,按照合同相关条款或者交易习惯确定"。

本案中,王某与董某签订借条时,并未约定具体的还款时间,属于对借款期限约定不明。双方后续也未能通过其他方式确定借款期限,因此董某可以随时返还,王某则可以催告董某在合理期限内返还。法院经审理认定王某请求董某偿还借款的诉求符合法律规定,最终判决支持王某的诉讼请求。

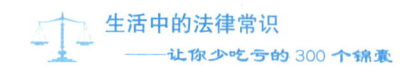

34. 给朋友借款时没有约定利息，还能主张利息吗？

▶ 情景再现

赵某于 2023 年 7 月 1 日向朋友杨某借款 100 万元，双方之间签订的借条仅约定赵某于 2023 年 12 月 31 日前还款，未约定借款期间的利息。借款期限届满后，赵某未按照约定归还借款，杨某于 2024 年 1 月 10 日向法院提起诉讼，要求赵某归还借款本金及利息。

律师说法

《民法典》第六百八十条第二款、第三款规定，"借款合同对支付利息没有约定的，视为没有利息。借款合同对支付利息约定不明确，当事人不能达成补充协议的，按照当地或者当事人的交易方式、交易习惯、市场利率等因素确定利息；自然人之间借款的，视为没有利息"。

针对逾期利息，《最高人民法院关于审理民间借贷案件适用法律若干问题的规定》第二十八条规定，借贷双方对逾期利率有约定的，从其约定，但是以不超过合同成立时一年期贷款市场报价利率四倍为限。未约定逾期利率或者约定不明的，人民法院可以区分不同情况处理：（1）既未约定借期内利率，也未约定逾期利率，出借人主张借款人自逾期还款之日起参照当时一年期贷款市场报价利率标准计算的利息承担逾期还款违约责任的，人民法院应予支持；（2）约定了借期内利率但是未约定逾期利率,出借人主张借款人自逾期还款之日起按照借期内利率支付资金占用期间利息的,人民法院应予支持。

本案中,法院经审理认为,赵某与杨某签订的借条未约定借款期限内的利息,故对于2023年7月1日至12月31日借款期限内的利息不予支持。赵某和杨某也未约定逾期利率,故杨某主张借款人自逾期之日起按照全国银行间同业拆借中心公布的一年期贷款市场报价利率支付逾期利息,法院予以支持。

提醒注意,自然人之间签订民间借贷合同时,出借人应明确约定借款期限、期限内的利率以及逾期利率,周全地保障自己的合法权益。

35.借款利息可以预先扣除吗?

▶ 情景再现

2022年10月25日,借款人董某向出借人李某出具借条一份,内容为:"今从李某处借款50万元,由李某以银行转账方式转至董某工行账户××××,从到账之日起一年内还清借款……"同时,双方口头约定年利率为10%。董某出具借条后,李某于2022年10月26日向董某工行账户共转款45万元,预扣5万元作为借款利息。2024年2月1日,董某通过银行转账方式归还借款本金20万元。后经李某多次催要,董某未归还剩余欠款,李某诉至法院,要求董某归还借款本金30万元及利息。

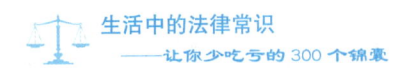

律师说法

《民法典》第六百七十条规定，"借款的利息不得预先在本金中扣除。利息预先在本金中扣除的，应当按照实际借款数额返还借款并计算利息"。

合法的借贷关系应受法律保护，预先在借款本金中扣除利息的，应当以实际出借的借款金额作为借款本金。本案中，借条约定的借款本金为50万元，但由于出借人预先扣除了5万元利息，董某实际借到的金额为45万元，董某在借款到期后已归还20万元，剩余未归还借款本金应为25万元，并非李某主张的30万元。此外，双方约定的借款利率在法律保护的范围内，合法有效。

36.朋友之间借款，利息最高可以约定多少？

第三章
借款、还款明明白白

▶ 情景再现

吴某与郑某是多年老友，2020年9月20日，吴某从郑某处借款300万元，承诺1年内还清，借款利率按照年利率24%计算。借款到期后，郑某多次找吴某索要，但吴某一直以资金紧张为由未归还。2023年6月1日，郑某诉至法院，要求吴某支付借款本金300万元及利息。

律师说法

《最高人民法院关于审理民间借贷案件适用法律若干问题的规定》第二十五条规定，出借人请求借款人按照合同约定利率支付利息的，人民法院应予支持，但是双方约定的利率超过合同成立时一年期贷款市场报价利率四倍的除外。一年期贷款市场报价利率是指中国人民银行授权全国银行间同业拆借中心自2019年8月20日起每月发布的一年期贷款市场报价利率。

本案中，吴某与郑某之间存在真实合法有效的借贷关系，但由于双方约定的借款利率24%超过了该借款合同成立时的一年期贷款市场报价利率（3.85%）的四倍（15.4%），故法院对于年利率超过15.4%的利息部分不予支持。

37.只有借条的情况下能否证明存在借贷关系?

▶ 情景再现

某日,董某向法院提起诉讼,要求李某偿还借款100万元。但董某提供的证据仅有一份写明李某向董某借款100万元的借条,除此之外并无任何其他证据。诉讼中,李某主张其未从董某处借到钱,虽然该借条确实是当时签订的,但后来其已从其他人处借到了钱,便没有从董某处借钱,其已经签订的借条忘记追回,并提供了相应证据。

律师说法

《最高人民法院关于审理民间借贷案件适用法律若干问题的规定》第十五条规定,"原告仅依据借据、收据、欠条等债权凭证提起民间借贷诉讼,被告抗辩已经偿还借款的,被告应当对其主张提供证据证明。被告提供相应证据证明其主张后,原告仍应就借贷关系的存续承担举证责任。被告抗辩借贷行为尚未实际发生并能作出合理说明的,人民法院应当结合借贷金额、款项交付、当事人的经济能力、当地或者当事人之间的交易方式、交易习惯、当事人财产变动情况以及证人证言等事实和因素,综合判断查证借贷事实是否发生"。

本案中,虽然董某提供的借条载明李某向其借款100万元的事实,但判断民间借贷关系是否成立在于借款是否实际交付。结合本案借贷资金来源情况、当事人的经济能力、款项交付情况等事实,可以判定本案借贷关系并未实际发生,故董某主张李某返还借款 100 万元于法无据,法院最终判决驳回董某的诉讼请求。

38.父母为子女出资买房是赠与还是借贷?

> 这房子首付款是我付的,你不跟我闺女过了,把钱还我!

▶ 情景再现

2022 年 7 月,王某和李某夫妻二人想购买一套商品房。7 月 15 日,李某的母亲张女士通过银行转账交付王某 20 万元,用于交纳购房首付款。8 月,王某和李某在办理商品房产权证时,王某未将李某登记为房屋共同权利人。10 月,王某和李某到民政部门办理离婚登记。2024 年 3 月,张女士得知王某和李某已离婚,便要求王某归还购房出资款,多次索要无果后诉至法院,请求判令王某返还借款20万元。庭审中,王某认为张女士的转款行为不是借款而是赠与。

律师说法

根据《最高人民法院关于适用〈中华人民共和国民法典〉婚姻家庭编的解释(一)》第二十九条第二款、《民法典》第一千零六十二条第一款第四项的规定,当事人结婚前,父母为双方购置房屋出资的,该出资应当认定为对自己子女个人的赠与,但父母明确表示赠与双方的除外。当事人结婚后,父母为双方购置房屋出资的,依照约定处理;没有约定或者约定不明确的,原则上认定为夫妻共同财产。

父母为子女购置不动产出资,事后以借贷为由主张返还的,应当遵循"谁主张,谁举证"的原则。如果父母不能就出资为借贷提供充分证据证明,导致出资性质处于真伪不明状态时,则应当由父母承担举证不能的责任。

本案中,张女士仅有向王某转账的记录,而没有借款合同、借条、欠条、确认款项是借款的聊天记录等能有效证明该款项是借款的证据材料,故应承担举证不能的责任。法院经审理,判决驳回张女士的诉讼请求。

39.借款合同什么情况下会被认定为无效?

▷ 情景再现

张某与裴某是多年的朋友。2023年6月,裴某向张某借款100万元,张某通过支付宝转账以及刷信用卡套现等方式出借款项给裴某。2024年6月,经双方对账,裴某向张某出具借条一份,载明裴某欠张某本金100万元,利率约定为月息1%。后因裴某未按照约定还款,张某诉至法院。庭审中,张某明确其出借给裴某自有资金70万元,通过信用卡套现资金30万元。

▷ 律师说法

《最高人民法院关于审理民间借贷案件适用法律若干问题的规定》第十三条规定,具有下列情形之一的,人民法院应当认定民间借贷合同无效:(1)套取金融机构贷款转贷的;(2)以向其他营利法人借贷、向本单位职工集资,或者以向公众非法吸收存款等方式取得的资金转贷的;(3)未依法取得放贷资格的出借人,以营利为目的向社会不特定对象提供借款的;(4)出借人事先知道或者应当知道借款人借款用于违法犯罪活动仍然提供借款的;(5)违反法律、行政法规强制性规定的;(6)违背公序良俗的。

本案中,张某出借的部分资金是通过信用卡套现而来的,属于"套取金融机构贷款转贷",违反了法律强制性规定,相关民间借贷合同条款无效,自始没有法律约束力,裴某因此取得的不当财产应当返还张某,且张某对于这部分资金不能依据约定的利率来主张利息,仅能主张该部分资金的资金占用费。

40.借款人未按照约定还款,3年后出借人才起诉,能胜诉吗?

> 兄弟,我现在着急用钱,你3年前欠的钱能不能还给我啊?

> 哥们儿,借条的诉讼时效都过了,我现在手头也紧……

▶ 情景再现

2019年6月1日,董某与李某签订借款协议,约定董某从李某处借款10万元,借款期限为1年,董某应于2020年6月1日前归还借款。借款到期后,董某未主动偿还,李某碍于朋友之间的面子关系,也没有要求董某归还。2023年12月10日,李某因身体患病急需医

第三章
借款、还款明明白白

疗费，遂向董某主张返还借款，董某以诉讼时效已过为由不同意归还借款。李某诉至法院，要求董某归还。

律师说法

《民法典》第一百八十八条规定，"向人民法院请求保护民事权利的诉讼时效期间为三年。法律另有规定的，依照其规定。诉讼时效期间自权利人知道或者应当知道权利受到损害以及义务人之日起计算。法律另有规定的，依照其规定。但是，自权利受到损害之日起超过二十年的，人民法院不予保护，有特殊情况的，人民法院可以根据权利人的申请决定延长"。

第一百九十二条规定，"诉讼时效期间届满的，义务人可以提出不履行义务的抗辩。诉讼时效期间届满后，义务人同意履行的，不得以诉讼时效期间届满为由抗辩；义务人已经自愿履行的，不得请求返还"。

"法律不保护躺在权利上睡觉的人"，生活中经常会遇见此种情形，朋友之间的借款到期后，出借人未及时催要，等其进行催要时，诉讼时效已经届满，致使出借人的权利得不到保护。

本案中，董某与李某之间的借款合同于2020年6月1日到期，在无诉讼时效中断、中止的情况下，2023年12月10日，李某向董某催要时，诉讼时效已经届满，董某可以提出不履行义务的抗辩。法院经审理认为，董某与李某之间存在合法有效的借贷关系，董某以诉讼时效已过为由进行抗辩，李某未在诉讼时效内主张权利，且无诉讼时效中断事由，法院最终对李某的诉讼请求不予支持。

第四章

租赁、买卖房屋如何避坑

第四章
租赁、买卖房屋如何避坑

41.租赁合同未到期，房东卖房，租客该怎么办?

▶ 情景再现

2023年1月1日，王某与袁某签订房屋租赁合同，约定王某承租袁某的房屋，租赁期限为2年。2024年1月1日，袁某将该房屋出售给张某，张某取得房屋产权证。2024年2月1日，张某在房屋门上张贴通知，要求王某与其办理交接事宜，并尽快搬出该房屋。王某与张某协商未果后，张某将房屋门锁更换。王某以房屋被提前收回为由诉至法院，要求张某支付违约金。

073

律师说法

《民法典》第七百二十五条规定，"租赁物在承租人按照租赁合同占有期限内发生所有权变动的，不影响租赁合同的效力"。第七百二十六条规定，"出租人出卖租赁房屋的，应当在出卖之前的合理期限内通知承租人，承租人享有以同等条件优先购买的权利；但是，房屋按份共有人行使优先购买权或者出租人将房屋出卖给近亲属的除外。出租人履行通知义务后，承租人在十五日内未明确表示购买的，视为承租人放弃优先购买权"。第七百二十八条规定，"出租人未通知承租人或者有其他妨害承租人行使优先购买权情形的，承租人可以请求出租人承担赔偿责任。但是，出租人与第三人订立的房屋买卖合同的效力不受影响"。

因此，租赁物在租赁期间发生所有权变动，并不影响租赁合同的效力。出租人对外出售房屋时，承租人对于其所租赁的房屋亦可主张优先购买权。

本案中，张某在取得案涉房屋所有权之后，虽未与原承租人重新签订租赁合同，但袁某就案涉房屋签订的租赁合同对张某具有约束力，张某在取得案涉房屋所有权之时即与原承租人之间成立租赁合同关系。张某更换案涉房屋门锁，导致王某的房屋租赁合同目的无法实现，已构成违约。

提醒注意，为减少纠纷，出租人在出卖其所出租房屋时，应提前通知承租人，告知其可以行使优先购买权。如果承租人不行使优先购买权，则出租人应告知买受人该房屋存在出租情况，而买受人应遵守原租赁合同的约定，保障承租人的合法权益。

42.租客在出租屋内出事故，房东要承担责任吗?

▶ **情景再现**

2023年8月29日，王某与陈某签订房屋租赁合同，约定陈某将房屋出租给王某，租赁期限为2年，租金为每月2000元。2024年11月27日，王某在阳台晾晒衣物时不慎从四楼坠落至地面后受伤。因双方就赔偿事宜未能达成一致，王某诉至法院。

律师说法

《民法典》第一千一百六十五条第一款规定，"行为人因过错侵害他人民事权益造成损害的，应当承担侵权责任"。

本案中，事发阳台围墙高度仅为76厘米且无其他防护设施。陈某作为出租人，其知晓该阳台围墙较低，却未设置防护网等安全设施，放任风险的发生。陈某亦未作出安全提示或警示，未尽到合理的安全保障义务。因此，陈某对王某的损失存在过错，应当承担责任。

提醒注意，出租人对于其出租房屋的质量、设施等应及时进行检查和维修，以免造成承租人的人身和财产损失。

43.中介将代管的房屋改造后群租，发生事故的，房东要承担责任吗?

▶ 情景再现

2024年1月，房东陈某和中介冯某签订房屋租赁合同，约定陈某将房屋整体出租给冯某。冯某承租房屋后，将该房屋分隔成六间房间对外出租。吕某从冯某手中承租房屋一间。2024年11月3日晚，吕某洗澡后使用电吹风时因一氧化碳中毒晕倒，其晕倒后又因电吹风长时间直吹，导致其右手及左下肢被烫伤。该群租房内，还有其他数人不同程度地中毒。经专业人员鉴定分析，一氧化碳中毒的原因是该群租房内使用的老式燃气热水器安装在室内，且无排风口，废气以及未完全燃烧产生的一氧化碳排入室内。吕某诉至法院，要求冯某、陈某对其损失承担赔偿责任。

▶ 律师说法

本案中，冯某作为出租人及房屋改造者、房屋设施提供者、管理者，对吕某的受伤应负主要责任。陈某作为房屋所有人，对房屋也有一定的管理责任，其将房屋整租给中介冯某，冯某不合理地改造该房屋致使租住人员受伤，故房屋所有人应承担一定的赔偿责任。

《民法典》第一千一百七十九条规定,"侵害他人造成人身损害的,应当赔偿医疗费、护理费、交通费、营养费、住院伙食补助费等为治疗和康复支出的合理费用,以及因误工减少的收入。造成残疾的,还应当赔偿辅助器具费和残疾赔偿金;造成死亡的,还应当赔偿丧葬费和死亡赔偿金"。

提醒注意,房屋所有人在将房屋出租后,一定要及时了解该房屋的使用情况、房屋设施的更新情况,对出租的房屋尽到管理责任。

44.房屋租赁合同到期,房东或中介不退还租房押金怎么办?

情景再现

2023年8月6日,王某与金某签订房屋租赁合同,约定金某承租王某房屋一套,租期为1年,每月租金2900元,押金2900元。承租人退房时,押金除用于抵扣承租人应交而未交的租金,水、电、燃气费用以及承租人应当承担的违约金、赔偿金外,剩余部分应当自房屋交还之日起3个工作日内如数返还承租人。合同到期后,金某搬离承租房屋,王某却拒绝按照合同约定退还押金,故金某诉至法院。

律师说法

《民法典》第五百零九条第一款、第二款规定,"当事人应当按照约定全面履行自己的义务。当事人应当遵循诚信原则,根据合同的性质、目的和交易习惯履行通知、协助、保密等义务"。

本案中,房屋租赁合同是金某与王某的真实意思表示,双方已经实际履约,双方之间成立房屋租赁合同关系。合同签订后,金某按照合同约定给付了房屋租金和押金,并在合同到期后办理了房屋交接手续并实际搬离房屋,双方之间的房屋租赁合同关系于合同到期之日终止。房屋租赁合同约定出租人应当自房屋交还之日起3个工作日内退还承租人押金,因此王某应按照合同约定履行其退还押金的义务。金某主张王某返还房屋租赁押金的诉讼请求于法有据,法院最终判决支持金某的诉讼请求。

45.出租房甲醛超标怎么办?

情景再现

2024年3月21日,董某与江某签订房屋租赁合同,约定江某承租董某房屋一套,租赁期限为2年,租金每月5000元,押金为一个月租金。租赁合同约定,租赁期限内,因承租人原因退租的,押金不予退还。2024年4月,江某出现身体不适,认为与室内甲醛超标有关,自行购买甲醛检测试纸检测后,显示甲醛结果超标。于是江某与董某联系退租事宜,董某同意退租,但对于押金部分不予退还。江某认为退租是室内甲醛超标导致的,并非其个人原因导致,遂诉至法院。

律师说法

《民法典》第七百零八条规定,"出租人应当按照约定将租赁物交付承租人,并在租赁期限内保持租赁物符合约定的用途"。第七百三十一条规定,"租赁物危及承租人的安全或者健康的,即使承租人订立合同时明知该租赁物质量不合格,承租人仍然可以随时解除合同"。第五百六十六条第一款、第二款规定，"合同解除后，尚未履行的，终止履行；已经履行的，根据履行情况和合同性质，当事人可以请求恢复原状或者采取其他补救措施，并有权请求赔偿损失。合同因违约解除的，解除权人可以请求违约方承担违约责任，但是当事人另有约定的除外"。

本案中，出租人提供有害气体超标的租赁房屋，侵害了承租人的健康权，致承租人的租赁目的无法实现。危害居住人的房屋不应用于出租，已出租的，出租人亦无权收取租金，承租人有权要求解除合同并退还全部款项，法院最终判决支持承租人的诉讼请求。

46.租客可以拒绝房东或中介带人看房吗？

第四章
租赁、买卖房屋如何避坑

> ▶ 情景再现
>
> 2024年1月，王某与李某签订房屋租赁合同，约定李某承租王某的一处房屋，租赁期间为2024年1月1日至2025年12月31日。2024年4月，王某突然告诉李某自己决定将这套房子出售，李某需要配合中介公司到该房屋拍摄全景视频，并配合后续中介每天带人看房，李某未同意，王某遂诉至法院。

律师说法

依法成立的合同，受法律保护，且对合同各方均具有法律约束力。本案中，王某与李某签订房屋租赁合同后，该合同对双方均具有法律约束力，即双方都应按照合同的约定行使权利与履行义务。王某与李某所约定的房屋租赁期限未届满，双方的租赁合同关系仍在存续期间，李某仍然享有占有与使用该租赁房屋的权利，包括在除法律规定的特殊情况之外，拒绝王某擅自进出该租赁房屋的权利。王某为了达到出卖房屋的目的需要进入该房屋，应当与李某充分协商，达成一致；未协商一致即要求进入该房屋，将会对李某作为承租人的占有权、使用权及隐私权造成侵犯，但王某关于要求李某配合看房的主张没有法律依据。

本案中，法院经审理认为，租赁房屋内有大量的私人物品，拍摄实景视频可能会泄露李某的私密信息，不利于隐私保护；房屋租赁合同中也并未约定租客必须配合房屋售卖事宜，且王某主张的看房频率和要求也超出了对一般普通租客的合理要求，法院最终判决驳回王某的诉讼请求。

47.租客可以自行维修出租屋内的设施、设备吗？

情景再现

董某与林某签订房屋租赁合同，约定林某承租董某的餐馆。林某承租董某的餐馆后，因排油烟不畅、漏水被投诉，导致停业三个月。林某就维修事宜与董某协商，但未能达成一致，于是林某自行改造烟管、修理下水道，花费1万元。后关于该笔支出由谁承担，董某与林某未能协商一致，林某遂诉至法院。

律师说法

《民法典》第七百一十三条规定，"承租人在租赁物需要维修时可以请求出租人在合理期限内维修。出租人未履行维修义务的，承租人可以自行维修，维修费用由出租人负担。因维修租赁物影响承租人使用的，应当相应减少租金或者延长租期。因承租人的过错致使租赁物需要维修的，出租人不承担前款规定的维修义务"。

本案中，法院考虑到林某使用租赁房屋经营餐饮业，排放油烟、废水量大，其在实际使用过程中也会产生必要的维修费用，不可全部归责于董某，故依据公平原则，酌情判决董某赔付 5000 元。

48.租客可以擅自对承租房进行转租吗？

> 这个店铺我不是租给老杨了吗？老杨跟我说他要开餐馆啊……

▶ **情景再现**

　　2022 年 5 月 31 日，赵某与杨某签订房屋租赁合同，约定杨某承租赵某门面房用于经营餐饮，合同期限为 3 年。2024 年 10 月，杨某在未告知赵某的情况下，将该房屋转租给刘某。赵某发现后，要求解除与杨某之间的房屋租赁合同，杨某不同意，赵某诉至法院。

律师说法

承租人不得擅自对出租屋进行转租，否则出租人有权解除合同、收回房屋。《民法典》第七百一十六条规定，"承租人经出租人同意，可以将租赁物转租给第三人。承租人转租的，承租人与出租人之间的租赁合同继续有效；第三人造成租赁物损失的，承租人应当赔偿损失。承租人未经出租人同意转租的，出租人可以解除合同"。

本案中，杨某于2024年10月将案涉房屋转租给刘某时并未征得赵某的同意，事后也未得到赵某的追认，故赵某要求收回该房屋的诉讼请求于法有据。

49.房东卖房，租客可以优先购买吗？

情景再现

2021年9月16日，陈某与董某签订房屋租赁合同，约定董某承租陈某的房屋一套。2023年12月15日，陈某与杨某签订房屋买卖合同，将案涉房屋出售给杨某。2023年12月20日，陈某向董某发送《关于出售房屋的通知》，告知董某该房屋即将出售，如董某有意行使优先购买权，则须于收到通知后15日内书面回复，协商购买事宜，并提供材料证明其有购房能力和购房资格。董某收到陈某通知后，明确告知陈某其要购买该房屋

第四章
租赁、买卖房屋如何避坑

2024年1月19日,陈某将案涉房屋过户给杨某。董某认为陈某侵害了其优先购买权,遂诉至法院。

律师说法

《民法典》第七百二十六条规定,"出租人出卖租赁房屋的,应当在出卖之前的合理期限内通知承租人,承租人享有以同等条件优先购买的权利;但是,房屋按份共有人行使优先购买权或者出租人将房屋出卖给近亲属的除外。出租人履行通知义务后,承租人在十五日内未明确表示购买的,视为承租人放弃优先购买权"。第七百二十八条规定,"出租人未通知承租人或者有其他妨害承租人行使优先购买权情形的,承租人可以请求出租人承担赔偿责任。但是,出租人与第三人订立的房屋买卖合同的效力不受影响"。

本案中,陈某本应于出卖房屋之前的合理期限内告知董某其享有优先购买的权利,但是陈某在已经签订房屋买卖合同之后才通知董某。法院经审理认为,陈某出卖案涉房屋时并未合理履行通知义务,侵害了董某的优先购买权,故判决赔偿董某因优先购买权被侵害所遭受的实际损失15万元。

承租人对于所租赁的房屋享有优先购买权,出租人在出售房屋时应尽到合理的通知义务,以免损害承租人的优先购买权。关于出租人在出卖房屋之前通知承租人的合理期限的确定,法律并无明确规定,实践中,可结合承租人行使优先购买权的期限、筹措资金的时间、市场交易周期、交易习惯等因素综合考虑。因出租人未合理履行通知义务，造成承租人损失的，出租人应当承担损害赔偿责任。损害赔偿以承租人的实际损失为准，同时应考虑承租人的购买能力、真实购买意愿、同类房屋的寻找难度、差价损失等。其中，同类房屋的寻找难度，主要体现在承租人因其优先购买权受到损害，另行寻找、租赁、购买同类房屋所支付的必要费用。差价损失则是指承租人优先购买权实现的可得利益损失，即承租人因优先购买权受到侵害，购买同类房屋相比租赁房屋所多支付的房屋差价。

50.租客在房屋租赁合同到期后拒不搬出，房东该怎么办？

▷ 情景再现

2022年2月，王某与董某签订房屋租赁合同，约定董某承租王某的房屋一套，租赁期限为2年，月租金为6000元。2024年1月，租赁期限到期前一个月，王某告知董某合同到期后房屋不再出租。董某却以自己已经住习惯了为由，想再续租2年。租赁期间届满后，董某仍未搬出其承租的房屋，且经王某催告后，董某拒绝搬出，故王某诉至法院。

第四章
租赁、买卖房屋如何避坑

▌律师说法

《民法典》第七百三十三条规定，"租赁期限届满，承租人应当返还租赁物。返还的租赁物应当符合按照约定或者根据租赁物的性质使用后的状态"。

本案中，董某应在租期届满后及时返还承租的房屋，其拒绝返还租赁物的行为构成违约，应当承担违约的责任。

通常而言，租赁合同到期后，如果承租人拒不搬出，则出租人可以强制要求其搬出，承租人拒绝的，则出租人可以报警处理。出租人还可以根据租房合同的约定，通过诉讼手段，要求承租人搬离房屋。另外，如果出租人确实找不到合适的解决方法，在提前通知承租人以及妥善保管好对方财物的情况下，可以直接将对方的物品搬离。但是在搬离物品的过程中，最好求助物业公司以及专业的开锁师傅，并将搬离过程全程录音录像，以保证妥善处理对方的财物，避免后续的纠纷。

51.购买房屋，卖方不迁出户口怎么办？

▷ 情景再现

2024年1月25日，刘某与张某签订房屋买卖合同，约定刘某将1602号房屋出卖给张某，并在完成房屋过户登记后把户口迁出。张某向刘某足额支付了购房款后，双方于2024年5月12日办理了房屋过户登记手续，

087

1602号房屋由刘某过户至张某名下。半年后张某发现刘某及其子女的户口仍登记在1602号房屋下,要求刘某迁出户口未果后,诉至法院。

律师说法

《民法典》第五百七十七条规定,"当事人一方不履行合同义务或者履行合同义务不符合约定的,应当承担继续履行、采取补救措施或者赔偿损失等违约责任"。

本案中,法院经审理认为,户口迁移属于涉及国家行政机关的行政行为,买受人要求出卖人迁出户口的主张,不属于民事案件的受理范围,故对张某在本案中要求刘某将1602号房屋的相关户口迁出的诉讼请求,法院不予处理。刘某未依约办理户口迁出手续,且未提交证据证明其已与张某就户口迟延迁出问题达成合意,构成违约,应依照约定承担违约责任。

在房屋买卖中,卖方不迁出户口时,买方无法通过法院判决使卖方将户口迁出,双方只能到行政机关自行办理户口迁出、迁入手续。但是,买方可以在房屋买卖合同中明确约定卖方迁出户口的条款及违约金事项,据此主张卖方的违约责任。卖方也应该按照合同的约定及时履行自己的合同义务,避免因户口未迁出而承担违约责任。

52. 签订购房"阴阳合同",可能存在哪些法律风险?

> 咱们今天签完合同就交钱,过几天再签一个新的,登记备案用新合同……

▶ 情景再现

董某与李某于 2024 年 2 月 5 日签订房屋买卖合同,约定董某购买李某的房屋一套,房屋单价为 8000 元/平方米,总价款为 80 万元。2024 年 2 月 10 日,董某交款当日,董某与李某签订了一份新的房屋买卖合同,约定房屋单价为 6500 元/平方米,总价款为 65 万元。第二份合同于 2024 年 3 月 10 日登记备案,后董某认为李某多收取其 15 万元没有依据,遂向法院起诉,要求李某退还 15 万元。

律师说法

严格来说,"阴阳合同"并不是一个法律概念,其一般是指合同的当事人就同一事项订立两份以上内容不相同的合同,一份对内,一份对外。其中对内的那份合同是双方真实意思表示,也是双方实际履行的合同,被称为"阴合同";而对外的那份合同不是双方真实意思表示,被称为"阳合同"。

实践中,房屋买卖领域存在"阴阳合同",然而签订"阴阳合同"在给当事人带来利益的同时,也存在很大的风险,因为存在两份内容不同的合同,当事人之间很容易发生纠纷。按照《民法典》的规定,不是双方真实意思表示的那份"阳合同"是无效的。《民法典》第一百四十六条规定,"行为人与相对人以虚假的意思表示实施的民事法律行为无效。以虚假的意思表示隐藏的民事法律行为的效力,依照有关法律规定处理。"第一百五十四条规定,"行为人与相对人恶意串通,损害他人合法权益的民事法律行为无效"。

本案中,董某与李某于 2024 年 2 月 10 日签订的房屋买卖合同显然是双方为向房屋产权管理部门办理产权过户手续而签订的,根据双方 2024 年 2 月 5 日签订的房屋买卖合同中有关"为了满足有关政府单位需要而签订的任何合同条款与此合同条款不一致的,均以此合同为准"的约定等证据综合认定,2024 年 2 月 10 日签订的房屋买卖合同约定总价款 65 万元并非双方真实意思表示,双方以该价款办理产权过户登记,必然会导致国家税收利益受损。因此，该房屋买卖合同约定的房屋买卖价格条款应为无效条款。本案中，房屋买卖价款应根据双方于 2024 年 2 月 5 日签订的房屋买卖合同认定，董某的诉讼请求没有法律依据，法院判决驳回其诉讼请求。

提醒注意，在签订房屋买卖合同时，不要以虚假的意思表示签订合同，也不要约定损害他人合法权益的条款，以免相关条款无效，影响合同的后续履行。

53.开发商交付的房屋与销售广告不符，买方可以要求其承担违约责任吗？

▷ 情景再现

2023 年 3 月 2 日，某房地产公司和陈某签订商品房买卖合同，约定陈某购买某房地产公司在售房产一套。某房地产公司的广告宣传资料中显示，陈某购买的房产所在小区的西南面有游泳池、篮球场、绿化植物，但双方在《商品房买卖合同》中没有对案涉房屋的基础设施、公共配套建筑作出任何约定。2024 年 3 月，小区西南面的游泳池、篮球场被拆除，绿化植物也被铲除。陈某认为某房地产公司违约，诉至法院。

律师说法

《最高人民法院关于审理商品房买卖合同纠纷案件适用法律若干问题的解释》第三条规定，"商品房的销售广告和宣传资料为要约邀请，但是出卖人就商品房开发规划范围内的房屋及相关设施所作的说明和允诺具体确定，并对商品房买卖合同的订立以及房屋价格的确定有重大影响的，构成要约。该说明和允诺即使未载入商品房买卖合同，亦应当为合同内容，当事人违反的，应当承担违约责任"。

本案中，某房地产公司在广告宣传资料中明确案涉小区具备游泳池、篮球场等配套设施和绿化植物，该配套设施的存在可提高小区的居住环境和条件，对买卖双方合同的订立和房屋价格的确定有重大影响，以上广告宣传应视为要约，并纳入合同内容。后游泳池、篮球场等设施被拆除，绿化植物被铲除，某房地产公司无法履行上述合同义务，应承担违约责任。

54.开发商逾期交房怎么办?

情景再现

2021年4月，董某与某房地产公司签订商品房买卖合同，约定某房地产公司应于2023年3月30日前交房，并于一定期限内办理权属登记，若逾期则应承担相应的违约责任。合同签订后，董某按照合同约定支付了

第四章
租赁、买卖房屋如何避坑

> 全部购房款，但某房地产公司于 2023 年 9 月 1 日才交付房屋。董某认为某房地产公司未在约定期限内交房，诉至法院要求其承担逾期交房的违约责任。

律师说法

根据《民法典》第五百六十三条、《最高人民法院关于审理商品房买卖合同纠纷案件适用法律若干问题的解释》第十一条第一款的规定，出卖人迟延交付房屋，经催告后在三个月的合理期限内仍未履行，解除权人请求解除合同的，应予支持，但当事人另有约定的除外。《民法典》第五百七十七条规定，当事人一方不履行合同义务或者履行合同义务不符合约定的，应当承担继续履行、采取补救措施或者赔偿损失等违约责任。

本案中，某房地产公司虽存在逾期交房的违约行为，但在诉讼前已完成交房，董某已收房，董某可以要求某房地产公司按照商品房买卖合同约定承担违约责任。如果商品房买卖合同中没有约定违约金条款，根据《最高人民法院关于审理商品房买卖合同纠纷案件适用法律若干问题的解释》第十三条第三款的规定，逾期交付使用房屋的违约金数额，可以按照逾期交付使用房屋期间有关主管部门公布或者有资格的房地产评估机构评定的同地段同类房屋租金标准确定。

55.购买的房屋面积"缩水"该怎么办?

> 这面积是不是不对啊?

▶ 情景再现

2023年12月30日,董某与某房地产公司签订商品房买卖合同,约定董某从某房地产公司处购买一间商铺,总价款为1328309元,建筑面积共64.42平方米,套内建筑面积为62.85平方米。后经董某实际测量确认,该商铺的实际建筑面积仅为56.78平方米。董某遂与某房地产公司协议退还误差面积的房价款,但某房地产公司拒绝退还,董某诉至法院。

律师说法

《商品房销售管理办法》第二十条规定,按套内建筑面积或者建筑面积计价的，当事人应当在合同中载明合同约定面积与产权登记面积发生误差的处理方式。合同未作约定的，按以下原则处理：（1）面积误差比绝对值在3%以内（含3%）的，据实结算房价款。（2）面积误差比绝对值超出3%时，买受人有权退房。买受人退房的，房地产开发企业应当在买受人提出退房之日起30日内将买受人已付房价款退还给买受人，同时支付已付房价款利息。买受人不退房的，产权登记面积大于合同约定面积时，面积误差比在3%以内（含3%）部分的房价款由买受人补足；超出3%部分的房价款由房地产开发企业承担，产权归买受人。产权登记面积小于合同约定面积时，面积误差比绝对值在3%以内（含3%）部分的房价款由房地产开发企业返还买受人；绝对值超出3%部分的房价款由房地产开发企业双倍返还买受人。

因此，如果卖方交付的房屋的实际面积与约定面积存在误差，买受人有权主张开发商减少或返还误差面积部分房屋价款，当面积误差比绝对值超出3%时，买受人也有权选择退房。

本案中，商品房买卖合同约定案涉商品房的建筑面积为64.42平方米，但实际现有面积为56.78平方米，面积误差比=（64.42-56.78）÷64.42×100%≈11.86%，面积误差比绝对值3%以内部分房款为39849.27元（1328309×3%=39849.27）；面积误差比绝对值超出3%部分的房款为235376.35元[1328309×（11.86%-3%）×2≈235376.35]。因此，某房地产公司一共应当返还董某275225.62元。

56.房屋买卖合同签订后,房屋毁损、灭失的风险由谁承担?

情景再现

2023年1月1日,郑某与张某签订房屋买卖合同,约定郑某购买张某的一套房屋。2023年2月5日,郑某按照合同约定向张某交付购房款15万元。2023年5月4日,房屋尚未交付即发生火灾,毁损严重。于是郑某与张某协商退款事宜。张某认为房屋买卖合同已经签订,房屋毁损灭失的风险应由郑某承担,郑某不同意,遂诉至法院。

律师说法

《最高人民法院关于审理商品房买卖合同纠纷案件适用法律若干问题的解释》第八条规定,"对房屋的转移占有,视为房屋的交付使用,但当事人另有约定的除外。房屋毁损、灭失的风险,在交付使用前由出卖人承担,交付使用后由买受人承担;买受人接到出卖人的书面交房通知,无正当理由拒绝接收的,房屋毁损、灭失的风险自书面交房通知确定的交付使用之日起由买受人承担,但法律另有规定或者当事人另有约定的除外"。

本案中,案涉房屋尚未交付,故房屋的毁损、灭失的风险应由出卖人承担，法院最终判决张某返还购房款。

通常而言，在买卖合同双方无特殊约定时，房屋毁损、灭失的风险在交付使用前由出卖人承担，交付使用后由买受人承担，房屋买卖双方都应在各自对房屋毁损、灭失的风险承担期间尽到对房屋的看管和保护义务。

57.开发商未取得商品房预售许可证，签订的房屋预售合同是否有效？

情景再现

2023年8月7日，董某与某房地产公司签订房屋认购书，约定董某购买某房地产公司开发建设的1202号房屋。2024年6月5日，该项目未通过竣工验收，且1202号房屋亦未取得商品房销售许可证。董某与某房地产公司协商退还购房款事项未果后，诉至法院。

律师说法

《最高人民法院关于审理商品房买卖合同纠纷案件适用法律若干问题的解释》第二条规定，"出卖人未取得商品房预售许可证明，与买受人订立的商品房预售合同，应当认定无效，但是在起诉前取得商品房预售许可证明的，可以认定有效"。

本案中，某房地产公司未取得商品房预售许可证而预售房屋，且在董某起诉前仍未取得商品房预售许可证，因此其与董某于 2023 年 8 月 7 日签订的房屋认购书应当认定无效。

58.房屋所有权人一房多卖怎么办？

情景再现

2023 年 1 月，某房地产公司与董某签订商品房买卖合同，约定董某购买 1606 号房屋，价款为 100 万元。董某在签订合同后全款支付，但某房地产公司尚未交付房屋。2023 年 6 月，某房地产公司又与王某签订商品房买卖合同，约定王某购买 1606 号房屋，价款为 120 万元。2024 年 1 月，某房地产公司将 1606 号房屋交付王某，产权登记人为王某。董某发现该房屋被交付王某后，遂与某房地产公司、王某协商，协商未果后，董某将某房地产公司诉至法院，要求解除房屋买卖合同，并要求某房地产公司返还购

第四章
租赁、买卖房屋如何避坑

房款，赔偿合理的直接财产损失及房屋差价损失。

律师说法

《最高人民法院第八次全国法院民事商事审判工作会议（民事部分）纪要》第十五条规定，"审理一房数卖纠纷案件时，如果数份合同均有效且买受人均要求履行合同的，一般应按照已经办理房屋所有权变更登记、合法占有房屋以及合同履行情况、买卖合同成立先后等顺序确定权利保护顺位。但恶意办理登记的买受人，其权利不能优先于已经合法占有该房屋的买受人。对买卖合同的成立时间，应综合主管机关备案时间、合同载明的签订时间以及其他证据确定"。

本案中，某房地产公司一房二卖的行为构成违约，由于王某已经占有案涉房屋并登记为产权人，董某不能取得案涉房屋。因此，董某可以解除房屋买卖合同并要求某房地产公司返还购房款，赔偿损失。董某主张的房屋差价损失，属于当事人在订立合同时应当预见的内容，是可得利益损失，应当由违约方予以赔偿，故法院最终判决支持董某的诉讼请求。

如果房屋所有权人与第三人恶意串通进行一房多卖，根据《最高人民法院关于审理商品房买卖合同纠纷案件适用法律若干问题的解释》第七条的规定，买受人则可以以出卖人与第三人恶意串通，另行订立商品房买卖合同并将房屋交付使用，导致其无法取得房屋为由，请求法院确认出卖人与第三人订立的商品房买卖合同无效。

59.房屋产权证迟迟办不下来，卖方应当承担违约责任吗？

▶ 情景再现

2023年7月18日，王某与某房地产公司签订商品房买卖合同，约定某房地产公司将1801号房屋出售给王某，某房地产公司应于合同签订之日起90日内交房，并于交房后90日内办理产权证。合同签订后，王某按照约定付清房款，某房地产公司于2023年9月23日交房，交房后未及时办理产权证，直到2024年7月25日才办理产权证。王某与某房地产公司就逾期办证违约事宜协商未果后诉至法院，要求某房地产公司承担违约金。

第四章
租赁、买卖房屋如何避坑

律师说法

《最高人民法院关于审理商品房买卖合同纠纷案件适用法律若干问题的解释》第十四条规定，由于出卖人的原因，买受人在下列期限届满未能取得不动产权属证书的，除当事人有特殊约定外，出卖人应当承担违约责任：（1）商品房买卖合同约定的办理不动产登记的期限；（2）商品房买卖合同的标的物为尚未建成房屋的，自房屋交付使用之日起90日；（3）商品房买卖合同的标的物为已竣工房屋的，自合同订立之日起90日。合同没有约定违约金或者损失数额难以确定的，可以按照已付购房款总额，参照中国人民银行规定的金融机构计收逾期贷款利息的标准计算。

本案中，按照商品房买卖合同约定，某房地产公司应于2023年12月23日之前办理产权证，但其于2024年7月25日才将办理权属登记所需资料报产权登记机关备案，构成违约。法院最终判决某房地产公司向王某支付违约金。

60.房屋买卖合同的解除权行使有期限吗？

情景再现

2011年5月29日，王某与董某签订房屋买卖合同，约定王某将1702号房屋卖给董某，房屋总价款为58万元。2011年7月，董某向王某支付40万元购房款。

> 2015年2月6日，王某向董某交付房屋，并办理过户登记。直至2024年2月，董某仍有18万元购房款未支付，王某向法院提起诉讼，请求判令解除其与董某之间的房屋买卖合同。

律师说法

根据《民法典》第五百六十三条的规定，当事人一方迟延履行主要债务，经催告后在合理期限内仍未履行的，当事人可以解除合同。《民法典》第五百六十四条规定，法律规定或者当事人约定解除权行使期限，期限届满当事人不行使的，该权利消灭。法律没有规定或者当事人没有约定解除权行使期限，自解除权人知道或者应当知道解除事由之日起一年内不行使，或者经对方催告后在合理期限内不行使的，该权利消灭。

本案中，案涉房屋早在2015年就已经交付并办理过户登记，董某对该房屋已进行了装修并使用了近十年之久。但王某未提供任何有效证据证明其在近十年内曾向董某催告履行付款义务或者要求解除合同。王某在交房近十年后才要求解除合同，废止既有的合同关系，不仅会破坏现存的法律关系，也达不到物尽其用的效果，且其主张的合同解除权已超过合理的期限，据此，法院最终判决驳回王某的诉讼请求。

第四章
租赁、买卖房屋如何避坑

61.房屋买卖合同签订后，一方能以未办理房屋产权变更登记为由主张合同无效吗？

▶情景再现

2022年7月2日，胡某与李某签订房屋买卖合同，约定胡某购买李某位于某小区的还建房一套，总价款为42万元。房屋买卖合同签订后，胡某陆续通过现金交付、银行卡转账等方式向李某支付了部分购房款，金额累计41万元。因该房屋属于还建房，尚无产权证，2022年10月15日，李某向胡某出具收条，载明"今收到胡某购房款41万元整，余款1万元于办理房产证时一次性付清"。后李某将案涉房屋交付胡某，胡某出资对该房屋进行装修后迁入该房屋居住。2023年12月，胡某购买的还建房已具备办理房产证条件，遂向李某催办产权登记及过户手续。2024年3月4日，李某经申报取得房屋不动产登记证后拒绝配合胡某办理房屋过户手续，并声称该房屋买卖合同无效，胡某诉至法院。

律师说法

《民法典》第二百一十五条规定，"当事人之间订立有关设立、变更、转让和消灭不动产物权的合同，除法律另有规定或者当事人另有约定外,自合同成立时生效;未办理物权登记的,不影响合同效力"。

本案中,胡某早在2022年7月即与李某就案涉房屋达成交易合意,签署房屋买卖合同并按约定支付了购房款,随后对案涉房屋进行了装修并实际居住。该房屋虽尚未办理所有权变更登记,但相关交易事实真实、有效,不违反法律规定。双方签订的房屋买卖合同中也明确约定,在案涉房屋符合办理房产证条件时,李某须配合胡某办理过户手续。在胡某了解到案涉房屋具备办理产权证条件时,向李某催办产权登记及过户手续,却遭到拒绝,可见房屋产权未能及时过户至胡某名下是李某不配合导致的。胡某与李某针对案涉房屋所达成的买卖合同合法、有效,故胡某基于购房事实所享有的合同权益应当受法律保护。

62.房屋买卖中,买方迟延交付购房款,卖方可以要求解除合同吗?

▶ 情景再现

2023年5月31日,某房地产公司与陶某签订商品房买卖合同,约定将其开发的一幢房屋出售给陶某,陶某应于2023年6月30日一次性付清房款1000万元。某房地产公司于2023年6月1日交房后,陶某未按照约定支付购房款。2024年4月16日,某房地产公司对陶某进行催

第四章
租赁、买卖房屋如何避坑

> 告，陶某仍未付款。某房地产公司于 2024 年 5 月 30 日向法院提起诉讼，要求解除双方之间的商品房买卖合同。

律师说法

根据《民法典》第五百六十三条、《最高人民法院关于审理商品房买卖合同纠纷案件适用法律若干问题的解释》第十一条的规定，买受人迟延支付购房款，经催告后在三个月的合理期限内仍未履行，解除权人请求解除合同的，应予支持，但当事人另有约定的除外。法律没有规定或者当事人没有约定，经对方当事人催告后，解除权行使的合理期限为三个月。对方当事人没有催告的，解除权人自知道或者应当知道解除事由之日起一年内行使。逾期不行使的，解除权消灭。

本案中，某房地产公司要求解除商品房买卖合同，是享有合同解除权的一方行使法定解除权的行为，且某房地产公司行使合同解除权的期限符合法律规定，因此法院最终判决解除该商品房买卖合同。

63.小区公共区域的广告收入属于业主吗?

> **情景再现**
>
> 某物业公司在管理某小区期间,未经业主大会或者业主委员会同意,擅自经营小区公共区域,获取广告收入。业主委员会经多次催要广告收入无果后,诉至法院,要求某物业公司退还全部广告收入。

> **律师说法**

《民法典》第二百八十二条规定,"建设单位、物业服务企业或者其他管理人等利用业主的共有部分产生的收入,在扣除合理成本之后,属于业主共有"。

第四章
租赁、买卖房屋如何避坑

小区内的广告收入属于全体业主共有。小区开发商或物业管理企业本着物尽其用的原则，在不影响业主权益的基础上，可以对小区的业主共有部分，如车位、电梯间等加以利用，增加收益。如果物业服务机构将这部分收益作为经营收益据为己有，则侵害了全体业主的权利，业主可以要求物业公司返还。

本案中，某物业公司擅自经营小区公共区域且获取广告收入，没有法律依据，因此某物业公司应向业主委员会返还公共区域的全部广告收入。

64.业主不交纳物业费，物业公司可以停止供水、供电吗？

▷ 情景再现

王某入住某小区后发现小区物业服务人员态度差，公共卫生打扫也不及时，于是采取拒绝缴纳物业服务费的方式来表达自己的不满。但王某担心，其拒绝缴纳物业费，物业能否对其房屋停止供水、供电？

律师说法

《民法典》第九百四十四条第二款、第三款规定，"业主违反约定逾期不支付物业费的，物业服务人可以催告其在合理期限内支付；合理期限届满仍不支付的，物业服务人可以提起诉讼或者申请仲裁。物业服务人不得采取停止供电、供水、供热、供燃气等方式催交物业费。"

供水、供电合同的双方当事人为业主与供水、供电公司，也就是说，物业公司不是小区内的供水、供电人，不享有供水、供电权；物业服务合同的双方当事人为业主与物业公司，两者属于不同的法律关系。业主欠缴物业费的，物业公司可采取催告方式要求其支付；催告期满后仍未支付的，可提起诉讼或者申请仲裁，但不能采取停水、停电方式催交物业费。如果物业采取停水、停电方式催交物业费，造成业主损失，则业主可以要求物业公司进行赔偿。

第五章

生活中的侵权与维权

65.人身损害赔偿的范围和标准是什么？

律师说法

根据《民法典》第一千一百七十九条以及《最高人民法院关于审理人身损害赔偿案件适用法律若干问题的解释》和《最高人民法院关于确定民事侵权精神损害赔偿责任若干问题的解释》的规定，人身损害赔偿的具体范围和标准如下：

（1）医疗费，一般以医疗机构出具的医药费、住院费等收款凭证，结合病历和诊断证明等认定。

（2）护理费，护理人员有收入的，护理费赔偿金额＝护理人工资（元/日）×护理期限（日）；护理人员没有收入或雇用护工的，护理费赔偿金额＝当地护工从事同等级别护理的劳务报酬标准（元/日）×护理期限（日）×护理人员人数（个）。

（3）交通费，交通费赔偿金额为就医、转院实际发生的交通费用，以正式票据为凭，有关凭据应当与就医地点、时间、人数、次数相符合。

（4）营养费，营养费赔偿金额为实际发生的必要营养费用，根据受害人的伤残情况参照医疗机构的意见确定。

（5）住院伙食补助费，参照当地国家机关一般工作人员的出差伙食补助标准予以确定。

（6）误工费，受害人有固定收入的，误工费赔偿金额＝受害人工资（元/日）×误工时间（日）。无固定收入的，误工费赔偿金额＝受害人最近三年平均收入（元/日）×误工时间（日）；如果受害人不能举证证明其最近三年的平均收入状况，则误工费赔偿金额＝受诉法院所在地相同或者相近行业上一年职工的平均工资（元/日）×误工时间（日）。误工时间根据受害人接受治疗的医疗机构出具的证明确定。

（7）残疾辅助器具费，是指在受害人因人身伤害致残的情况下，为补偿其丧失的器官功能，辅助其实现生活自理或者从事生产劳动而购买、配备的生活自助器具，如购买假肢、轮椅等支出的费用。

（8）残疾赔偿金，残疾赔偿金＝受诉法院所在地上一年度城镇居民人均可支配收入×赔偿年限×伤残系数。赔偿年限的确定，自定残之日起按20年计算；但60周岁以上的，年龄每增加1岁减少1年；75周岁以上的，按5年计算。

（9）丧葬费，丧葬费赔偿金额＝受诉法院所在地上一年度职工月平均工资（元/月）×6个月。

（10）死亡赔偿金，死亡赔偿金＝受诉法院所在地上一年度城镇居民人均可支配收入 × 赔偿年限。死亡赔偿金赔偿年限的确定，按20年计算；但60周岁以上的，年龄每增加1岁减少1年；75周岁以上的，按5年计算。

（11）被扶养人生活费，是指在受害人因人身伤害致残丧失劳动能力或者死亡的情况下，给予受害人依法应当承担抚养义务的未成年人或者丧失劳动能力又无其他生活来源的成年近亲属一定数额的维持其正常生活的费用。被扶养人为未成年人的，计算至18周岁；被扶养人无劳动能力又无其他生活来源的，计算20年。但60周岁以上的，年龄每增加1岁减少1年；75周岁以上的，按5年计算。

（12）精神损害抚慰金，根据以下因素确定金额：①侵权人的过错程度，但是法律另有规定的除外；②侵权行为的目的、方式、场合等具体情节；③侵权行为所造成的后果；④侵权人的获利情况；⑤侵权人承担责任的经济能力；⑥受理诉讼法院所在地的平均生活水平。

生活中的法律常识
——让你少吃亏的300个锦囊

66.打羽毛球时被球击伤，扣球的人要承担责任吗？

情景再现

某日，王某与李某以及案外四人在羽毛球馆内进行羽毛球比赛。王某与李某为相对方，李某扣球时，王某举拍防守失败，被羽毛球击中右眼。王某就治疗费用承担问题与李某沟通未果后诉至法院。

律师说法

《民法典》第一千一百七十六条第一款规定，"自愿参加具有一定风险的文体活动，因其他参加者的行为受到损害的，受害人不得请求其他参加者承担侵权责任；但是，其他参加者对损害的发生有故意或者重大过失的除外"。因此，王某自愿参加羽毛球运动，要自担一定的风险，王某受伤后，若要主张其他参加者承担责任，则应当证明对方存在故意或者重大过失。通常情形下，双方进行竞技比赛，主观上既有锻炼身体的目的，也有通过使用不同技术、技巧赢得比赛的目的，而在羽毛球运动中，发力扣球是很常见的一种技巧。

本案中，李某的扣球在羽毛球运动中是常见的动作，在没有证据证明李某主观上具有故意或者重大过失的情况下，王某的损失应由其自身承担。

第五章
生活中的侵权与维权

67.羽毛球馆地面湿滑导致接球时摔倒受伤,球馆经营者应当承担责任吗?

▶ 情景再现

　　董某与朋友在羽毛球馆进行双打比赛时,因隔壁场地存在积水,董某接边线球时不慎踩到积水而摔倒,导致内侧副韧带损伤。董某因赔偿问题不能与球馆达成一致,遂向法院提起诉讼。

律师说法

　　《民法典》第一千一百九十八条第一款规定,"宾馆、商场、银行、车站、机场、体育场馆、娱乐场所等经营场所、公共场所的经营者、管理者或者群众性活动的组织者,未尽到

115

安全保障义务，造成他人损害的，应当承担侵权责任"。第一千一百七十三条规定，"被侵权人对同一损害的发生或者扩大有过错的，可以减轻侵权人的责任"。

本案中，羽毛球馆作为经营者，未尽到保证运动场地干燥的义务，导致董某在打球过程中受伤，其应承担一定的民事责任。董某作为完全民事行为能力人，应当知晓羽毛球运动有一定的危险性，参与羽毛球比赛的目的应是以娱乐、健身为主，其踩到隔壁场地的积水而摔倒，说明其接边线球时运动速度过快，故董某对于损害的发生也存在过错，应适当减轻羽毛球馆的责任。

68.顾客在洗浴时摔倒受伤，洗浴中心应当承担责任吗？

情景再现

某日，周某在某洗浴中心洗浴时不小心摔倒，导致左踝关节骨折。周某和洗浴中心就赔偿问题不能达成一致意见，周某诉至法院。

律师说法

《民法典》第一千一百九十八条第一款规定，"宾馆、商场、银行、车站、机场、体育场馆、娱乐场所等经营场所、公共场所的经营者、管理者或者群众性活动的组织者，未尽到安全保障义务，造成他人损害的，应当承担侵权责任"。第

第五章
生活中的侵权与维权

一千一百七十三条规定,"被侵权人对同一损害的发生或者扩大有过错的,可以减轻侵权人的责任"。

本案中,洗浴中心作为洗浴场所,应对顾客鞋底带水或者地面有水迹的惯常状态尽到更多的注意义务并配置更为完备的安全保护措施,以保障顾客的人身安全。洗浴中心未能举证其提供的拖鞋具有与洗浴场所相当的防滑功能,可以认定其未能尽到洗浴场所的特殊安全保障义务,应对周某所受损伤承担责任。然而,周某进行洗浴消费,对特殊环境未保持高度注意义务导致自身摔倒受伤,其亦对事故的发生存在过错,应适当减轻洗浴中心的责任。

69.顾客因抢购促销商品摔伤,超市应当承担责任吗?

117

生活中的法律常识
—— 让你少吃亏的 300 个锦囊

▶ 情景再现

某日，李某在奔跑进入某超市抢购特价商品时，在超市入口处摔倒。李某与超市就医药费事宜协商未果后，李某诉至法院。

律师说法

《民法典》第一千一百九十八条第一款规定，"宾馆、商场、银行、车站、机场、体育场馆、娱乐场所等经营场所、公共场所的经营者、管理者或者群众性活动的组织者，未尽到安全保障义务，造成他人损害的，应当承担侵权责任。"第一千一百七十三条规定，"被侵权人对同一损害的发生或者扩大有过错的，可以减轻侵权人的责任"。

超市作为经营者和管理人，应当为消费者提供安全的购物环境，超市未尽到安全保障义务，造成他人损害的，应当承担侵权责任。

本案中，超市开展特价促销活动，既未安排专人维护现场秩序，也未在超市入口处设置安全提示标识，故超市对李某的受伤应当承担赔偿责任。李某作为完全民事行为能力人，亦应对购物环境及自身安全尽到谨慎的注意义务，故对其身体所受损害亦存在过错，应适当减轻超市的责任。

第五章
生活中的侵权与维权

70.七旬老人在游泳馆泳池内溺亡，游泳馆要承担责任吗？

情景再现

某日，年过古稀的王某携年幼的孙女到某游泳馆泳池浅水区游泳，孙女因携带儿童漂浮板未发生危险，而王某不慎溺水。游泳池内救生员将王某抬上岸后实施心肺复苏急救，同时通知其家属并拨打了120急救电话，救护车赶到后将其送至医院，其经抢救无效后死亡。派出所民警到场勘查后确认王某系因溺水死亡。王某家属诉至法院，要求游泳馆承担王某死亡的全部责任。

律师说法

《民法典》第一千一百九十八条第一款规定，"宾馆、商场、银行、车站、机场、体育场馆、娱乐场所等经营场所、公共场所的经营者、管理者或者群众性活动的组织者，未尽到安全保障义务，造成他人损害的，应当承担侵权责任"。第一千一百七十三条规定，"被侵权人对同一损害的发生或者扩大有过错的，可以减轻侵权人的责任"。

本案中，游泳馆作为泳池的经营者和管理人，负有安全保障义务，其在场馆的设施、设备、救生人员的配置、管理上存在过错，未及时发现有人溺水，应当承担相应的赔偿责任。

但是，考虑到王某作为完全民事行为能力人，年过古稀，应对自身身体状况具有明确、全面的认知，对游泳的危险性也应有一定的认知，其在自身不擅游泳的情况下携未成年人游泳，更应提高风险防范意识，而其未携带漂浮辅助设备，不能保障自身安全。王某在浅水区内溺水后不能成功自救，也没有以足以引起他人注意的方式呼救、挣扎，可见其在溺水时缺乏控制身体的能力，亦存在一定的过错，应适当减轻游泳馆的责任。

71.居民在公园内悬挂晾衣绳致人受伤，公园管理者应当承担责任吗？

▶ 情景再现

李某在公园照看孩子时，因未注意到两树之间拴的铁丝，在追孩子时跑得太快，被铁丝刮到右颈部后摔倒受伤。该公园为开放型的免费广场，其管理人为居民委员会，铁丝为社区居民宋某所系晾衣绳。因赔偿问题李某不能与宋某、居民委员会达成一致，遂向法院提起民事诉讼，请求居民委员会和宋某赔偿医疗费、伤残赔偿金等共计10万元。

律师说法

《民法典》第一千一百九十八条规定，"宾馆、商场、银行、车站、机场、体育场馆、娱乐场所等经营场所、公共场所的经营者、管理者或者群众性活动的组织者，未尽到安全保障义务，造成他人损害的，应当承担侵权责任。因第三人的行为造成他人损害的，由第三人承担侵权责任；经营者、管理者或者组织者未尽到安全保障义务的，承担相应的补充责任。经营者、管理者或者组织者承担补充责任后，可以向第三人追偿"。

本案中，宋某应当预见到在公共场所的两树之间系铁丝绳可能会对他人产生危险，其系绳的行为存在过错，应当承担侵权赔偿责任。李某作为完全民事行为能力人，对危险的发生显然具备判断和防范能力，但其在追孩子的过程中跑得太快，未尽到足够的注意义务，亦有一定的过错，应对自身所受伤害承担相应的责任。居民委员会作为案涉公园的管理者，本应最了解公园的实际情况，预见两树之间系绳可能发生的危险和损害，有义务阻止他人系绳并在发现此等危险因素后及时负责清理，但其未及时阻止、清理，未尽到安全保障义务，应当承担相应的补充赔偿责任。

72. 邻居在我家住宅附近栽种树木，影响采光怎么办？

▶ 情景再现

徐某与李某是邻居，李某在距离徐某东侧房屋 2.75 米处种植桃树若干棵，影响了徐某家的采光，双方遂产生纠纷。徐某诉至法院，要求李某移除种植在徐某东侧房屋后 3 米内的树木。

律师说法

《民法典》第二百八十八条规定，"不动产的相邻权利人应当按照有利生产、方便生活、团结互助、公平合理的原则，正确处理相邻关系"。第二百八十九条规定，"法律、法规对处理相邻关系有规定的，依照其规定；法律、法规没有规定的，可以按照当地习惯"。相邻关系，是指依据法律规定，两个或两个以上相互毗邻的不动产的所有人或使用人，在行使不动产的所有权或使用权时，因相邻各方应当给予便利和接受限制而发生的权利义务关系。相邻权通常包括用水相邻权、排水相邻权、相邻通行权、相邻施工权、管线相邻权、防险相邻权、通风采光相邻权、环保相邻权、地界相邻权、共墙相邻权等。

本案中，法院经审理认为，李某在己方所属院落栽种的树木与徐某外墙距离不符合相关规定及通常习惯，树木经年生长，确实影响了徐某房屋的正常采光。为保障徐某合法的采光权，亦为避免树木根系延伸从而危及相邻建筑安全，法院对徐某的请求予以支持。

如果生活中发生相邻权纠纷，可采取以下三种方式进行解决：双方当事人可以先自行协商解决；在协商无法达成一致的情况下，可以向调解委员会、物业公司、业主委员会等申请调解；仍无法解决时，当事人可以请求法院依据法律程序判决。

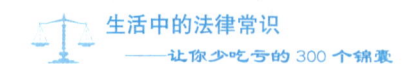

73.楼上邻居私自将厨房改成卫生间,楼下住户应如何维权?

▶情景再现

王某与左某是上下楼邻居,某年,王某装修房屋,将房屋内厨房改造为两个卫生间,并添设便池、洗浴等设施,左某家厨房位于王某改造后的两个卫生间下方,做饭时经常听到王某家冲便池的声音。左某要求王某将卫生间恢复为厨房无果后诉至法院。

律师说法

《民法典》第二百八十八条规定,"不动产的相邻权利人应当按照有利生产、方便生活、团结互助、公平合理的原则,正确处理相邻关系"。第一百三十二条规定,"民事主体不得滥用民事权利损害国家利益、社会公共利益或者他人合法权益"。

本案中,王某与左某为相邻物权人,其在行使物权时应遵守法律法规,遵守社会公德,不得损害公共利益和其他人的合法权益。《住宅设计规范》(GB 50096—2011)第5.4.4条规定,"卫生间不应直接布置在下层住户的卧室、起居室(厅)、厨房和餐厅的上层"。王某将卫生间设置在左某家厨房的上方,使厨房污水和厕所污水相混,易造成安全隐患,亦有违传统的居民生活习惯,给左某的心理和居住生活造成了不良影响,因此左某有权要求王某停止侵害,排除妨碍。

74.邻居擅改入户门朝向影响通行,应如何维权?

▶ 情景再现

李某与陈某是邻居,李某住404号房屋,陈某住403号房屋,两家入户门距离较近。陈某装修时对403号房屋的入户门进行了改造,门的开启方式由原来的朝内开启更改为朝外开启,且开门时会挡住李某家门口。李某认为陈某更改房门的开启方式会对其通行造成影响,沟通无果后诉至法院。

律师说法

《民法典》第八条规定,"民事主体从事民事活动,不得违反法律,不得违背公序良俗"。第二百八十八条规定,"不动产的相邻权利人应当按照有利生产、方便生活、团结互助、公平合理的原则,正确处理相邻关系"。

本案中,两家入户门距离较近,李某进出房屋必须经过陈某家门口,如陈某家入户门开启,则李某家门口大部分空间被陈某打开的门体挡住,一方面会妨碍李某及其家人正常通行,另一方面存在撞伤通行人及阻塞消防通道的危险。因此,法院最终判决陈某将入户门的开启方式恢复为向内开启。

民事权利主体享有对其合法私有财产的处分权利，改变房门的开启方式确属相应权利主体的自由。但在有多个住户相邻居住的楼层内，改变房门的开启方式应至少注意两方面因素：（1）避免妨碍相邻住户的正常通行；（2）避免阻碍消防设施和安全通道的正常使用。相邻关系的不动产权利人在占有、使用不动产时，相互造成一定的影响在所难免。因此，相邻关系权利人之间存在协作、容忍义务。如果一方超越权利边界，给相邻方造成生活不便或严重影响，超出了容忍义务的范围，则构成侵权。

75.邻居家空调外机安装在我家窗户边，应如何维权？

第五章
生活中的侵权与维权

▶ 情景再现

张某与何某是邻居，何某住在楼上，张某住在楼下。某日，张某发现何某将两台空调外机安装到了自己卧室窗户边的外墙上。何某家的空调外机在使用过程中持续发出噪声，影响张某正常休息，且空调外机排出的热气流，导致张某无法打开窗户通风，张某要求何某将空调更换位置未果后诉至法院。

律师说法

《民法典》第二百八十八条规定，"不动产的相邻权利人应当按照有利生产、方便生活、团结互助、公平合理的原则，正确处理相邻关系"。《最高人民法院关于审理建筑物区分所有权纠纷案件具体应用法律若干问题的解释》第四条规定，"业主基于对住宅、经营性用房等专有部分特定使用功能的合理需要，无偿利用屋顶以及与其专有部分相对应的外墙面等共有部分的，不应认定为侵权。但违反法律、法规、管理规约，损害他人合法权益的除外"。

本案中，何某安装空调外机的位置不适当，且持续发出噪声，给张某的居住生活造成了影响，法院最终判决何某限期移除空调外机。

相邻关系权利人之间有一定的容忍义务。该容忍义务旨在协调相邻权利人之间的利益，维持权利人之间的和睦关系，使当事人间的权利义务获得有效的平衡。因此，不动产权利人在行使自身权利时，应当尽量避免对相邻的不动产权利人造成损害。

76.对门邻居安装可视门铃，我有权要求拆除吗？

▶ 情景再现

　　董某与李某是对门邻居，董某发现李某不仅安装了可视门铃，还在门的上方安装了摄像头。该可视门铃和摄像头正好可以拍摄到董某家门口的情况，且具有存储功能，董某每天家中的人员往来均会被李某知晓。董某要求李某拆除上述设备遭到拒绝后，诉至法院。

律师说法

　　《民法典》第一千零三十二条规定，"自然人享有隐私权。任何组织或者个人不得以刺探、侵扰、泄露、公开等方式侵害他人的隐私权。隐私是自然人的私人生活安宁和不愿为他人知晓的私密空间、私密活动、私密信息"。

　　根据《民法典》第一千零三十三条第二项的规定，除法律另有规定或者权利人明确同意外，任何组织或者个人不得拍摄、窥视他人的住宅等私密空间。

　　本案中，李某安装的入户防盗门可视门铃及摄像头均可拍摄到董某与李某家门口之间的楼道，董某出入住宅、他人上下楼梯等相关个人信息均会被拍摄、留存,李某摄录、留存个人信息缺乏合法性、正当性及必要性,已对董某的隐私权造成侵害。因此,法院最终判决李某于 7 日内拆除可视门铃及摄像头。

77.小区商店广告牌的灯光太亮影响居民生活,可以要求拆除吗?

▶ 情景再现

　　王某是某小区业主,其居室、厨房与某健身房相邻,健身房出于宣传目的安装了带灯的广告牌。广告牌灯开启后,光线散射到王某居室及周围住宅的外墙上,并通过窗户对王某居室内造成明显影响,导致其入睡困难,于是王某诉至法院要求健身房拆除该广告牌。

律师说法

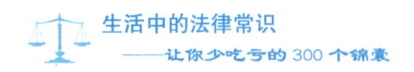

《民法典》第二百八十八条规定,"不动产的相邻权利人应当按照有利生产、方便生活、团结互助、公平合理的原则,正确处理相邻关系"。

本案中,健身房设置的广告牌与王某的房屋距离很近,且中间无任何物件遮挡。健身房广告灯箱的外溢光、杂散光能射入周边居民的居室内,这足以改变居室内人们夜间休息时通常习惯的暗光环境,超出了一般公众普遍可忍受的程度;健身房未通过采取遮挡等必要的措施来避免自己设置的带灯广告牌侵害他人的合法权益,光污染程度较为明显。

根据《民法典》第一百七十九条的规定,王某有权要求健身房拆除该广告牌,停止侵害。法院最终判决健身房于7日内拆除该广告牌。

78.孕妇因交通事故流产能否主张精神损害赔偿?

情景再现

某日,吴某驾车行驶时与王某(孕妇)所驾驶车辆相撞,造成王某流产。公安机关出具事故认定书,认定吴某负事故全部责任。后王某诉至法院,要求吴某赔偿精神损害抚慰金5万元。

第五章
生活中的侵权与维权

律师说法

《民法典》第一千一百八十三条第一款规定，"侵害自然人人身权益造成严重精神损害的，被侵权人有权请求精神损害赔偿"。本案中，王某因交通事故导致流产，不仅遭受了身体上的损害，也承受了精神上的痛苦，法院结合王某孕期、各方责任等因素，最终判决支持其精神损害抚慰金1万元。

实践中，交通事故导致流产的精神损害赔偿的争议焦点通常在因果关系的认定上。通常情况下，根据医疗诊断常理能够判断存在因果关系的，则推定存在因果关系。如果交通事故的发生时间、治疗时间与流产时间间隔较久，则应申请鉴定，如果放弃鉴定则将承担举证不能的后果。在交通事故发生时当事人是否知道自己怀孕，也会影响法院对是否造成精神损害的认定。关于精神损害赔偿金的具体数额，法官会综合考虑事故成因、侵权情节、过错程度、损害后果、当地生活水平等因素进行确定，特别是要考虑损害后果，如孕妇的怀孕周数、是否有其他伤残情况等。

79.监护人侵害被监护人权利的，应如何承担责任？

情景再现

尹某与郭某婚内育有一子尹某某，二人离婚后，尹某某跟随郭某生活。某日，郭某委托其男友向某接尹某某放学并进行照料，向某接尹某某回家后即外出，后尹某某坠楼身亡。尹某诉至法院，要求郭某及向某承担赔偿责任。

律师说法

《民法典》第二十六条第一款规定，"父母对未成年子女负有抚养、教育和保护的义务"。第三十四条第三款规定，"监护人不履行监护职责或者侵害被监护人合法权益的，应当承担法律责任"。

本案中，尹某某是尹某与郭某的婚生子，尹某与郭某均属于尹某某的法定监护人。监护人对被监护人不应享有侵权豁免权，在造成被监护人侵权损害后，应对被监护人承担相应的民事责任。郭某与向某之间形成了委托监护关系，向某在无偿履行受托事务时未尽谨慎义务，在尹某某的死亡事件中应负主要责任。郭某作为委托人，相较于向某的过错程度较轻，对尹某某的死亡负次要责任。故对于尹某某的死亡，应由向某承担主要赔偿责任，郭某承担次要赔偿责任。

如果监护人实施了严重侵害被监护人合法权益的行为，未造成被监护人死亡，根据《民法典》第三十六条的规定，其他依法具有监护资格的人，以及居民委员会、村民委员会、学校、医疗机构、妇女联合会、残疾人联合会、未成年人保护组织、依法设立的老年人组织、民政部门等个人或者组织，均可以向法院提出申请，撤销其监护人资格，安排必要的临时监护措施，并按照最有利于被监护人的原则依法指定监护人。

80.小学生在校园受到人身损害，学校应当承担责任吗？

▷ **情景再现**

高某（10周岁）和赵某（11周岁）是某小学学生，某日，某小学组织学生开展读书活动，但未指派教职工对活动现场进行管理和维持秩序。活动期间，赵某在踮脚伸手到书柜高处拿书时，不慎使书掉落并砸到旁边站着的高某的右眼部位，造成高某受伤。因赔偿问题不能达成一致，故高某父母将赵某及某小学诉至法院。

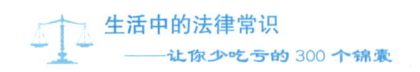

生活中的法律常识
——让你少吃亏的 300 个锦囊

律师说法

《民法典》第一千二百条规定，"限制民事行为能力人在学校或者其他教育机构学习、生活期间受到人身损害，学校或者其他教育机构未尽到教育、管理职责的，应当承担侵权责任"。

本案中，某小学在组织学生活动期间，疏于管理，未尽到教育、监管职责，应当对高某受伤的后果承担主要责任。赵某作为限制民事行为能力人，对风险有一定的认知能力，其疏忽大意造成高某眼部受伤，存在一定过错，应当承担相应的责任。由于赵某为限制民事行为能力人，故应由其监护人承担相应的赔偿责任。高某虽为限制民事行为能力人，但对于危险亦应具备一定的认知能力，其自身未尽到安全注意义务，应当自行承担部分责任。最终法院判决某小学承担 70% 的责任，赵某、高某各承担 15% 的责任。

教育机构在组织未成年人活动时应注意做好事前安全教育工作，完善安全防护措施，必要时应有教职人员在场进行有效管理，尽到安全保障义务，为未成年人提供安全的学习和活动环境；父母及其他家庭成员在日常生活中也要加强对未成年人安全意识、自我保护意识的教育和培养，共同为未成年人的健康成长保驾护航。

81.幼儿园学生在校园受伤，责任应由谁承担？

> **情景再现**
>
> 唐某是某幼儿园学生，某日，唐某在幼儿园教室活动时不慎摔伤，于当日到某医院治疗，经诊断为肘关节脱位。唐某父母因治疗费用承担事宜与幼儿园发生争议。

律师说法

《民法典》第一千一百九十九条规定，"无民事行为能力人在幼儿园、学校或者其他教育机构学习、生活期间受到人身损害的，幼儿园、学校或者其他教育机构应当承担侵权责任；但是，能够证明尽到教育、管理职责的，不承担侵权责任"。

无民事行为能力人在教育机构学习、生活期间遭受侵权的归责方式为过错推定，即无民事行为能力人在幼儿园、学校或者其他教育机构学习、生活期间受到人身损害的，幼儿园、学校或者其他教育机构应当承担侵权责任；但是能够证明尽到教育、管理职责的，不承担侵权责任。

本案中，唐某在幼儿园教室活动时不慎摔伤，幼儿园未提供证据证明其已尽到教育、管理职责，故其对唐某的损失应承担全部赔偿责任。

82.朋友聚会一起饮酒,有人醉酒后发生意外事故,朋友要承担责任吗?

▶情景再现

某日晚,徐某组织张某、盛某、赵某、周某、刘某等人在KTV进行娱乐活动,其间徐某等人饮酒。次日凌晨2时,徐某从居住的小区楼栋坠亡。徐某父母就徐某死亡赔偿事宜与张某等人不能达成一致,遂向法院提起民事诉讼。

律师说法

《民法典》第一千一百六十五条规定,"行为人因过错侵害他人民事权益造成损害的,应当承担侵权责任。依照法律规定推定行为人有过错,其不能证明自己没有过错的,应当承担侵权责任"。

共同饮酒虽是情谊行为,但若酒后发生人身损害或财产损失等意外事故则很容易发生情谊侵权。这种情况下,在认定意外事故与饮酒行为有因果关系的前提下,相关行为人应当承担与其过错程度相当的侵权责任。一般来说,涉及的责任主体可能包括聚会酒局组织者、伤亡者自身及其监护人、共同饮酒者、饮酒场所提供酒水者等。

至于责任的具体分配,不仅要看共同饮酒者在饮酒过程中是否存在明知受害者不能饮酒还强行劝酒或在其已喝醉意识不清没有自制力的情况下,仍劝其喝酒的行为,还要考察共同饮酒者是否对"酒友"酒后驾车、洗澡、剧烈运动等危险性行为加以劝阻,是否积极协助、照顾并护送已失去或即将失去自控力的醉酒者安全回家等。

本案中,徐某是聚会的发起者,大量饮酒后回到小区楼栋内坠亡,自身过错较大,应自行承担主要责任。共同参加聚会的其他人员明知徐某已大量饮酒,未尽到照顾义务,放任其自行离开而发生意外,存在一定过错,应当承担一定的责任。

83.饲养的宠物伤人,谁应当承担责任?

情景再现

某日,宋某在小区行走时,王某饲养的宠物犬从单元楼里跑出来追着宋某撕咬,导致宋某受伤。宋某就治疗费的承担问题与王某不能达成一致,宋某诉至法院。

律师说法

《民法典》第一千二百四十五条规定,"饲养的动物造成他人损害的,动物饲养人或者管理人应当承担侵权责任;但是,能够证明损害是因被侵权人故意或者重大过失造成的,可以不承担或者减轻责任"。

饲养动物致人损害,饲养人或管理人承担的是无过错责任,即只要存在动物加害行为、损害结果以及两者之间具有因果关系,则无论饲养人或管理人是否存在过错,都要承担相应的民事赔偿责任。只有在出现法定抗辩事由时才可能全部或部分免除责任,但饲养人或管理人应举证证明。

本案中,王某作为饲养人,对宠物犬未束绳,未尽到管理义务,且未提供证据证明宋某存在故意或者重大过失,因此王某应对宋某的损失承担全部责任。

提醒注意,宠物的饲养人或管理人应遵守法律法规,树立文明养宠观念,增强危险防范意识,严格约束宠物行为。例如,携带犬只外出时,应使用犬绳、犬链等工具对犬只进行适

第五章
生活中的侵权与维权

当控制，避开人群聚集地，认真履行管理和看护义务。

84.业主委员会在公众号上发布对业主的起诉状，合法吗？

▶ 情景再现

小区业主委员会因与业主发生纠纷起诉业主，并将包含业主姓名、性别、出生日期、身份证号码、具体住址等信息的民事起诉状发布在公众号上，未对业主个人信息采取遮蔽措施。业主发现后，认为业主委员会将其个人信息公布的行为侵犯了其隐私权，遂起诉至法院要求业主委员会赔礼道歉并赔偿精神损失费。

律师说法

《民法典》第一千零三十四条规定，"自然人的个人信息受法律保护。个人信息是以电子或者其他方式记录的能够单独或者与其他信息结合识别特定自然人的各种信息，包括自然人的姓名、出生日期、身份证件号码、生物识别信息、住址、电话号码、电子邮箱、健康信息、行踪信息等。个人信息中的私密信息，适用有关隐私权的规定；没有规定的，适用有关个人信息保护的规定"。

本案中，民事起诉状中记载的身份证号码、出生日期、住所地、电话号码等个人信息属于敏感、私密信息，与当事人个人的生活安宁相关联，一旦被泄露或滥用可能会危害当事人的人身和财产安全，属于隐私权的保护范畴。民事起诉状的递交对象为法院，发送对象为案件相关当事人，但当事人被起诉并不意味着同意公开个人信息。业主委员会将未对业主个人信息进行遮蔽处理的民事起诉状发布在公众号上的行为，主观上存在过错，客观上造成业主个人信息的泄露，构成对业主隐私权的侵害。

通常而言，侵害他人个人信息将要承担以下法律责任：

1. 民事责任。《个人信息保护法》第六十九条规定，"处理个人信息侵害个人信息权益造成损害，个人信息处理者不能证明自己没有过错的，应当承担损害赔偿等侵权责任。前款规定的损害赔偿责任按照个人因此受到的损失或者个人信息处理者因此获得的利益确定；个人因此受到的损失和个人信息处理者因此获得的利益难以确定的，根据实际情况确定赔偿数额"。

2. 行政责任。根据《个人信息保护法》第六十六条的规定，相关机构、电子商务平台等个人信息处理者如果未履行法律规定的个人信息保护义务，将受到行政处罚，最高可被处5000万元或者上一年度营业额5%的罚款。

3. 刑事责任。《刑法》第二百五十三条之一第一款规定了侵犯公民个人信息罪。违反国家有关规定，向他人出售或者提供公民个人信息，情节严重的，处3年以下有期徒刑或者拘役，并处或者单处罚金；情节特别严重的，处3年以上7年以下有期徒刑，并处罚金。

85. 物业公司将判决书公布在业主交流群，合法吗？

▷ 情景再现

谢某起诉某物业公司。诉讼期间，物业公司将法院传票、判决书等材料发送到业主交流群，且未对谢某的个人信息进行遮蔽处理。谢某以该行为侵犯了自己的隐私权、名誉权为由将物业公司再次诉至法院。

律师说法

《民法典》第一千零三十二条规定，"自然人享有隐私权。任何组织或者个人不得以刺探、侵扰、泄露、公开等方式侵害他人的隐私权。隐私是自然人的私人生活安宁和不愿为他人知晓的私密空间、私密活动、私密信息"。

侵犯隐私权的构成要件包括：第一，有侵害他人隐私权的行为；第二，行为人具有主观过错；第三，有损害后果，即暴露个人隐私；第四，侵害隐私权的行为与损害结果之间具有因果关系。

隐私权的被侵权人有权要求侵权人承担民事责任。《民法典》第九百九十五条规定，"人格权受到侵害的，受害人有权依照本法和其他法律的规定请求行为人承担民事责任。受害人的停止侵害、排除妨碍、消除危险、消除影响、恢复名誉、赔礼道歉请求权，不适用诉讼时效的规定"。

本案中，物业公司未经谢某同意，在业主交流群中公开物业服务纠纷的法院传票、判决书等材料时，未对谢某的个人信息进行遮蔽方式处理，导致谢某的个人信息可能被不特定的公众知悉。案涉业主交流群中人数众多，物业公司的行为影响较为广泛，不仅在客观上影响了他人对谢某的社会评价，还侵犯了谢某的隐私权和名誉权，法院最终判决物业公司向谢某赔礼道歉。

86.强降雨导致小区车库内车辆被淹，物业公司应当承担民事责任吗？

▶ 情景再现

一天夜晚，因暴雨天气，赵某所居住小区物业公司启动应急方案，采取摆放防洪沙袋等措施，并通过微信、电话通知小区业主挪车。因当日雨量过大，导致地下车库被淹，赵某的车辆也因未能及时移出而被淹。在此过程中，物业公司未打开消防通道。雨后地下车库积水被抽干，赵某对汽车进行了修理，因修理费承担问题赵某将物业公司诉至法院。

律师说法

《民法典》第一百八十条规定，"因不可抗力不能履行民事义务的，不承担民事责任。法律另有规定的，依照其规定。不可抗力是不能预见、不能避免且不能克服的客观情况"。《物业管理条例》第三十五条规定，"物业服务企业应当按照物业服务合同的约定，提供相应的服务。物业服务企业未能履行物业服务合同的约定，导致业主人身、财产安全受到损害的，应当依法承担相应的法律责任"。

暴雨导致地下车库车辆被淹，物业公司是否承担责任以及承担责任大小的问题，取决于物业服务合同中约定的物业公司的义务，物业公司是否尽到了相应的义务及其与业主车辆受损之间的因果关系。物业公司是否尽到其职责，可依据以下情形来判断：（1）暴雨来临之前，物业公司是否通知业主不要将车辆停放至地下车库；（2）物业公司事先是否制订好应急预案；（3）暴雨发生时，物业公司是否及时采取必要措施以及措施是否妥当，尽量避免损失的扩大。只要物业公司能证明其履行了相应的职责，即使业主的车辆停放在地下车库被淹，其也无须承担责任。

本案中，物业公司在暴雨当天虽采取了积极的措施，但未打开消防通道，车辆仅能从地势低的地下车库出入口驶出，导致车辆碾轧防洪沙袋，加速积水涌入，其处理措施不当，存在违约情形，应承担相应的违约责任。赵某是案涉车辆的车主，其对自己的财产有管理的义务，在明知有暴雨并收到了物业公司挪车通知的情况下，其仍未将车辆移出地下车库，导致车辆被淹，具有重大过错，应自行承担主要责任。

87.游客在旅游途中意外受伤，旅行社应当承担责任吗？

▶ 情景再现

陈某（退休老人）与旅行社签订国内旅游合同，就安排陈某旅游事宜进行了约定。陈某通过搭乘旅行社代为购买车票的火车前往海口，火车在搭渡轮横渡

第五章
生活中的侵权与维权

海峡时，海上风浪导致火车颠簸使陈某摔倒，后陈某经救治无效死亡。陈某家属与旅行社因赔偿问题不能达成一致，诉至法院。

律师说法

《旅游法》第八十一条规定，"突发事件或者旅游安全事故发生后，旅游经营者应当立即采取必要的救助和处置措施，依法履行报告义务，并对旅游者作出妥善安排"。《最高人民法院关于审理旅游纠纷案件适用法律若干问题的规定》第十七条第一款规定，"旅游者在自行安排活动期间遭受人身损害、财产损失，旅游经营者未尽到必要的提示义务、救助义务，旅游者请求旅游经营者承担相应责任的，人民法院应予支持"。

本案中，火车在搭渡轮横渡海峡时，海上风浪导致火车比通常情况时更加颠簸，老年人摔伤的可能性提高。旅行社应提前告知陈某，并提醒陈某提高安全意识，但其并未履行上述告知义务，违反了旅游合同所约定的告知和警示义务，应承担一定的责任。而陈某本人对其自身情况应更为清楚，其对自身的人身安全亦未尽到谨慎注意义务，应承担主要责任。

旅游经营者组织旅游过程中，对可能危及旅游者人身、财产安全的事项和其他须提醒注意的问题，应当向旅游者作出真实的说明和明确的警示，并采取合理必要的措施防止事故发生。旅游者人身、财产权益受到损害时，旅游经营者应采取合理必要的保护和救助措施，避免旅游者人身、财产权益损失扩大。但是，旅游经营者的安全保障义务应当限于其能预见的合理范围。

旅游经营者对于老年人游客负有更高的保障义务，应当考虑游客的身体状况来安排旅游活动，避免旅游途中发生意外。同时，旅游者应如实告知旅游经营者其个人健康信息，有利于旅游经营者准确判断其能否参加相应的旅游活动，减少事故的发生。旅游者还可以根据自身身体状况来决定是否为本次旅游活动投保。

88.在网络平台上称呼已婚朋友的丈夫"老公"，违法吗？

第五章
生活中的侵权与维权

> 🎬 **情景再现**
>
> 孙某在抖音号上发布其与刘某丈夫李某的合影照片1张、李某单人照片4张,并配文"傻老公"。刘某发现后,起诉孙某要求其将发布的相关照片删除,并在各大报纸及网络平台刊登公告进行道歉。

律师说法

《民法典》第一千零二十四条规定,"民事主体享有名誉权。任何组织或者个人不得以侮辱、诽谤等方式侵害他人的名誉权。名誉是对民事主体的品德、声望、才能、信用等的社会评价"。

侵犯名誉权的认定标准是:(1)行为人对于他人名誉权受侵害的事实主观上存在过错,包括故意和过失。(2)侵权人的行为具有违法性。(3)存在损害后果,包括公民因加害人行为导致社会和他人对其品德评价降低,法人因加害人行为导致商誉下降、磋商中的合同被终止等。(4)损害后果与违法行为之间有因果联系。

本案中,抖音作为网络社交平台,具有一定的公开性、广泛性和互动性等特点,若在该平台发布不当言论势必会导致相关民事主体的社会评价在相对范围内降低,系对民事主体名誉权的侵犯。孙某明知刘某与李某为夫妻关系,但仍称李某为"老公",必然会使认识刘某与李某的人对二人的婚姻关系产生联想,进而对刘某与李某的社会评价产生一定的负面影响,故孙某的行为损害了刘某与李某的名誉权。法院对刘某要求孙某删除照片并公开道歉的诉讼请求予以支持。

89.已故亲属被造谣,可以要求赔偿吗?

▶ **情景再现**

董某去世一年后,董某的配偶李某发现王某为吸引流量、涨粉而在网络上发布董某的照片及董某生前与多人存在婚外情关系、家暴配偶等不实言论,于是向法院提起诉讼。

律师说法

《民法典》第九百九十四条规定,"死者的姓名、肖像、名誉、荣誉、隐私、遗体等受到侵害的,其配偶、子女、父母有权依法请求行为人承担民事责任;死者没有配偶、子女且父母已经死亡的,其他近亲属有权依法请求行为人承担民事责任"。《最高人民法院关于确定民事侵权精神损害赔偿责任若干问题的解释》第三条规定,"死者的姓名、肖像、名誉、荣誉、隐私、遗体、遗骨等受到侵害的,其近亲属向人民法院提起诉讼请求精神损害赔偿的,人民法院应当依法予以支持"。

本案中,王某未经董某近亲属许可擅自使用董某的照片并编造谣言,具有主观恶意,已构成对董某肖像权、名誉权的侵

第五章
生活中的侵权与维权

害,应当对其近亲属承担赔礼道歉、赔偿损失、赔偿精神损害等民事责任。

自然人死亡后,其权利能力消灭,无法继续享有人格权,但是死者的人格利益仍受法律保护。如果实施了侵犯死者的人格利益的行为,则死者的近亲属有权依法请求行为人承担民事责任。

对死者人格利益的保护,采取死者近亲属保护的方式。当死者的人格利益受到侵害时,死者的第一顺位的近亲属有权提起诉讼,请求行为人承担民事责任。如果没有第一顺位的近亲属,其他近亲属即第二顺位的近亲属有权提起诉讼。如存在社会公共利益受损的情况,例如,侵害英雄烈士的姓名、肖像、名誉、荣誉的,即使英雄烈士没有近亲属,检察机关也可以提起诉讼,由法院依法裁判。

90.车借给朋友后出了交通事故,由谁承担责任?

情景再现

某日,吴某将自己的车辆借给未取得机动车驾驶证的朋友罗某。罗某酒后驾驶该车辆与林某驾驶的轿车发生碰撞后,弃车逃逸,后公安机关认定罗某承担事故的全部责任。林某向法院提起诉讼,请求判令罗某、吴某承担赔偿责任。

律师说法

《民法典》第一千二百零九条规定，"因租赁、借用等情形机动车所有人、管理人与使用人不是同一人时，发生交通事故造成损害，属于该机动车一方责任的，由机动车使用人承担赔偿责任；机动车所有人、管理人对损害的发生有过错的，承担相应的赔偿责任"。

《最高人民法院关于审理道路交通事故损害赔偿案件适用法律若干问题的解释》第一条规定，机动车发生交通事故造成损害，机动车所有人或者管理人有下列情形之一，人民法院应当认定其对损害的发生有过错，并适用《民法典》第一千二百零九条的规定确定其相应的赔偿责任：（1）知道或者应当知道机动车存在缺陷，且该缺陷是交通事故发生原因之一的；（2）知道或者应当知道驾驶人无驾驶资格或者未取得相应驾驶资格的；（3）知道或者应当知道驾驶人因饮酒、服用国家管制的精神药品或者麻醉药品，或者患有妨碍安全驾驶机动车的疾病等依法不能驾驶机动车的；（4）其他应当认定机动车所有人或者管理人有过错的。

本案中，吴某作为车辆所有人，未尽到妥善管理及审慎义务，将车辆借给未取得机动车驾驶证的罗某使用，存在过错，应承担相应的赔偿责任。鉴于案涉事故的发生主要缘于机动车的驾驶行为，且罗某酒后驾驶，又在事故发生后弃车逃逸，故在按份责任划分上，罗某应承担主要责任。

第六章

婚恋中的那些事儿

第六章
婚恋中的那些事儿

第一节 恋爱中的纠纷提示

91.恋爱期间赠与巨款，分手后能否要回？

> 既然分手了，那你得把我转给你的钱全都还给我！

> 那是你送我的钱，还能要回去？

▶ 情景再现

董某与李某于2024年1月开始交往并确立恋爱关系，其间二人曾共同生活。4月8日，董某以银行转账方式给付李某50万元。7月6日，李某以银行转账方式给付董某10万元。后双方恋爱关系结束，董某向法院起诉，要求李某返还不当得利40万元。

> 律师说法

《民法典》第九百八十五条规定，得利人没有法律根据取得不当利益的，受损失的人可以请求得利人返还取得的利益，但是有下列情形之一的除外：（1）为履行道德义务进行的给付；（2）债务到期之前的清偿；（3）明知无给付义务而进行的债务清偿。

恋爱中的赠与可以分为一般赠与和附条件的赠与。一般赠与是指恋爱期间的生活支出或者在特殊节日为表达爱意给付的小额款项，属于合理范围内的金额较小的财物给付。比如过节时发金额为520元、1314元的红包的行为，应视为一般赠与。一般赠与在实际履行后原则上不允许撤销，所以双方恋爱关系结束后，不能要求返还。附条件的赠与是指一方基于维持恋爱关系或者以结婚为目的，作出的较大金额的财物给付，当双方恋爱关系结束时，赠与方有权要求返还。实践中，对于恋爱期间男女双方发生的远超个人收入水平和消费水平的大额财物赠与，赠与方要求返还的，法院通常会结合案件具体情况，考虑双方的家庭收入、相处时间的长短、双方的经济往来、恋爱关系的状态及阶段、导致恋爱关系终止的原因等因素，综合判断赠与方的赠与目的。

本案中，在双方确立恋爱关系后较短的时间内，董某就向李某转账高达50万元，该大额转账款项不能简单认定为董某为表达爱意进行的无偿赠与。因双方恋爱关系已结束，故法院判决支持董某要求李某返还不当得利款项 40 万元的主张。

92.恋爱期间表情达意的转账，分手后要返还吗？

▶ 情景再现

董某与赵某恋爱 5 年，董某向赵某微信转账、发红包合计 10 万元，金额多为 520 元、1314 元等特殊金额。二人交往期间，赵某也向董某支付宝转账合计 3 万元。双方分手后，董某诉至法院，要求赵某返还恋爱期间的转账款项。

律师说法

恋爱关系不同于夫妻关系，不是法律规定的身份关系，在恋爱期间，男女双方通常通过发红包、转账的方式维护感情，比如在特殊节日发金额为 520 元的红包，一般应认定为赠与，在实际履行后原则上不允许撤销。

本案中，考虑到董某的收入水平，其赠与赵某的款项并未远超其经济承受能力，且双方恋爱 5 年，发生的金钱往来数额不大，董某主张赵某返还转账款项缺乏法律依据，因此法院最终判决驳回董某的诉讼请求。

93. 分手后索要"青春损失费"合法吗?

情景再现

董某与李某于2020年相识并恋爱,后来双方同居。2023年7月,董某与李某关系破裂。2023年8月,双方签订欠条一份,载明董某应支付李某40万元"青春损失费",董某已付5万元,还欠35万元。后因董某未按照欠条载明的事项还款,李某将董某诉至法院,要求其支付35万元欠款。

律师说法

"青春损失费""分手费"不是法律规定必然产生的法定

第六章
婚恋中的那些事儿

义务,所以情侣分手后索要"青春损失费""分手费"缺乏法律依据,一般法院不予支持。即使双方签订了书面协议,约定一方给予另一方经济补偿作为"青春损失费",法院也通常会以该约定违背社会公序良俗原则认定无效。但如果一方已经自愿支付了"青春损失费",那么在不损害他人利益的情况下,法律不禁止,如果其要求返还,法院也不支持。如果支付"青春损失费"损害了他人利益,例如支付一方是"有配偶者与他人同居"的情形并使用夫妻共同财产支付,则支付一方的配偶有权起诉至法院,请求第三者予以返还。

  本案中,双方以欠条形式来确定因男女双方终止恋爱关系男方给予女方的经济补偿,是一种出于道德的承诺,并非法定义务,不受法律保护。如董某自愿履行亦不违反法律。但董某已明确表示不再支付剩余款项,因此法院对李某的诉讼请求不予支持。

94.分手后被频繁骚扰怎么办？

▶ 情景再现

董某与李某原为情侣，后因二人感情不和，李某提出分手。分手后，董某通过打电话、发微信等方式频繁骚扰李某，且微信内容带有大量侮辱性字眼，并威胁要在李某居住的小区张贴其身份证和开房记录。此外，董某还多次前往李某居住的小区，拍摄小区图片发送给李某，导致李某担惊受怕、精神紧张，严重影响了其日常生活。因此，李某向法院提出了人身安全保护令申请。

> **律师说法**

《妇女权益保障法》第二十九条规定，"禁止以恋爱、交友为由或者在终止恋爱关系、离婚之后，纠缠、骚扰妇女，泄露、传播妇女隐私和个人信息。妇女遭受上述侵害或者面临上述侵害现实危险的，可以向人民法院申请人身安全保护令"。《反家庭暴力法》第三十四条规定，"被申请人违反人身安全保护令，构成犯罪的，依法追究刑事责任；尚不构成犯罪的，人民法院应当给予训诫，可以根据情节轻重处以一千元以下罚款、十五日以下拘留"。

本案中，董某的行为已对李某的生活造成实质性影响，足以认定李某遭受了董某的骚扰并面临较大可能性的暴力现实危险，符合作出人身安全保护令的法定条件。

95.悔婚后，已经收取的高价彩礼要返还吗？

> **情景再现**
>
> 高某与刘某经人介绍认识后确立恋爱关系。后高某为刘某购买了价值3万元的金手镯，并应刘某家人的要求，给付订婚彩礼10万元。半年后，双方举行了结婚仪式，但未办理结婚登记手续。二人共同生活两个月后，因感情不和发生矛盾，刘某不愿与高某继续共同生活。后双方因彩礼返还问题发生争议，高某诉至法院。

律师说法

根据《最高人民法院关于适用〈中华人民共和国民法典〉婚姻家庭编的解释(一)》第五条的规定,当事人请求返还按照习俗给付的彩礼的,如果查明属于以下情形,人民法院应当予以支持:(1)双方未办理结婚登记手续;(2)双方办理结婚登记手续但确未共同生活;(3)婚前给付并导致给付人生活困难。适用前述第二项、第三项的规定,应当以双方离婚为条件。

《最高人民法院关于审理涉彩礼纠纷案件适用法律若干问题的规定》第六条规定,双方未办理结婚登记但已共同生活,一方请求返还按照习俗给付的彩礼的,人民法院应当根据彩礼实际使用及嫁妆情况,综合考虑共同生活及孕育情况、双方过错等事实,结合当地习俗,确定是否返还以及返还的具体比例。

彩礼是男女双方以结婚为目的,一方按照当地习俗给付另一方的礼金及贵重物品,给付彩礼从本质上是以结婚为目的的附条件赠与行为。恋爱期间,大额财物赠与行为往往是男女一方基于结婚为目的的赠与,在法律性质上属于以结婚为生效条件的赠与行为,并非无偿赠与。当双方无法缔结婚姻关系时,赠与财物一方的赠与目的无法实现,因此赠与财物一方有权要求返还,这也符合民事活动中的公平原则。

本案中,高某为缔结婚姻按照当地习俗向刘某给付彩礼,双方未办理结婚登记手续，高某给付婚约财产的目的未能实现，其向刘某主张返还婚约财产的诉讼请求于法有据。

第二节　准备好结婚了吗

96.法定结婚年龄是多少岁?

律师说法

《民法典》第一千零四十七条规定，"结婚年龄，男不得早于二十二周岁，女不得早于二十周岁"。根据《民法典》第一千零五十一条第三项的规定，未达到法定婚龄结婚的，婚姻无效。

婚姻的成立是指男女双方依照法律规定的条件和程序确立配偶关系的民事法律行为，双方之间行使相应的权利、履行相应的义务。法定结婚年龄是指法律上规定的男女双方结婚时所需要达到的最低年龄，达到法定结婚年龄是结婚的实质要件之一，只有依照法律规定进行婚姻登记的合法婚姻才能受到法律的保护。

在男女双方均达到法定结婚年龄之后，无效婚姻的事由即已经消除，《最高人民法院关于适用〈中华人民共和国民法典〉婚姻家庭编的解释（一）》第十条规定，当事人依据《民法典》第一千零五十一条规定向人民法院请求确认婚姻无效，法定的无效婚姻情形在提起诉讼时已经消失的，人民法院不予支持。

97.去哪办理结婚登记？

律师说法

《民法典》第一千零四十九条规定，"要求结婚的男女双方应当亲自到婚姻登记机关申请结婚登记。符合本法规定的，予以登记，发给结婚证。完成结婚登记，即确立婚姻关系。未办理结婚登记的，应当补办登记"。《婚姻登记条例》第四条第一款规定，"内地居民结婚，男女双方应当共同到一方当事人常住户口所在地的婚姻登记机关办理结婚登记"。

为了倡导婚姻自由，便利适婚人员结婚，近年来，我国试点内地居民婚姻登记"跨省通办"，已逐步对婚姻登记的地域管辖限制进行了修正。在"跨省通办"试点地区，双方均非本地户籍的婚姻登记当事人可以凭一方居住证和双方户口簿、身份证，在居住证发放地婚姻登记机关申请办理婚姻登记，或者自行选择在一方常住户口所在地办理婚姻登记。

98.举办过婚礼就算结婚了吗?

▶ 情景再现

2022年,吴某与杨某经人介绍认识,由父母包办举行婚礼仪式后便开始共同生活。因双方均未达到法定结婚年龄,故一直未领取结婚证。在双方共同生活期间,二人常因琐事发生争执,吴某提起诉讼,要求解除双方的同居关系。

律师说法

《民法典》第一千零四十九条规定,"要求结婚的男女双方应当亲自到婚姻登记机关申请结婚登记。符合本法规定的,予以登记，发给结婚证。完成结婚登记，即确立婚姻关系。未办理结婚登记的，应当补办登记"。《最高人民法院关于适用〈中华人民共和国民法典〉婚姻家庭编的解释（一）》第七条规定，未依据《民法典》第一千零四十九条规定办理结婚登记而以夫妻名义共同生活的男女，提起诉讼要求离婚的，应当区别对待：（1）1994年2月1日民政部《婚姻登记管理条例》公布实施以前，男女双方已经符合结婚实质要件的，按事实婚姻处理。（2）1994年2月1日民政部《婚姻登记管理条例》公布实施以后，男女双方符合结婚实质要件的，人民法院应当告知其补办结婚登记。未补办结婚登记的，依据本解释第三条规定处理。

在我国，缔结婚姻是指法律意义上的婚姻登记，即依法办理结婚登记手续，领取结婚登记证书。申请结婚的当事人双方必须遵守法律的规定，亲自到婚姻登记机关进行登记，履行法律规定的结婚登记程序。如果双方当事人只是举行了婚宴仪式，并未办理结婚登记，在1994年2月1日民政部《婚姻登记管理条例》公布实施以后，未补办结婚登记的，视为同居关系，不构成事实婚姻，法律对同居关系不给予合法婚姻关系的同等保护。

本案中，吴某与杨某未按照法律规定办理结婚登记即共同生活，其同居关系不受法律保护。根据《最高人民法院关于适用〈中华人民共和国民法典〉婚姻家庭编的解释（一）》第三条的规定，当事人提起诉讼仅请求解除同居关系的，人民法院不予受理；已经受理的，裁定驳回起诉。

第六章
婚恋中的那些事儿

99.婚前隐瞒重大疾病，婚姻可以被撤销吗？

▷ 情景再现

董某与李某于2023年1月经人介绍相识，于同年2月25日办理了结婚登记。2024年5月4日，李某精神疾病发作，被送往医院治疗，此时董某才知道李某自2016年起即患有精神疾病，其间一直依赖药物控制。董某认为自己受到了欺骗，于是向法院起诉，要求撤销婚姻。

▷ 律师说法

《民法典》第一千零五十三条规定，"一方患有重大疾病的，应当在结婚登记前如实告知另一方；不如实告知的，另一方可以向人民法院请求撤销婚姻。请求撤销婚姻的，应当自知道或者应当知道撤销事由之日起一年内提出"。

本案中，精神疾病应属重大疾病，患病的一方应当在结婚登记前如实告知另一方。根据医院诊疗记录，李某在2016年即患有精神疾病，李某未在婚前如实向董某告知，应承担相应的法律责任，董某有权请求法院撤销婚姻。

实践中，法院在审理相关案件时不仅要审查未如实告知该重大疾病是否会给未患病的婚姻当事人的家庭生活造成损害，以致影响未患病一方当事人结婚的真实意思表示，还要审查双方当事人缔结婚姻关系后的家庭生活实际情况、是否生育小孩、婚后生活紧密度等。如果患病一方已经在结婚登记前将自己患病的事实如实告知另一方当事人，另一方当事人仍自愿与其到民政部门办理结婚登记手续，则另一方当事人不得再请求撤销婚姻。

100.婚姻无效的情况下，双方生育的子女由谁抚养？

▷ 情景再现

李某与张某是表兄妹，张某觉得李某为人老实可靠，遂办理了结婚登记，婚后生育一子。后因性格不合经常发生争吵，张某向法院起诉主张确认婚姻无效，至于婚后生育的孩子，双方均不想抚养。

第六章
婚恋中的那些事儿

律师说法

《民法典》第一千零五十四条第一款规定,"无效的或者被撤销的婚姻自始没有法律约束力,当事人不具有夫妻的权利和义务。同居期间所得的财产,由当事人协议处理;协议不成的,由人民法院根据照顾无过错方的原则判决。对重婚导致的无效婚姻的财产处理,不得侵害合法婚姻当事人的财产权益。当事人所生的子女,适用本法关于父母子女的规定"。第一千零八十四条第一款、第二款规定,"父母与子女间的关系,不因父母离婚而消除。离婚后,子女无论由父或者母直接抚养,仍是父母双方的子女。离婚后,父母对于子女仍有抚养、教育、保护的权利和义务"。

本案中,李某和张某是三代以内旁系血亲,属于《民法典》规定的禁止结婚的情形,故双方的婚姻无效。但双方的子女应与婚生子女享有同等的权利,即双方均有抚养子女的义务。若由一方直接抚养子女,则另一方应当负担部分或者全部抚养费,并依法享有探望权。

第三节　离婚纠纷如何好聚好散

101.协议离婚的基本流程是什么？

律师说法

协议离婚是指夫妻双方自愿离婚，就子女抚养、财产以及债务处理等问题达成一致，签订书面离婚协议，并亲自到婚姻登记机关申请离婚登记的程序。协议离婚中，婚姻登记机关准予办理离婚登记需要满足以下五个条件：（1）双方有合法的婚姻关系。须办理过结婚登记，持有结婚登记证明。（2）双方自愿离婚。双方当事人对离婚的意愿必须是真实的，欺诈、胁迫离婚的，不予办理离婚登记。（3）双方当事人须具有民事行为能力且亲自前往。无民事行为能力人或限制民事行为能力人申请办理离婚登记，婚姻登记机关不予办理，且不得由他人代办离婚登记，只能本人亲自前往婚姻登记机关办理。（4）双方对子女抚养、财产及债务已达成协议。（5）男女双方到婚姻登记机关办理离婚登记时，需要提交《婚姻登记条例》规定的证件及书面材料。

协议离婚的基本流程为：（1）申请。夫妻双方均自愿离婚，共同到婚姻登记机关提出离婚申请。另外，申请时，应当出具身份证、本人的结婚证、双方当事人共同签署的离婚协议书。（2）审查。婚姻登记机关应当对当事人出具的有关材料进行严格审查。审查无误后，发给《离婚登记申请受理回执单》。不符合离婚登记申请条件的，不予受理。（3）经过30日离婚冷静期。自婚姻登记机关收到离婚登记申请并向当事人发放《离婚登记申请受理回执单》之日起30日内，任何一方不愿意离婚的，可以持本人有效身份证件和《离婚登记申请受理回执单》，向受理离婚登记申请的婚姻登记机关撤回离婚登记申请。（4）审查。离婚冷静期届满后30日内，双方应当持规定的证件、材料共同到婚姻登记机关申请发给离婚证。该期限内双方未共同到婚姻登记机关申请发给离婚证的，视为撤回离婚登记申请，离婚登记程序自行终止。（5）登记（发证）。婚姻登记机关对当事人出具的证件、材料进行审查并询问相关情况，当事人确属自愿离婚，并已对子女抚养、财产、债务等问题达成一致处理意见的，应当当场予以登记，发给离婚证。

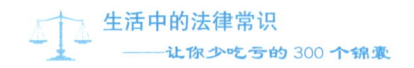

102.什么是离婚冷静期?

▶ 情景再现

李某与董某于2023年10月结婚,2024年1月5日,双方向婚姻登记处申请离婚,但30日离婚冷静期后,董某拒绝离婚。2024年4月,李某以双方在婚前缺乏充分了解、婚后夫妻感情淡薄、董某长期醉酒后实施家暴导致夫妻感情破裂为由向法院起诉离婚。

律师说法

《民法典》第一千零七十七条规定,"自婚姻登记机关收到离婚登记申请之日起三十日内,任何一方不愿意离婚的,可以向婚姻登记机关撤回离婚登记申请。前款规定期限届满后三十日内,双方应当亲自到婚姻登记机关申请发给离婚证;未申请的,视为撤回离婚登记申请"。

2021年1月1日起,随着《民法典》的生效,离婚冷静期制度被纳入离婚登记程序。离婚冷静期是指在离婚自由原则下,要求离婚的双方当事人申请自愿离婚,在婚姻登记机关收到该申请之日起30日内,任何一方都可以撤回离婚申请、终止登记离婚程序的冷静思考期间。如果一方坚持离婚,而另一方不愿离婚,那么离婚冷静期届满后,可以选择向法院提起诉讼的方式解除婚约关系。

离婚冷静期制度仅适用于协议离婚,不会对诉讼离婚的程序产生影响。设立离婚冷静期制度的目的在于给男女双方一个互相冷静的时间,在此期间内,夫妻两人可以慎重考虑是否决定离婚,避免在冲动之下离婚。如果在离婚冷静期内,一方转移或者挥霍财产的,另一方可以向法院起诉请求分割夫妻共同财产。

103.一份标准的离婚协议应具备哪些要素?

律师说法

《民法典》第一千零七十六条规定,"夫妻双方自愿离婚的，应当签订书面离婚协议，并亲自到婚姻登记机关申请离婚登记。离婚协议应当载明双方自愿离婚的意思表示和对子女抚养、财产以及债务处理等事项协商一致的意见"。

签订离婚协议时，应注意以下要点：

（1）子女抚养。应约定子女抚养权归属，未直接抚养子女的一方支付抚养费的数额、期限及方式。抚养费通常包括生活费、教育费和医疗费三项。建议约定应当支付抚养费的一方不按期支付抚养费的违约责任。

（2）财产分割。应将全部夫妻共同财产列明，写清楚属于哪一方所有或怎样处理，以此区分夫妻共同财产、婚前个人财产以及婚后个人财产。并明确除上述财产外，无其他夫妻共同财产。这样可以有效避免一方以优势经济地位隐瞒或者转移共同财产。

（3）债务确认及分割。应确认是否对外负担债务，如有则需要在协议中确认哪些属于个人债务，哪些属于共同债务，并约定具体的承担比例及方式。

（4）户口处理。涉及一方或子女户口迁移手续的，须另一方配合提供户口簿原件及相关证件才能办理。因此应在协议中写明不按时迁出户口或者不配合办理相关手续的违约责任，以此来约束当事人。

（5）子女姓氏。若双方协商一致更改子女姓氏，则应在离婚协议中写清楚，这样一方就不能要求恢复姓氏。如一方对子女姓氏变更有要求，建议写入协议中，约定须经双方同意方

第六章
婚恋中的那些事儿

可变更子女姓氏，以及一方擅自变更子女姓氏的违约责任。

104.签了离婚协议就算离婚了吗?

> 我们去年就签过离婚协议了，按照协议，这套房产是我的。

> 我们没有办理离婚登记，这份离婚协议没有效力。

▶ 情景再现

某日，李某发现董某存在婚外情后要求离婚，董某出于愧疚签署离婚协议，约定将二人共同所有的房屋赠与李某。后经家人劝说，李某最终没有与董某办理离婚登记。一年后，董某与李某因琐事频繁吵架，于是李某起诉离婚。诉讼中，李某向法庭出示此前签署的离婚协议，主张两人婚后共同出资购买的房屋归自己所有。

173

律师说法

《民法典》第一千零七十六条规定，"夫妻双方自愿离婚的，应当签订书面离婚协议，并亲自到婚姻登记机关申请离婚登记。离婚协议应当载明双方自愿离婚的意思表示和对子女抚养、财产以及债务处理等事项协商一致的意见"。第一千零八十条规定，"完成离婚登记，或者离婚判决书、调解书生效，即解除婚姻关系"。

《最高人民法院关于适用〈中华人民共和国民法典〉婚姻家庭编的解释（一）》第六十九条规定，"当事人达成的以协议离婚或者到人民法院调解离婚为条件的财产以及债务处理协议，如果双方离婚未成，一方在离婚诉讼中反悔的，人民法院应当认定该财产以及债务处理协议没有生效"。

本案中，因为离婚协议涉及双方的身份关系，所以不能简单地适用《民法典》中有关合同的规定。离婚协议自夫妻两人签署时成立，自董某和李某离婚时生效，董某和李某在签署协议时是出自真实的意思表示，但事后两人并没有办理离婚手续。时隔一年后，李某拿出离婚协议再次要求离婚并分割共同财产的主张，没有法律依据。

105.离婚协议签订后，一方不履行协议该怎么办？

情景再现

董某与李某签订离婚协议并登记离婚，离婚协议约定

第六章
婚恋中的那些事儿

> 登记于董某名下的两套房屋产权由董某和李某平分,在办理完离婚手续后一年内卖掉,各分得售房款的50%。离婚后,董某不配合卖房,李某遂诉至法院。

律师说法

《民法典》第一千零八十七条第一款规定,"离婚时,夫妻的共同财产由双方协议处理;协议不成的,由人民法院根据财产的具体情况,按照照顾子女、女方和无过错方权益的原则判决"。

根据《最高人民法院关于适用〈中华人民共和国民法典〉婚姻家庭编的解释(一)》第六十九条第二款的规定,当事人签订的离婚协议中关于财产以及债务处理的条款,对男女双方具有法律约束力。登记离婚后当事人因履行上述协议发生纠纷提起诉讼的,法院应当受理。

本案中,离婚协议是双方当事人的真实意思表示,内容未违反法律、行政法规的强制性规定,合法有效,双方应遵照履行。李某请求将房屋出售并分割售房款的主张合理合法。

离婚协议中关于自愿离婚和子女抚养的内容属于夫妻人身关系的性质,而财产及债务处理则属于夫妻财产关系的性质,故离婚协议是关于婚姻关系解除、子女抚养、共同财产、债务债权的分割等内容的整体性协议,是双方当事人在平等自愿的前提下协商一致的结果,对双方均具有约束力,双方都应承担其所带来的法律后果。如果反悔一方不能证明离婚协议是虚假意思表示，又无法证明在签订离婚协议时存在欺诈、胁迫等导致协议无效的行为，双方就要按照协议约定履行各自义务。

对于登记离婚后当事人一方不按照离婚协议履行义务，或者在子女抚养、财产问题上发生纠纷的情形，双方也可以重新协商，达成一致后变更原协议内容；协商不成的，守约方可以向人民法院提起诉讼，要求对方按照离婚协议约定的内容履行义务。

106.离婚协议关于财产的约定能否对抗法院强制执行？

第六章
婚恋中的那些事儿

> **情景再现**
>
> 2024年8月，董某与李某协议离婚，并办理了离婚登记。双方签订的离婚协议约定，双方在婚内购买并登记在董某名下的房屋归李某所有，李某补偿董某10万元。离婚后，董某未按约定将房屋产权过户至李某名下。同年9月，董某以该房屋作为抵押向银行借款20万元，并办理抵押登记。后因董某未偿还银行借款本息，银行诉至法院要求董某偿还借款本息并获得支持。在执行阶段，法院对登记在董某名下的案涉房屋予以查封。李某认为其是案涉房屋的实际所有人，遂向法院提起执行异议。

律师说法

《民法典》第二百一十四条规定，"不动产物权的设立、变更、转让和消灭，依照法律规定应当登记的，自记载于不动产登记簿时发生效力"。《最高人民法院关于适用〈中华人民共和国民法典〉有关担保制度的解释》第三十七条第一款规定，"当事人以所有权、使用权不明或者有争议的财产抵押，经审查构成无权处分的，人民法院应当依照民法典第三百一十一条的规定处理"。

《民法典》第三百一十一条第一款、第二款规定，无处分权人将不动产或者动产转让给受让人的，所有权人有权追回；

177

除法律另有规定外，符合下列情形的，受让人取得该不动产或者动产的所有权：（1）受让人受让该不动产或者动产时是善意；（2）以合理的价格转让；（3）转让的不动产或者动产依照法律规定应当登记的已经登记，不需要登记的已经交付给受让人。受让人依据该条第一款规定取得不动产或者动产的所有权的，原所有权人有权向无处分权人请求损害赔偿。

本案中，夫妻在离婚协议中就共有房屋归一方所有的约定，对双方均具有法律约束力。但该约定属于双方之间的内部约定，在所分割的房屋办理过户登记之前，该房屋的物权并未发生变动，不具有对抗第三人的法律效力。

不动产物权的设立、变更、转让和消灭，经依法登记，发生效力，物权登记具有公示公信效力。本案中，离婚协议中已经约定案涉房屋归李某所有，董某将案涉房屋抵押给某银行，属于无权处分。案涉房屋登记在董某一人名下，无相关法律法规要求抵押权人签订合同时必须对抵押人的婚姻状况尽到审查义务。董某以登记在其一人名下的房屋对外抵押，银行基于对不动产登记簿的记载事项借款给董某，并且对案涉房屋办理了抵押登记，其对物权公示效力产生的信赖利益应予保护。因此，李某不能请求排除执行，但可以请求董某赔偿损失。

107.协议离婚后就财产分割问题反悔,能请求撤销吗?

> **情景再现**
>
> 董某与李某原为夫妻关系,双方于2021年6月6日结婚,于2023年8月8日协议离婚。双方签订的离婚协议中约定董某与李某在婚内购买的一套房产离婚后归李某单独所有,董某承诺在房贷结清后一个月内配合办理过户更名手续。后来,董某对于在离婚协议中涉及财产分割的条款有异议,遂向法院起诉,请求撤销相关条款。

律师说法

《最高人民法院关于适用〈中华人民共和国民法典〉婚姻家庭编的解释(一)》第七十条规定,"夫妻双方协议离婚后就财产分割问题反悔,请求撤销财产分割协议的,人民法院应当受理。人民法院审理后,未发现订立财产分割协议时存在欺诈、胁迫等情形的,应当依法驳回当事人的诉讼请求"。

本案中,董某未举证证明签订离婚协议时存在被欺诈、胁迫的情形,因此其要求撤销离婚协议中关于财产分割的条款于法无据。

夫妻双方离婚时就财产分割事项达成的协议对双方均具有法律约束力,双方应按照协议约定的内容履行。离婚后,如果一方对离婚协议的内容存在异议，经双方协商后，可以达成新的协议，内容不违反法律、行政法规的强制性规定的，新的协议即具有法律效力。如果一方要求修改协议，另一方不同意修改，反悔方诉至法院请求撤销的，应当证明在签订协议时存在被欺诈、胁迫事项，否则法院会驳回其诉讼请求。

108.婚内签署"忠诚协议"，离婚时能否依据该协议分割财产？

> 这种"忠诚协议"在法律上没有强制执行力。

> 按照这份协议约定，女儿归我，财产也归我，男方还要支付补偿款，没有问题吧？

▶ 情景再现

董某与李某于2022年登记结婚并育有一女，婚后董某与王某存在不正当交往。2024年1月，董某与李某签订协议，约定今后双方互相忠诚，如因一方过错行为

第六章
婚恋中的那些事儿

> 造成离婚,女儿将由无过错方抚养,过错方放弃夫妻名下所有财产,并补偿无过错方 30 万元。协议签订后,董某仍与王某保持交往。李某诉至法院要求离婚,并主张按照协议约定处理子女抚养和夫妻共同财产分割问题。

律师说法

"忠诚协议"是指夫妻双方在缔结婚姻关系后以保证双方在婚姻关系存续期间的忠诚义务为主要目的的协议,其主要内容是约定违背忠诚义务的违约金、夫妻财产归属等,实践中还会以"承诺书""保证书"等形式存在。夫妻双方互负忠诚义务,若赋予忠诚协议以法律强制力,则实质上是将道德义务转化为法律义务,会导致婚姻成本的升高,也可能会导致在离婚过程中对个人隐私权的侵犯,存在较高的道德风险。因此,夫妻之间签订"忠诚协议",应由当事人本着诚信原则自觉自愿履行,法律虽不禁止夫妻之间签订此类协议,但也不赋予此类协议强制执行力。

《民法典》第一千零八十七条第一款规定,"离婚时,夫妻的共同财产由双方协议处理;协议不成的,由人民法院根据财产的具体情况,按照照顾子女、女方和无过错方权益的原则判决"。如果因一方在婚姻中存在不忠诚行为导致离婚的,那么在离婚分割财产时,该过错行为也会被纳入考虑范畴。

本案中,董某与李某签订的协议中,关于子女抚养权的约定因涉及身份关系，应属无效；关于财产分割及经济补偿的约定是"忠诚协议"，不属于夫妻婚内财产约定情形，李某主张按照协议处理子女抚养及财产分割问题无法律依据，但考虑到董某在婚姻中的明显过错等因素，应对无过错的李某酌情予以照顾。综合考虑孩子的成长经历、双方收入水平、家庭财产来源等情况，法院判决女儿随李某共同生活，并由李某分得夫妻共同财产的70%。

109.诉讼离婚的，起诉有时间限制吗？

情景再现

董某与李某于2023年6月登记结婚。2024年1月，李某怀孕。2月3日，李某终止妊娠。因二人感情不和，6月15日，董某诉至法院，要求与李某离婚，而李某表示不同意离婚。

律师说法

男女平等、婚姻自由是法律规定的关于我国婚姻家庭的基本原则。女性为了繁衍下一代而经历怀孕、生育或终止妊娠，在此阶段，妇女的身心状态都相对脆弱，因此法律对这一阶段的妇女进行了特别保护。《民法典》第一千零八十二条规定，"女方在怀孕期间、分娩后一年内或者终止妊娠后六个月内，男方不得提出离婚；但是，女方提出离婚或者人民法院认为确有必要受理男方离婚请求的除外"。

具体而言,"怀孕期间"是指女方从受孕之日起至分娩之日的期间;"分娩后一年内"是指从婴儿出生之日起一年内;"终止妊娠后六个月内"是指女方人工流产后六个月内。以上三个期间内,男方不得提出离婚。但也有例外,一是女方在此期间提出离婚的,不受上述规定限制,法院可以在受理女方离婚请求后经审理决定是否判决离婚;二是法院认为确有必要受理男方离婚请求的,不受上述规定限制,比如女方因与他人非法同居而怀孕,严重损害男方合法权益或使对女方的保护丧失必要性等。

本案中,李某于2024年2月3日终止妊娠,董某于2024年6月15日起诉要求离婚,不符合起诉条件,故法院裁定驳回起诉。

110.诉讼离婚应该准备哪些材料?

▶ 情景再现

董某和李某于2022年10月8日登记结婚,二人婚后时常发生矛盾,董某时常殴打李某。每次董某殴打李某时,李某都保存了报警记录、就诊记录。2024年8月,李某诉至法院,要求与董某离婚,并向董某主张损害赔偿。法院经审理认为,依据李某的多次报警记录、就诊记录,可以认定董某在与李某的夫妻共同生活中,

> 多次殴打李某，给李某的身体造成伤害。董某屡教不改，实施暴力呈现周期性、持续性，显然不同于一般的夫妻纠纷，给李某造成一定程度的心理伤害。故法院认定，董某对李某构成家庭暴力，判决双方离婚，并对李某的损害赔偿主张予以支持。

律师说法

《民事诉讼法》第六十七条第一款规定，"当事人对自己提出的主张，有责任提供证据"。离婚诉讼中，起诉离婚一方需要提供的证据一般有：（1）起诉状（主要内容包括当事人基本情况、案由、诉讼请求、事实理由以及起诉人签名等）。（2）身份关系证明材料（包括个人身份证明材料如身份证等；婚姻关系证明材料如结婚证等；子女身份证明材料、育有子女的生育情况证据等）。（3）关于夫妻情感破裂理由的相应证据，例如，主张对方重婚或与他人同居的，须提供证明重婚或同居事实存在的证据；主张存在家庭暴力或虐待、遗弃家庭成员的，须提供证明家庭暴力或虐待、遗弃事实存在的证据。（4）财产分割相关证据，如房产证、银行账户、证券账户等财产信息。（5）子女抚养相关证据，如证明一方更有利于抚养子女的证据。

提醒注意，婚姻关系中，双方发生矛盾纠纷时，尤其是在发生家庭暴力时，一定要注意保存证据，以免日后起诉时因证据不足而败诉。

111.诉讼离婚有离婚冷静期吗?

情景再现

董某与李某于 2018 年登记结婚,婚后育有一女。由于董某养成酗酒与打牌的不良嗜好,双方缺乏交流和沟通,常为生活琐事发生争吵,导致夫妻感情产生裂痕。2020 年至 2021 年,李某曾两次向法院提起离婚诉讼,但经法院调解,两案均以李某撤诉结案。2022 年 7 月 31 日,李某再次向法院提起诉讼离婚。法院经庭前了解,认为夫妻二人之间仍有感情,综合全案情况,根据《最高人民法院关于进一步深化家事审判方式和工作机制改革的意见(试行)》第四十条规定,经双方当事

> 人同意，向双方当事人发出个性化定制的《离婚冷静期通知书》，给予双方当事人两个月的离婚冷静期。冷静期内，法官联合家事调查员多次走访、调解并动员当事人女儿居中调和，最终夫妻关系重归于好。

律师说法

我国离婚有两种途径，一是协议离婚，即男女双方一致同意解除婚姻关系，并就子女抚养、财产分割等问题达成一致，共同到民政部门办理离婚登记手续；二是诉讼离婚，即男女双方就是否离婚或者子女抚养、财产分割无法达成一致意见，向法院提起离婚诉讼。

从《民法典》第一千零七十七条的规定来看，"离婚冷静期"仅适用于协议离婚，不会对诉讼离婚的程序产生影响。实践中，也有法院借鉴离婚冷静期制度进行夫妻关系的调解，比如本案中法院经双方当事人同意，向双方当事人发出个性化定制的《离婚冷静期通知书》，并在此期间积极进行调解，让夫妻双方重归于好，这本质上是一种调解方法，不是强制的程序。

112.夫妻感情破裂的判断标准是什么?

情景再现

> 董某与李某经人介绍认识，2022年12月办理结婚登

第六章
婚恋中的那些事儿

> 记，婚后育有一女。婚后两人因婚前缺乏了解，生活理念、生活方式不同，常常发生争吵，2024年7月，李某向法院起诉离婚。法院经审理认为，判决离婚应当以夫妻感情破裂为前提。李某向法院起诉离婚，经法院调解后仍坚决要求离婚，且董某同意李某的诉讼请求。鉴于上述情况，可认定双方之间夫妻感情已经完全破裂，无和好可能，符合法律规定的法定离婚条件，遂判决离婚。

律师说法

《民法典》第一千零七十九条规定，夫妻一方要求离婚的，可以由有关组织进行调解或者直接向人民法院提起离婚诉讼。人民法院审理离婚案件，应当进行调解；如果感情确已破裂，调解无效的，应当准予离婚。有下列情形之一，调解无效的，应当准予离婚：（1）重婚或者与他人同居；（2）实施家庭暴力或者虐待、遗弃家庭成员；（3）有赌博、吸毒等恶习屡教不改；（4）因感情不和分居满二年；（5）其他导致夫妻感情破裂的情形。一方被宣告失踪，另一方提起离婚诉讼的，应当准予离婚。经人民法院判决不准离婚后，双方又分居满一年，一方再次提起离婚诉讼的，应当准予离婚。

法院审理离婚案件，准予或不准离婚应以夫妻感情是否确已破裂作为区分的标准。判断夫妻感情是否确已破裂应当从婚姻基础、婚后感情、离婚原因、夫妻关系的现状以及是否有和好可能等多方面进行综合分析。其中，重婚或者与他人同居；实施家庭暴力或者虐待、遗弃家庭成员；有赌博、吸毒等恶习屡教不改；因感情不和分居满二年这四种情形可以理解为法律对"夫妻感情破裂"情形的认定标准。本案中，李某为第一次起诉离婚，且未分居，经法庭调查不存在《民法典》第一千零七十九条规定的法定离婚情形，但由于董某同意离婚，双方均认为夫妻感情已经完全破裂，经法院调解，双方之间无和好可能，应当准予离婚。

113.什么样的分居会被认定为感情破裂？

情景再现

董某与李某经人介绍相识，2018年登记结婚。2019年1月，董某去缅甸务工，一直未归。2024年5月，李某向法院提起离婚诉讼。

律师说法

根据《民法典》第一千零七十九条的规定，因感情不和分居满二年，一方要求离婚，调解无效的，应当准予离婚。分居不能简单地理解为分开居住，例如"同房不同床"，以及因工作、学习等客观原因分开居住的都不能被认定为《民法典》中的分居。

《民法典》所认可的分居须是因为情感不和，一方或双方有意分居。即既要考虑事实上分开居住的客观因素，也要考虑原因上感情不和的主观因素。认定分居，必须符合夫妻间不再共同生活、不再互相履行夫妻义务的情形，包括不再发生性关系、经济上不再往来、生活上不再互相关心等，具体如不再同床共枕、不同桌就餐、没有情感交流等。

本案中，由于董某外出五年多未归，董某与李某之间既无夫妻生活也未履行夫妻义务，符合《民法典》中关于分居的标准。法院经审理认为，夫妻分居生活五年多，李某起诉要求与董某离婚，且态度坚决，夫妻关系已名存实亡，应当认定夫妻感情确已彻底破裂，无和好的可能，故李某起诉离婚理由充分，予以支持。

114.如何证明夫妻已经分居两年？

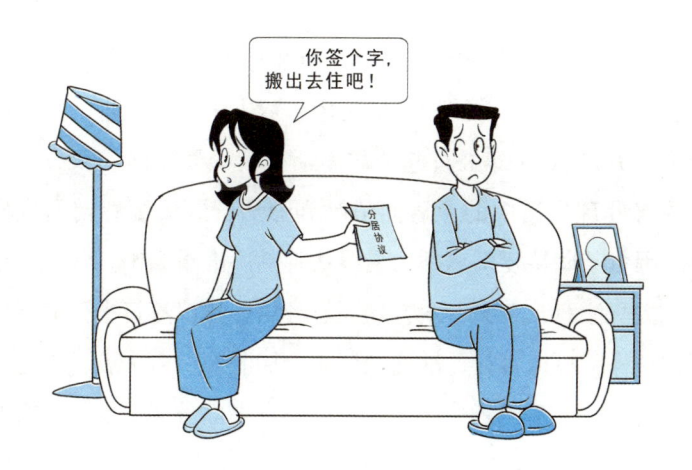

情景再现

董某与李某于2020年10月登记结婚,婚后育有一女。双方常因琐事发生矛盾,夫妻关系紧张。2021年8月21日,董某与李某签订书面分居协议,约定"2021年8月21日,董某搬出所居住房屋,董某与李某正式分居"。董某搬出二人共同居住的房屋后在外租房居住。2023年11月,董某向法院起诉离婚。

律师说法

根据《民法典》第一千零七十九条的规定,因感情不和分居满两年,一方要求离婚,调解无效的,应当准予离婚。此处分居满两年是指连续分居满两年,不得累计。然而,不能单凭当事人口头陈述就认定分居时间,因此分居时间的确定较为困难。

本案中,董某与李某于2021年8月21日签订书面分居协议后,董某即搬出共同居住的房屋,双方未再共同生活,可认定为双方自2021年8月起分居生活至诉讼发生时。双方因未能妥善处理生活中的矛盾而争吵和分居,致夫妻感情彻底破裂。因董某坚持要求离婚,最终法院判决准予离婚。

提醒注意,若夫妻双方均同意分居,建议签订书面分居协议,这样就可以直接、准确地证明分居时间。若夫妻一方想分居,而另一方不同意分居,也可以邮寄书面分居声明,邮寄时要在备注栏里注明"分居声明",并且保留邮寄凭证及签收记录,由此来计算分居时间。若夫妻一方想通过在外租房的方式分居,则一定要以个人名义签署房屋租赁合同,平时也要保留租金转账凭证、租金发票等能够证明自己一人在外居住的凭据。另外,应尽量保留能证明夫妻感情不和的材料,如聊天记录、通话录音等。

115.军人的配偶可以要求离婚吗?

> ▶情景再现
>
> 2020年8月1日,董某(现役军人)与李某经人介绍后相识,交往两个月后,双方登记结婚,婚后未生育子女。双方举行结婚典礼后,董某即回部队工作。董某休假回家期间,双方也未在一起居住生活,矛盾日益加深。2022年3月,李某向法院起诉离婚,法院判决双方不准予离婚。之后双方夫妻感情仍未得到修复,甚至二人争吵激烈时,董某会对李某施加暴力。2024年6月,李某再次向法院起诉离婚。法院经审理认为,董某与李某短暂相识后就登记结婚,相互之间缺乏了解,婚后家庭矛盾不断,不能正确沟通与交流,夫妻感情确已破裂,且董某多次实施家庭暴力,有重大过错,判决准予离婚。

律师说法

我国法律对军婚实施特别保护。《民法典》第一千零八十一条规定,"现役军人的配偶要求离婚,应当征得军人同意,但是军人一方有重大过错的除外"。根据《最高人民法院关于进一步加强人民法院涉军案件审判工作的通知》的规定,军人应包括现役军(警)官、文职干部、士兵及具有军籍的学员。

结合《民法典》第一千零七十九条第三款的规定,军人一方的重大过错包括:(1)军人一方重婚或者与他人同居;(2)军人一方实施家庭暴力或者虐待、遗弃家庭成员;(3)军人一方有赌博、吸毒等恶习屡教不改;(4)军人一方有其他重大过错行为。如有证据证明军人一方存在上述重大过错,无论军人一方是否同意离婚,军队是否出具同意离婚的证明,军人配偶均可以直接向法院起诉要求离婚,由法院来判断军人一方是否存在重大过错,进而作出是否准予离婚的判决。

116.无民事行为能力人如何提起离婚诉讼?

情景再现

董某与李某经人介绍认识,2022年1月,双方登记结婚。2023年12月,董某驾车发生严重交通事故,虽得到了及时抢救,但已成为植物人。董某成为植物人后,

第六章
婚恋中的那些事儿

> 李某不履行夫妻间的扶养义务，董某如何解除与李某的婚姻关系？

律师说法

无民事行为能力人可以提起离婚诉讼，但需要满足一定的条件。无民事行为能力人由于欠缺民事行为能力，其诉讼只能由法定代理人代理而为。《民法典》第一百六十一条第二款规定，"依照法律规定、当事人约定或者民事法律行为的性质，应当由本人亲自实施的民事法律行为，不得代理"。具有人身性质的法律行为不得代理，是代理制度的重要原则之一。离婚行为具有较强的身份属性，原则上属于不能代理的事项范畴。但是，现实中不能排除无民事行为能力人拥有财产，其配偶既不提出离婚，也不照顾对方，而是利用财产管理人的身份使用对方财产的情况。这种情况下，无民事行为能力人的配偶实际上是以婚姻的名义侵害无民事行为能力人的合法权益。

根据《最高人民法院关于适用〈中华人民共和国民法典〉婚姻家庭编的解释（一）》第六十二条的规定，无民事行为能力人的配偶实施严重侵害被监护人合法权益行为，其他有监护资格的人可以要求撤销其监护资格，并依法指定新的监护人；变更后的监护人代理无民事行为能力一方提起离婚诉讼的，人民法院应予受理。

117.婚内被配偶家暴怎么办?

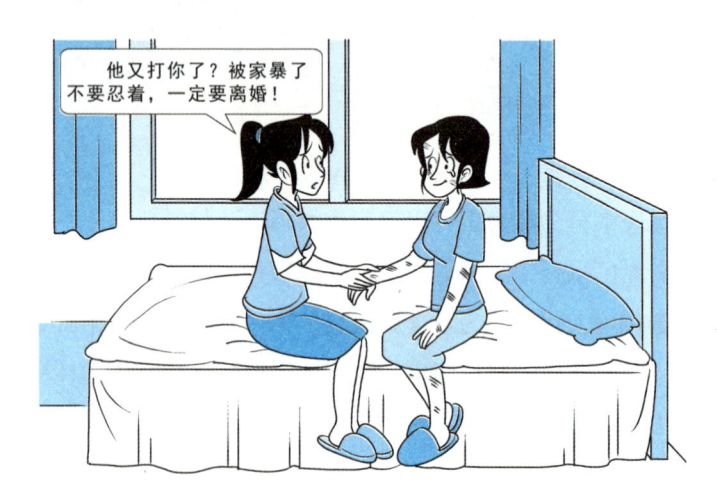

▶情景再现

　　董某与李某经人介绍认识,不到一个月就登记结婚。婚后二人矛盾逐渐增多,董某也开始经常性地对李某殴打、辱骂,每次打完后董某都会恳求李某原谅,但李某原谅后换来的却是董某变本加厉的殴打、辱骂。某日,因怀疑李某与他人有婚外情关系,董某持利器划伤李某,导致李某身体多处受伤,李某遂报警并进行了伤情鉴定。李某以董某多年来数次对其实施家庭暴力为由,向法院起诉离婚。

第六章
婚恋中的那些事儿

> 律师说法

实践中，对于初次起诉离婚，又无充分证据证明双方感情确已破裂的，法院本着维护婚姻、家庭稳定的原则，一般会判决不准予离婚。但根据《民法典》第一千零七十九的规定，实施家庭暴力或虐待、遗弃家庭成员，调解无效的，应当准予离婚。

本案中，因董某在婚姻关系存续期间多次对李某实施家庭暴力，李某坚决要求离婚，即使董某不同意离婚，法院也应依法判决双方离婚，及时遏制家庭暴力。

《反家庭暴力法》第二十条规定，"人民法院审理涉及家庭暴力的案件，可以根据公安机关出警记录、告诫书、伤情鉴定意见等证据，认定家庭暴力事实"。当遭受家庭暴力时，一定要有证据意识，留存相关伤情鉴定书，病历，照片，视频，公安机关处理家庭暴力案件的接警或出警记录、处理记录、告诫书等，以便后续向法庭提交认定家庭暴力的证据。此外，对于未成年子女抚养权问题，是否存在家庭暴力是确定抚养权归属的重要考量因素。若父母一方被认定构成家庭暴力，无论其是否直接向未成年子女施暴，如无其他情形，则一般都会认定施暴方不宜直接抚养未成年子女。

195

118.夫妻一方为家庭付出较多，离婚时可以要求补偿吗？

情景再现

董某与李某于2020年通过相亲认识，经自由恋爱后于同年11月登记结婚。双方婚后因生活琐事经常发生矛盾，李某于2024年4月带女儿回到母亲家中居住，双方开始分居。董某认为夫妻双方感情已经破裂，诉至法院请求判决双方离婚。案件审理过程中，李某表示同意离婚，并提出其在婚前与母亲一起经营餐饮店，婚后因怀孕和照顾年幼的孩子，一直没有工作，故要求董某向其支付补偿款2万元。

律师说法

《民法典》第一千零八十八条规定，"夫妻一方因抚育子女、照料老年人、协助另一方工作等负担较多义务的，离婚时有权向另一方请求补偿，另一方应当给予补偿。具体办法由双方协议；协议不成的，由人民法院判决"。

本案中，李某婚后因怀孕和抚育子女负担较多家庭义务未再继续工作而无经济收入，依照《民法典》第一千零八十八条关于家务劳动补偿制度的规定，董某应当给予适当补偿。法院结合双方婚姻关系存续的时间、已分居的时间及董某的收入情况等因素,酌定经济补偿金额,判决董某一次性支付给李某家务补偿款1万元。

实践中,许多女性为了更好地培养子女、照顾家庭,在婚后选择放弃自己的工作,转而做全职主妇。但全职主妇没有工作收入,其家务劳动或其他对于家庭的付出也没有通过金钱收入量化体现,导致其在家庭中的话语权缺失。《民法典》第一千零八十八条规定了家务劳动补偿条款,从法律上为照顾家庭付出较多家务劳动的一方在离婚时请求家务补偿提供了依据。

实践中,认定家务劳动补偿数额一般应考虑如下因素:(1)家务劳动时间。不仅包括日常投入在家务劳动上的时间,还包括婚姻关系存续时间的长短,婚姻持续时间越长,投入家务劳动的时间越多,补偿数额也应相应增加。(2)投入家务劳动的精力。如照顾老人和子女不仅要投入大量体力,还要倾注大量精神关怀。同等条件下,从事强度更大、更复杂家务劳动者,应当比从事相对简单家务劳动者获得更多的补偿。(3)家务劳动的效益。如家务劳动创造了良好的家庭环境,或者由此带来家庭积极财产的增多或消极财产的减少。(4)负担较多义务一方的信赖利益。婚姻中,一方付出较多精力从事家务劳动,导致自我发展空间被压缩,而另一方因此获得更多的自我发展空间,得到有形财产利益、无形财产利益及可期待的财产利益,如另一方在婚姻期间获得学历学位、职位晋升、执业资格、专业职称等,均应纳入经济补偿数额的计算范畴。

需要注意的是，主张家务劳动补偿应在离婚时提出，离婚后再提出的话，法院不再受理。家务补偿条款适用"不告不理"原则，须由当事人主动提出诉求要求补偿，法院不能主动适用该条款。法院可以向当事人释明家务补偿请求权，最终是否行使该权利由当事人自行决定。

119.夫妻一方被家暴，离婚时可以要求赔偿吗？

情景再现

董某与李某于2020年登记结婚，婚后育有一女。婚姻关系存续期间，李某负担了较多的家务，且为抚育子女、照顾家庭承担了较多的义务。婚后双方生活矛盾日渐凸显，董某曾多次对李某实施家庭暴力，造成夫妻双方感情破裂。2024年，李某向法院起诉离婚，并提出因遭受家庭暴力的损害赔偿金请求。

律师说法

《民法典》第一千零九十一条规定，有下列情形之一，导致离婚的，无过错方有权请求损害赔偿：（1）重婚；（2）与他人同居；（3）实施家庭暴力；（4）虐待、遗弃家庭成员；（5）有其他重大过错。

本案中，董某与李某虽为自由恋爱、自主登记结婚，婚后也生育了子女，但婚后夫妻双方矛盾突出，董某多次对李某施以家庭暴力，婚姻生活无法继续，李某离婚意愿坚决，符合法律规定的应当准予离婚的情形。根据《民法典》第一千零九十一条的规定，董某应对实施家庭暴力的行为依法承担损害赔偿责任。

根据《最高人民法院关于适用〈中华人民共和国民法典〉婚姻家庭编的解释（一）》第八十六条的规定，《民法典》第一千零九十一条规定的"损害赔偿"，包括物质损害赔偿和精神损害赔偿。根据《最高人民法院关于确定民事侵权精神损害赔偿责任若干问题的解释》第五条的规定，精神损害赔偿数额根据侵权人的过错程度，侵权行为的目的、方式、场合等具体情节，侵权行为所造成的后果，侵权人的获利情况，侵权人承担责任的经济能力，受理诉讼法院所在地的平均生活水平等因素综合确定。

本案中，法院最终对李某离婚的诉讼请求予以支持，酌定董某支付李某精神损害赔偿金 5 万元。

120.离婚时发现子女非亲生可以要求赔偿吗?

情景再现

董某与李某登记结婚后育有一女董某某。董某与李某常因生活琐事发生争吵,于是李某向法院起诉离婚。法院认为,董某与李某夫妻感情尚未完全破裂,遂判决驳回李某的诉讼请求。某日,董某发现董某某并非其亲生女儿,遂提起诉讼,请求法院判决与李某离婚,并要求李某支付精神损害赔偿2万元。

律师说法

实践中,一般认为,一方在婚姻关系存续期间与婚外异性生育子女,导致无过错一方在不知情的情形下,对非亲生子女履行了抚养义务，此情形对于无过错一方造成精神损害，法院对其精神损害赔偿请求应予支持。夫妻间应相互忠实，本案中，董某某与董某无血缘关系，给董某造成了精神损害。法院判决董某与李某离婚，李某赔偿董某精神损害抚慰金1万元。

婚姻关系中，女方故意隐瞒子女与男方不存在亲子关系的事实，使男方误将无法定抚养义务的非亲生子女作为亲生子女进行抚养，不仅造成了男方的经济损失，也侵害了男方的人格权、名誉权。因不存在亲子关系，男方与非亲生子女在法律上不存在抚养或赡养关系，相互之间不发生继承关系，那么男方曾经对非亲生子女在经济上以及精神上的付出，在法律上都是一种无义务的付出，也可以说是因遭受欺诈而进行的错误付出。这种情况下，如果男方提出抚养费返还和精神损害赔偿的请求，应予支持。

121.离婚时，子女的抚养权归谁？

▶ 情景再现

董某与李某结婚10余年，近年来二人经常因琐事发生口角，李某以夫妻感情破裂为由向法院提起诉讼，要求离婚。案件审理过程中，董某同意离婚，但是对13周岁的女儿董某某的抚养权问题，董某与李某不能达成一致。

律师说法

《民法典》第一千零八十四条第三款规定，"离婚后，不满两周岁的子女，以由母亲直接抚养为原则。已满两周岁的子女，父母双方对抚养问题协议不成的，由人民法院根据双方的具体情况，按照最有利于未成年子女的原则判决。子女已满八周岁的，应当尊重其真实意愿"。

《最高人民法院关于适用〈中华人民共和国民法典〉婚姻家庭编的解释（一）》第四十四条规定，离婚案件涉及未成年子女抚养的，对不满两周岁的子女，按照《民法典》第一千零八十四条第三款规定的原则处理。母亲有下列情形之一，父亲请求直接抚养的，人民法院应予支持：（1）患有久治不愈的传染性疾病或者其他严重疾病，子女不宜与其共同生活；（2）有抚养条件不尽抚养义务，而父亲要求子女随其生活；（3）因其他原因，子女确不宜随母亲生活。

在抚养权纠纷案件中，法院通常会考虑以下因素：（1）孩子年龄。如果子女为两周岁以下的婴幼儿，则以母亲直接抚养为原则，便于母亲对年幼子女进行抚育照顾。如果子女为8周岁以上的未成年人，则可征求其本人意愿，应当尊重孩子的真实意愿。（2）父母双方的经济状况。主要考虑直接抚养孩子的一方是否能够为子女提供稳定的成长环境、较好的教育环境以及良好的物质基础，但是经济因素并非决定性因素。（3）孩子的成长环境。判决抚养权时，尽量保持子女原有的生活习惯和成长环境。总之，在考虑双方的抚养能力以及抚养意愿的基础上，从有利于子女身心健康、保障子女合法权益出发，结合父母双方的抚养能力和抚养条件等具体情况妥善解决抚养权纠纷。

本案中，关于婚生女董某某的抚养权事项，因董某某现已年满13周岁，法院征求了董某某本人的意见，董某某表示其更愿意同母亲李某一起生活。最终法院认为，由李某抚养董某某更有利于孩子的健康成长，遂判决董某某由李某抚养，董某每月给付董某某抚养费1500元至董某某18周岁时止。

122.离婚后，子女抚养费如何计算？

▶ 情景再现

董某与李某结婚后生育一女董某某。因董某婚后存在家庭暴力，李某诉至法院要求离婚。董某在诉讼中同意离婚，也同意董某某由李某直接抚养，但是对于董某应当给付抚养费的数额仍有争议。法院综合董某的收入、董某某的日常生活支出，判决董某每月支付抚养费3000元直到董某某18周岁止。

律师说法

《最高人民法院关于适用〈中华人民共和国民法典〉婚姻家庭编的解释（一）》第四十九条规定，"抚养费的数额，可以根据子女的实际需要、父母双方的负担能力和当地的实际生活水平确定。有固定收入的，抚养费一般可以按其月总收入的百分之二十至三十的比例给付。负担两个以上子女抚养费的，比例可以适当提高，但一般不得超过月总收入的百分之五十。无固定收入的，抚养费的数额可以依据当年总收入或者同行业平均收入，参照上述比例确定。有特殊情况的，可以适当提高或者降低上述比例"。

子女的抚养费包括子女生活费、教育费、医疗费等方面的开支，以保障未成年人的健康成长。对于非基本生活、健康、教育必需的费用，法院会在审查其合理性和必要性的基础上，综合考虑被告的支付能力和意愿之后进行处理。

抚养费的给付方式一般分为按月给付和一次性给付两种：（1）按月给付，一方收入较为稳定，按月给付更有利于保障子女正常的生活；（2）一次性给付，一方收入不稳定或者居住地不固定，可能存在长期拖欠抚养费的情况，一次性给付更能保障抚养费完全给付。一般情况下，抚养费的给付期限是从父母离婚之日起到子女成年之日止，例外情况下可以延长或者缩短。

123.离婚后发现抚养费不够，能要求增加吗？

▷ 情景再现

2021年，董某与李某经人民法院判决离婚，婚生女董某某由李某抚养，董某每月支付3000元抚养费。2024年，因董某某患慢性病，日常需要药物治疗，以及上幼儿园导致花费增长，李某诉至法院要求董某每月增加抚养费1000元。

律师说法

《民法典》第一千零八十五条规定，"离婚后，子女由一方直接抚养的，另一方应当负担部分或者全部抚养费。负担费用的多少和期限的长短，由双方协议；协议不成的，由人民法院判决。前款规定的协议或者判决，不妨碍子女在必要时向父母任何一方提出超过协议或者判决原定数额的合理要求"。

《最高人民法院关于适用〈中华人民共和国民法典〉婚姻家庭编的解释（一）》第五十八条规定，具有下列情形之一，子女要求有负担能力的父或者母增加抚养费的，人民法院应予支持：（1）原定抚养费数额不足以维持当地实际生活水平；（2）因子女患病、上学，实际需要已超过原定数额；（3）有其他正当理由应当增加。

本案中，董某某因身体疾病需要长期服用药物维持，加上上学花费的增长，原定的抚养费很难覆盖董某某的生活成长所需，故法院最终根据当下的物价水平及董某某父母的收入情况变更抚养费数额，判决支持李某关于增加抚养费的请求。

124. 离婚后直接抚养孩子的一方可以任意更改孩子的姓名吗？

情景再现

2019年，董某与李某经法院判决离婚，婚生女董某某由李某抚养。2020年8月，董某某上小学前，李某未与董某商量便将董某某改名为李某某。2024年6月，董某得知董某某已改名为李某某后，诉至法院要求李某将李某某名字改回董某某。

律师说法

《民法典》第一千零一十二条规定，"自然人享有姓名权，有权依法决定、使用、变更或者许可他人使用自己的姓名，但是不得违背公序良俗"。第一千零一十五条第一款规定，自然人应当随父姓或者母姓，但是有下列情形之一的，可以在父姓和母姓之外选取姓氏：（1）选取其他直系长辈血亲的姓氏；（2）因由法定扶养人以外的人扶养而选取扶养人姓氏；（3）有不违背公序良俗的其他正当理由。

根据《公安部关于父母离婚后子女姓名变更有关问题的批复》《最高人民法院关于变更子女姓氏问题的复函》，对于离婚双方未经协商或协商未达成一致意见而其中一方要求变更子女姓名的，公安机关可以拒绝受理；对一方因向公安机关隐瞒离婚事实，而取得子女姓名变更的，若另一方要求恢复子女原姓名且离婚双方协商不成，公安机关应予恢复。

父母离婚后，父母子女关系不会消除，父母仍是未成年子女的监护人。父母一方更改子女姓氏，要征得对方的同意，倘若一方未经对方同意擅自变更子女姓氏，另一方既可以向公安机关申请恢复原姓氏，也可以向法院起诉请求恢复原姓氏。当父母一方单方变更子女姓氏后，子女一直长时间使用该姓名学习、生活，变更后的姓名由于经过较长时间已经成为其人格标志时，稳定的姓名对于未成年人在社交空间中形成自我认知具有重要的意义，其已经能够理解姓名的文字含义及社会意义，在抚养关系尚未发生变化的情况下，如再度更改其姓名，则不利于未成年人的健康成长。这种情况下，为保护子女的身心健康和成长，遵循孩子的意愿，法院也可能支持子女继续使用更改后的姓名。

本案中，法院经审理认为，李某某（曾用名"董某某"）自上小学以来一直使用"李某某"这一姓名,该姓名已经成为其人格标志,以及其稳定的生活、学习环境的重要组成部分,继续使用该姓名,有利于其身心健康和成长。李某某已经年满8周岁,能够理解姓名的文字含义及社会意义,其到庭表示希望继续使用"李某某"这一姓名,故法院判决驳回董某的诉讼请求。

125.离婚后,可以变更抚养权?

> 情景再现
>
> 董某与李某于2021年12月协议离婚,约定婚生子董某某(2015年10月出生)由董某抚养。董某因工作需要经常出差,对董某某疏于照顾,且董某离婚后开始酗酒,醉酒后更是对董某某不管不顾。2023年12月,李某诉至法院,要求变更董某某的抚养权。

第六章
婚恋中的那些事儿

律师说法

离婚后变更子女抚养权可以采取以下两种方式：(1)协议变更，双方在协商一致的情况下，签订变更监护人的协议，协议在双方签字后生效；(2)诉讼变更，在双方不能达成协议的情况下，一方可以向法院提起诉讼，请求变更抚养权。

《最高人民法院关于适用〈中华人民共和国民法典〉婚姻家庭编的解释（一）》第五十六条规定，具有下列情形之一，父母一方要求变更子女抚养关系的，人民法院应予支持：（1）与子女共同生活的一方因患严重疾病或者因伤残无力继续抚养子女；（2）与子女共同生活的一方不尽抚养义务或有虐待子女行为，或者其与子女共同生活对子女身心健康确有不利影响；（3）已满8周岁的子女，愿随另一方生活，该方又有抚养能力；（4）有其他正当理由需要变更。

处理子女抚养问题，应从有利于子女身心健康，保障子女的合法权益出发。本案中，董某对董某某疏于照顾，且有酗酒行为，而李某不仅关心、爱护孩子，又有抚养能力，因此由李某抚养孩子对孩子的成长更为有利。且董某某已经年满8周岁，可以较好表达自己的意愿，其也愿意与李某一起生活。综合考虑以上因素，法院判决同意变更董某某的抚养权。

126. 未成年子女可以要求父亲或母亲履行探望权吗?

情景再现

董某与李某原为夫妻关系,2014年10月生育董某某。2020年1月,董某与李某协议离婚,并约定董某某由李某抚养,董某无须支付抚养费但有探望权。董某离婚后组建了新的家庭,从未探望过董某某。因董某未对董某某进行探望导致董某某父爱严重缺失,2024年10月,董某某诉至法院,要求董某对其进行探望,李某作为法定代理人代为诉讼。

律师说法

《民法典》第一千零八十四条第一款、第二款规定,"父母与子女间的关系,不因父母离婚而消除。离婚后,子女无论由父或者母直接抚养,仍是父母双方的子女。离婚后,父母对于子女仍有抚养、教育、保护的权利和义务"。第一千零八十六条第一款规定,"离婚后,不直接抚养子女的父或者母,有探望子女的权利,另一方有协助的义务"。

法律规定探望权是为了呵护被抚养人健康成长,弥补因父母婚姻关系存续的终止、家庭成员组成的变更给未成年子女造成的不利影响。为了更好地保护未成年人的身心健康、保障未成年人的成长,结合《家庭教育促进法》第二十条以及《未成年人保护法》第二十四条第二款的规定,未成年人可以要求父或者母履行探望义务。

探望权既是父母与子女相处的法定权利,亦是其应当履行的抚养、教育、保护子女的法定义务。解除婚姻关系后,不直接抚养子女的父或母不能拒绝探望子女。子女不仅是被探望的对象,亦享有主动请求和接受探望的权利。

127.夫妻一方离婚前私卖车辆,分割财产时是否予以少分?

情景再现

董某与李某是夫妻,婚后由于性格差异,双方经常为琐事发生争吵,夫妻感情产生裂痕。2022年12月,董某与李某购买小轿车一辆,登记在董某名下。2024年3月,董某私自以30万元的市场价将小轿车卖给王某。2024年4月,李某诉至法院要求离婚,并要求董某返还其私卖车辆所得款项。

律师说法

夫妻对共同所有的财产有平等的处理权。夫妻双方对婚姻关系存续期间形成的夫妻共同财产享有平等的处分权,处分夫妻共同财产时也应在诚实、互信、协商的基础上进行。夫妻共同财产属于夫妻共同所有，离婚时一般应均等分割。如果离婚时一方隐藏、转移、变卖、毁损夫妻共同财产，或者伪造债务，均能够减少夫妻共同财产的数额，达到非法侵占共同财产中属于另一方的财产份额的目的，侵犯了另一方对共有财产的所有权。

《民法典》第一千零九十二条规定，"夫妻一方隐藏、转移、变卖、毁损、挥霍夫妻共同财产，或者伪造夫妻共同债务企图侵占另一方财产的，在离婚分割夫妻共同财产时，对该方可以少分或者不分。离婚后，另一方发现有上述行为的，可以向人民法院提起诉讼，请求再次分割夫妻共同财产"。

本案中，董某存在转移夫妻共同财产的行为，应当少分夫妻共同财产，从照顾女方、无过错方权益的原则出发，法院对该车辆的出卖款项按3∶7的比例进行分割。

128.离婚时隐藏、变卖夫妻共同财产会被罚款吗？

▶ 情景再现

李某因与董某夫妻感情破裂而向法院提起离婚诉讼，并要求分割夫妻共同财产。法院告知双方须如实申报财产，并明确告知其不如实申报财产的后果。董某向法院申报了自己的4个银行账户及对应的存款余额，并提供了交易明细。后经核对，董某提交的4份交易明细中

第六章
婚恋中的那些事儿

> 有2份与真实的交易明细完全不一致,法院决定对董某罚款5万元。

律师说法

实践中,有的当事人通过诉讼方式解决离婚纠纷时,为了多分割财产而伪造证据、提供虚假证据,这是违反法律规定的。《民事诉讼法》第十三条规定,"民事诉讼应当遵循诚信原则。当事人有权在法律规定的范围内处分自己的民事权利和诉讼权利"。根据该法第一百一十四条第一款第一项的规定,诉讼参与人或者其他人伪造、毁灭重要证据,妨碍法院审理案件的,法院可以根据情节轻重予以罚款、拘留;构成犯罪的,依法追究刑事责任。

本案中,董某在法院已明确告知其不如实申报财产的后果后,仍向法院提交虚假的银行账户交易明细,用于申报财产,属于《民事诉讼法》中伪造证据的情形,妨碍法院审理案件,故法院对其作出罚款决定。

提醒注意,诉讼过程中,双方当事人应当遵守法律规定,诚信正当地行使诉讼权利。伪造证据的行为严重违反诚信原则,妨碍法院审理案件的进度,增加诉讼成本,浪费司法资源,依法应当承担相应的法律责任。

129.离婚时可以要求返还婚前给付的彩礼吗?

情景再现

董某与李某于2022年8月经人介绍相识,于2024年3月登记结婚。从双方认识到结婚前,董某共计给付李某彩礼6万元。因双方从未在一起共同生活,且性格不合,2024年6月,董某诉至法院要求与李某离婚,并要求李某返还彩礼。

律师说法

彩礼是指男女双方恋爱关系基本确定以后,按照当地习俗,一方及其家庭给付另一方及其家庭一定数量的现金或财

第六章
婚恋中的那些事儿

物,表示其欲与对方缔结婚姻的诚意。给付彩礼实质是一种附条件的特殊赠与,即以缔结婚姻、维持婚姻为条件,从法律层面来看,其性质是附解除条件赠与。

一般情况下,彩礼不属于夫妻共同财产,而是男方婚前对于女方的赠与,属于女方婚前个人财产,离婚后无须进行分割或返还,但也存在例外。《最高人民法院关于适用〈中华人民共和国民法典〉婚姻家庭编的解释(一)》第五条规定,当事人请求返还按照习俗给付的彩礼的,如果查明属于以下情形,人民法院应当予以支持:(1)双方未办理结婚登记手续;(2)双方办理结婚登记手续但确未共同生活;(3)婚前给付并导致给付人生活困难。适用该条第一款第二项、第三项的规定,应当以双方离婚为条件。

彩礼应否返还主要看双方是否实质形成长久稳定的共同生活关系,而这种长久稳定的关系不仅要看是否办理了结婚登记,还要看双方是否已经实际共同生活。在判断彩礼是否返还、返还数额上,要充分考量男女双方是否办理结婚登记手续、共同生活时间的长短、婚前交往时间的长短、彩礼的数额与家庭收入水平、彩礼的用途、是否生育子女、子女由谁抚养、双方未缔结婚姻关系或离婚的原因和过错、当地风俗和当地的经济水平等多种因素。

本案中,董某与李某婚后从未在一起共同生活,李某也同意离婚,故法院判决准予离婚,李某返还彩礼4万元。

第四节　婚姻中如何守护财产、分清债务

130. 夫妻可以约定婚内财产的归属吗？

情景再现

董某与李某于 2018 年 6 月 1 日登记结婚。2023 年 1 月，双方签订协议一份，协议主要内容为，"现董某名下房屋属于夫妻共同财产，董某须于 2023 年 6 月之前在该房屋的房产证上添加李某的名字"。2024 年 6 月，李某以夫妻感情已破裂为由诉至法院，要求离婚，确认房屋为夫妻共同财产并分割。法院经审理认为，该房屋属于夫妻共同财产，判决房屋归董某所有，该房屋剩余贷款由董某负责偿还，董某给付李某房屋折价款 80 万元。

律师说法

《民法典》第一千零六十五条第一款规定，"男女双方可以约定婚姻关系存续期间所得的财产以及婚前财产归各自所有、共同所有或者部分各自所有、部分共同所有。约定应当采用书面形式"。

根据上述条款可以看出，夫妻双方不仅可以对婚后夫妻共同财产的归属进行约定，还可以对一方或双方的婚前个人财产进行约定。一份婚内财产协议通常需要包含以下内容：

（1）双方基本信息。包括姓名、身份证号码、联系电话等。

（2）标的财产项目。当事人既可以对现有的财产归属进行约定，如房产、车辆、存款、股票、贵重物品以及相应财产收益、补偿的归属等，也可以对未来将取得的财产，如未来薪资收入以及继承、赠与所得财产等的归属进行约定，还可以对债权债务归属以及追偿责任进行约定。（3）标题"婚内财产协议"。协议内容应仅对夫妻婚内财产归属作出约定。

131.夫妻一方婚内挥霍财产，另一方可以请求分割共同财产吗？

生活中的法律常识
——让你少吃亏的300个锦囊

▶情景再现

董某与李某是夫妻，董某将二人婚内购买并登记在董某名下的房屋出售，且不顾李某反对多次进行大额炒股投资，将150万元房款用于股票投资并亏损70万元。李某诉至法院，要求分割夫妻共同财产。

律师说法

《民法典》第一千零六十六条规定，婚姻关系存续期间，有下列情形之一的，夫妻一方可以向人民法院请求分割共同财产：（1）一方有隐藏、转移、变卖、毁损、挥霍夫妻共同财产或者伪造夫妻共同债务等严重损害夫妻共同财产利益的行为；（2）一方负有法定扶养义务的人患重大疾病需要医治，另一方不同意支付相关医疗费用。

上述法律规定中，隐藏、转移、变卖、毁损不难理解，至于挥霍，要分析行为对象是否属于家庭生活必要的开支项目，如食品、衣着、家庭设备、维修、医疗保健等，并结合夫妻的职业、收入、资产、爱好等以及当地的生活习惯进行综合判断。认定严重损害需要结合行为的性质、侵害夫妻共同财产的数额、造成的影响大小等因素综合进行判断。

本案中，董某在婚姻关系存续期间出售房屋所取得的房款属于夫妻共同财产，其不顾李某反对多次进行大额炒股投资，将该售房款用于股票投资后亏损70万元，属于严重损害夫妻共同财产利益的行为，侵害了李某对夫妻共同财产的平等支配权，因此法院对李某请求婚内分割共同财产的诉讼请求予以支持。

132.婚前个人所有的房屋在婚内因拆迁取得补偿款、回迁安置房，是否属于夫妻共同财产？

情景再现

隋某婚前于某处宅基地上修建北房五间、南房五间。与张某登记结婚后，双方陆续在院内建东、西厢房各两间，院外建房六间，并将原有的北房五间拆除，翻建为上下两层十间，同时对原有的南房五间进行装修和扩建。后该房屋拆迁，《房屋搬迁腾退补偿协议书》约定安置人口分别为隋某、张某二人，并明确了各个房间的补偿价格。隋某在领取腾退补偿款后，用补偿款以及夫妻二人的购房指标购买了回迁安置房一套。后夫妻双方因感情不和离婚，离婚后张某诉至法院，要求分割腾退补偿款及回迁安置房。

律师说法

拆迁安置房产的权利人关系、房产构成情况复杂，实践中不同个案的认定各有不同。本案中，法院经审理认为，隋某在与张某结婚前有北房五间、南房五间，属于隋某的婚前财产，在离婚时应当析出。虽然双方婚后对五间北房进行了翻建，但是属于对房屋的添附，并未因此改变房屋所有权的性质，故一层北房五间为隋某的婚前财产；男方在婚内将北房五间翻建成两层十间，对应的面积应认定为张某、隋某婚姻存续期间所建，翻建面积所对应的补偿款属于婚姻关系存续期间的共同财产，应当平均分割；对于东、西厢房和南房扩建的部分以及院外六间应为张某、隋某婚姻存续期间所建，对应的房屋结构款和区位补偿款应当平均分割；关于回迁安置房屋，隋某购买该房屋时使用了张某的购房指标，该房屋应为双方所共有，属于夫妻共同财产，应由男方隋某向女方张某支付相应的补偿款。

实践中，法院不仅会通过房屋拆迁安置协议、安置补偿政策和安置方式等证据确定房屋归属，还会通过是否使用夫妻共同财产进行重建或添附、购买回迁安置房产的价款来源等要素进行综合判断。具体包括以下三种情况：

（1）房屋属于一方婚前个人财产，婚后双方对房屋进行过扩建或添附。该拆迁房屋扩建之前面积转换安置的面积或价款，归房屋所有人个人所有。扩建或添附的面积或价款属于夫妻共同财产，应认定为夫妻双方共同所有，如果原房屋所有人能举证说明用于扩建的价款是其个人财产的除外。

（2）房屋属于一方婚前个人财产，婚后双方对房屋没有添附行为，拆迁时也没有补偿差价。登记在一方名下的就是一方的婚前个人财产，获得的拆迁安置房只是婚前个人财产形式的一种转化，也应属于一方的个人财产。

（3）房屋属于一方婚前个人财产，婚后双方对房屋没有添附行为，但取得拆迁安置房有补差价的情况。根据补差价的欠款来源分情况判断，如差价是用一方个人婚前财产补足的，且能够提供相应证据证明的，那该房屋仍然属于一方的个人财产；如差价是用夫妻共同财产补足的，则此时房产仍然属于一方个人所有，但是所补差价的数额部分及相对应的财产增值部分，应由产权登记一方对另一方进行适当补偿。

133.房改房是否属于夫妻共同财产？

情景再现

赵某与张某于1986年登记结婚。1993年，赵某与售房单位签订《单位出售公有住房买卖契约》，约定售房单位将一套住房出售给赵某，房款共计11万元，购买该房屋时使用了赵某15年的工龄，该房屋所有权登记至赵某名下。数年后，因夫妻感情不和，张某诉至法院，要求离婚并分割夫妻共同财产。

律师说法

根据《民法典》第一千零六十二条、第一千零六十三条的规定，夫妻在婚姻关系存续期间所得的下列财产，为夫妻的共同财产，归夫妻共同所有：（1）工资、奖金、劳务报酬；（2）生产、经营、投资的收益；（3）知识产权的收益；（4）继承或者受赠的财产，但是遗嘱或者赠与合同中确定只归一方的财产除外；（5）其他应当归共同所有的财产。夫妻对共同财产，有平等的处理权。

本案中，案涉房屋为赵某与张某在婚姻关系存续期间购买的，并已取得房屋所有权证，由双方共同交纳购房款，共同使用，故该房屋为夫妻共同财产，张某有权要求分割该房屋。

房改房是城镇职工根据有关城镇住房制度改革政策规定，按照成本价或标准价购买的已建公有住房，特殊性体现在职工在购买公房时会结合工龄、职务等因素对房价给予折抵优惠。房改房的性质不同于一般的商品房，不能简单地从出资、取得时间、产权登记状况判断归属，还需结合当时的时代背景和社会情况来综合确定。登记在一方名下的房改房能否认定为夫妻共同财产，主要考量取得房改房的时间是否在夫妻关系存续期间以及按房改政策购买住房时是否享受了其配偶的工龄折算，该工龄折算应视为购买房改房的财产性投入。

134.婚前房产在婚后添加配偶为共有人，离婚时要均分吗？

▷ 情景再现

2021年11月21日，董某购买房产一套，并登记在自己名下。2022年2月2日，董某与李某登记结婚，董

第六章
婚恋中的那些事儿

> 某将上述房产的产权变更为董某与李某共同共有。2024年12月，李某以双方感情不和为由诉至法院，要求离婚并分割夫妻共同财产。

律师说法

《民法典》第一千零六十五条第一款规定，"男女双方可以约定婚姻关系存续期间所得的财产以及婚前财产归各自所有、共同所有或者部分各自所有、部分共同所有。约定应当采用书面形式"。

一方婚前买的房子在婚后添加配偶方名字，应视为一方对配偶方的赠与，房产加名后则属于夫妻共同财产，离婚后归谁所有原则上由双方协商决定。双方对夫妻共同财产中的房屋价值及归属无法达成协议时，法院通常会按以下情形分别处理：（1）双方均主张房屋所有权并且同意竞价取得的，应当准许；（2）一方主张房屋所有权的，由评估机构按市场价格对房屋作出评估，取得房屋所有权的一方应当给予另一方相应的补偿；（3）双方均不主张房屋所有权的，根据当事人的申请拍卖房屋，对拍卖所得价款进行分割。

房产为一方婚前个人财产，婚后在房产证上加名的，一般应认定为夫妻共同财产，但加名并不意味着产权就应均分，应考虑该赠与是否具有维系双方感情、稳定共同生活的目的，并结合房产的由来、性质以及双方婚姻生活的存续时间、房产证加名的合理目的、婚后加名方对房产所作的贡献等因素，酌定房产归买房一方所有，并给予加名方一定比例的补偿。

本案中，双方婚后对房屋产权登记加名的行为应视为董某自愿对李某赠与房屋产权，已经发生了变动房屋产权的法律效力，因此该套房屋为双方共同共有，应依法进行分割。

135.婚前购买股票，婚后增值部分是否属于夫妻共同财产？

情景再现

李某婚前购买了10万元的股票，购买股票一年后与董某登记结婚，婚内李某多次补仓该股票，之后碰上股市牛市，李某及时抛售股票，从中获利3万元。后董某与李某协议离婚，对于李某抛售股票获利的 3 万元是否属于夫妻共同财产产生争议，诉至法院。

律师说法

根据《民法典》第一千零六十二条、第一千零六十三条的规定，夫妻在婚姻关系存续期间所得的下列财产，为夫妻的共同财产，归夫妻共同所有：（1）工资、奖金、劳务报酬；（2）生产、经营、投资的收益；（3）知识产权的收益；（4）继承或者受赠的财产，但是遗嘱或者赠与合同中确定只归一方的财产除外；（5）其他应当归共同所有的财产。夫妻对共同财产，有平等的处理权。《最高人民法院关于适用〈中华人民共和国民法典〉婚姻家庭编的解释（一）》第二十六条规定，"夫妻一方个人财产在婚后产生的收益，除孳息和自然增值外，应认定为夫妻共同财产"。

关于夫妻一方婚前持有的股票产生的增值部分的财产性质的认定，应当分析股票增值产生的原因。增值发生的原因可分为自然增值和主动增值。（1）自然增值是指该增值的发生是通货膨胀或市场行情的变化导致的，与夫妻一方或双方是否为该财产投入资金、劳动、管理等无关。如夫妻一方婚前所有的房屋、古董、字画等，在婚姻关系存续期间因市场价格上涨而产生的增值。（2）主动增值是指该增值的发生原因与通货膨胀或市场行情的变化无关，而是与夫妻一方或双方对该财产投入的资金、劳动、管理等相关。

如果一方在婚前就持有股票，婚后未进行操作，股票的增值完全是市场行情变化导致的，则应当将这种增值理解为自然增值，将其性质认定为婚前个人财产。如果股票在婚后进行过多次的买入与卖出，则股票的增值应理解为投资行为，也就是主动增值，则增值部分应当作为夫妻共同财产，另一方可以请求分割。

本案中，李某在婚前购买了股票，婚后花费大量时间管理该股票，抛售股票产生的收益3万元原则上应认定为夫妻共同财产，归李某和董某共同所有，故双方对股票收益有平等的处理权。

136.婚前与父母共有的房产，离婚时配偶能否要求分割？

▶ 情景再现

2019年1月，董某与其父母在董某婚前共同购置房屋一套，房屋首付款由董某与其父母共同支付，贷款由董某与其父每月以各自名下公积金共同偿付。2021年1月，董某与李某结婚。婚后董某继续还房贷。因二人感情不和，2023年12月，李某诉至法院，要求离婚并分割夫妻共同财产。

第六章
婚恋中的那些事儿

律师说法

《最高人民法院关于适用〈中华人民共和国民法典〉婚姻家庭编的解释（一）》第七十八条规定，"夫妻一方婚前签订不动产买卖合同，以个人财产支付首付款并在银行贷款，婚后用夫妻共同财产还贷，不动产登记于首付款支付方名下的，离婚时该不动产由双方协议处理。依前款规定不能达成协议的，人民法院可以判决该不动产归登记一方，尚未归还的贷款为不动产登记一方的个人债务。双方婚后共同还贷支付的款项及其相对应财产增值部分，离婚时应根据民法典第一千零八十七条第一款规定的原则，由不动产登记一方对另一方进行补偿"。当一方婚前所购房屋登记为与他人共同共有，并不影响婚后可能是以夫妻共同财产还贷。

夫妻一方婚前贷款购买房产，婚后可能还在继续归还贷款，一旦还贷的资金属于夫妻共同财产，就意味着配偶对于该婚前房产是有贡献的。婚前购房一方的配偶可以获得其共同还贷支付的款项以及相应财产增值部分的补偿。具体分割上，首先，要根据房产登记的人数情况、相互之间的特殊身份关系以及实际的出资情况来确定登记在房产证上的夫妻一方到底能够在房产上享有多少增值利益。其次，要考量夫妻财产用于共同还贷的贡献比例。最后，要将共同还贷的贡献比例乘以购房一方能享有的房产增值利益，就可以得出婚内夫妻共同还贷部分对应的财产增值利益。

本案中，董某使用其婚后收入还款对应的房产及增值部分属于夫妻共同财产，离婚时应予对半分割。

137.婚后房产登记在夫妻一方名下，是否属于夫妻共同财产？

▶ 情景再现

董某与李某于2018年登记结婚，婚后二人使用夫妻共同财产购买房产一套，并登记在董某名下。2024年1月，董某将该房产出售。2024年2月，董某与李某协议离婚。2024年3月，李某诉至法院，要求依法分割售房款。

律师说法

离婚诉讼中分割房产，要分清该房产属于夫妻一方个人财产，还是夫妻共同财产，法律规定离婚时可以分割的房产仅限于夫妻共同财产。判断房产属于夫妻一方个人财产还是夫妻共同财产，可以从当事人购买房屋时的婚姻状况、购买房屋支付首付款的情况、房屋是否存在还贷的情况、房屋的登记情况四个方面考量。

本案中，案涉房屋购买于董某与李某结婚后，虽然登记在董某一人名下，但根据法律的规定，在双方没有特殊约定的情况下，夫妻在婚姻关系存续期间所得财产的性质以共同财产为原则，以个人财产为例外，本案不属于法律规定的例外情况，案涉房屋属于董某与李某的夫妻共同财产。因此,董某擅自将未经分割的夫妻共同所有的房产出售,李某主张分割售房款于法有据。

138.婚内购买、登记在未成年子女名下的房屋,离婚时可以要求分割吗?

▶ 情景再现

　　董某与李某于2015年结婚,婚后育有一子董某某。2022年1月,董某以本人及董某某二人的名义购买房产一套,并办理房产证,载明该房屋由董某、董某某二人共有,其中董某份额占10%,董某某份额占90%。2024年1月,李某诉至法院,要求离婚并依法分割夫妻共同财产。

律师说法

婚后用夫妻共同财产购买房屋，如果房屋产权登记在未成年子女名下，那么夫妻离婚时不能简单地完全按照登记情况将房屋认定为未成年子女的财产。不动产物权登记产生的是将登记记载的权利人推定为真正权利人的效力，分为对外效力和对内效力。对外效力是指根据物权公示公信原则，不动产物权经登记后，善意第三人基于对登记的信赖而与登记权利人发生的不动产交易行为应受法律保护。对内效力是指在权利人与利害关系人之间，应根据当事人的真实意思表示来确定真正的权利人。

夫妻双方共同出资购买房屋后，可能基于各种因素的考虑而将房屋产权登记在未成年子女名下，但这并不意味着夫妻的真实意思是让未成年子女成为该房屋产权的权利人。这种情况下，应探究夫妻双方在购买房屋时的真实意思表示，如果其真实意思确实是将购买的房屋赠与未成年子女，那么离婚时应将该房屋认定为未成年子女的财产，由直接抚养未成年子女的一方暂时管理；如果其真实意思并不是将房屋赠与未成年子女，那么离婚时应将该房屋作为夫妻共同财产处理。

本案中，董某与李某购买该房产时董某某年纪尚幼，无独立财产，该房产出资属于董某某父母的夫妻共同财产。诉争房屋90%的份额登记在董某某名下，但法院经审理查明，董某与李某的真实意思并不是将该房产赠与未成年子女董某某，因此案涉房产应按夫妻共同财产进行分割。

139.离婚冷静期内新增的财产如何处理?

> **情景再现**
>
> 董某与李某于2021年登记结婚,婚后经常因琐事争吵不休。2024年6月,双方向婚姻登记机关提交离婚登记申请,之后进入为期30日的离婚冷静期。冷静期届满后,双方到民政局办理离婚登记,并签署离婚协议。离婚协议主要内容为董某放弃婚内所有财产,婚内财产全部归李某所有。离婚后,李某发现董某居然在离婚冷静期内购置了一辆汽车,便向法院提起离婚后财产纠纷诉讼,请求将董某在离婚冷静期内购买的汽车认定为夫妻共同财产,并判归李某所有。

律师说法

《民法典》第一千零六十五条规定,"男女双方可以约定婚姻关系存续期间所得的财产以及婚前财产归各自所有、共同所有或者部分各自所有、部分共同所有。约定应当采用书面形式。没有约定或者约定不明确的,适用本法第一千零六十二条、第一千零六十三条的规定。夫妻对婚姻关系存续期间所得的财产以及婚前财产的约定,对双方具有法律约束力。夫妻对婚姻关系存续期间所得的财产约定归各自所有，夫或者妻一方对外所负的债务，相对人知道该约定的，以夫或者妻一方的个人财产清偿"。

离婚冷静期内，夫妻双方还没有登记离婚，在法律意义上依然是夫妻关系，离婚冷静期制度与夫妻共同财产的认定并没有必然的联系。建议在签署离婚协议书时，务必明确约定离婚冷静期内新增财产和债务的处理方式。根据法律规定，隐藏、转移、出售、毁损、挥霍夫妻共同财产的一方在分割共同财产时可能会受到减少分割或不分割的惩罚。

本案中，董某在离婚冷静期内购车，双方还未正式登记离婚，而购车资金来自双方婚姻关系存续期间的家庭共同收入，该车辆应认定为董某与李某的婚内共同财产，并根据离婚协议的约定归李某所有。

提醒注意，离婚冷静期内，双方应该审慎处置财产，避免引起纠纷，特别是涉及购置、处置房屋、车辆等金额较大的不动产和动产时。一方发现另一方有转移夫妻共同财产的行为的，应收集好相关证据。

140.离婚时一方可以要求分割配偶将要继承的遗产吗？

▷ 情景再现

2023年12月，董某父亲去世。董某父亲去世后，

第六章
婚恋中的那些事儿

> 董某与其母亲为继承董某父亲遗产事项进行了诉讼。2024年2月,董某妻子李某以董某存在家庭暴力为由,向法院起诉离婚,并要求依法分割董某应从其父亲处继承的遗产。

律师说法

《最高人民法院关于适用〈中华人民共和国民法典〉婚姻家庭编的解释(一)》第八十一条规定,"婚姻关系存续期间,夫妻一方作为继承人依法可以继承的遗产,在继承人之间尚未实际分割,起诉离婚时另一方请求分割的,人民法院应当告知当事人在继承人之间实际分割遗产后另行起诉"。

本案中,董某尚未实际继承到其父亲的遗产,其能继承到的份额也无法确定,并且该房屋仍登记在董某父母名下,故李某要求分割该房屋的诉讼请求证据不足,法院不予支持,李某可在董某实际继承后另行主张。

那么,如果董某放弃继承遗产,李某能否提出异议?是否放弃继承是董某的权利,根据《最高人民法院关于适用〈中华人民共和国民法典〉继承编的解释(一)》第三十二条规定,"继承人因放弃继承权,致其不能履行法定义务的,放弃继承权的行为无效"。如果董某自愿放弃继承,且放弃继承并未导致其不能履行法定义务,则董某的放弃继承行为有效,李某没有权利提出异议。

141. 一方父母在子女婚后出资首付款购买的房产属于子女的夫妻共同财产吗？子女离婚后该房屋如何分割？

> 这房子首付款是我爸妈付的，还贷款是我用公积金还的，肯定不能算他的。

> 你们谈得怎么样了？房子怎么分？

▶ 情景再现

李某父母在李某和董某婚后出资首付款为二人购房，李某以其公积金偿还房屋贷款。几年后，董某与李某因感情不和协议离婚。离婚后，因双方对房产分割事项产生争议，董某诉至法院要求依法分割夫妻共同财产。

律师说法

离婚纠纷中对房产进行分割时,首先要考虑该房产是否为夫妻共同财产,其次要确定分割方式和分割比例。夫妻双方在婚姻关系存续期间,一方或双方因出资、买卖、继承、受赠等原因获得的房产,除双方另有约定或法律另有规定外,应认定为夫妻共有房产。通常应综合考虑购房时间、购房方式、资金来源、婚姻状况、房屋性质等因素进行认定。

夫妻共有房产在分割时应遵循夫妻共同财产分割的基本原则,即以平均分割为基础,结合照顾妇女、子女和无过错方原则。确定分割比例时,需要综合考虑双方对共有房屋的贡献大小、是否存在过错、房屋价值、婚姻存续时间等因素。《最高人民法院关于适用〈中华人民共和国民法典〉婚姻家庭编的解释(一)》第七十六条规定了竞价、变价分割、作价补偿等共有房屋的分割方式。分割共有房屋时应全面考虑当事人的居住状况、支付折价款的能力、具体的分割比例、房屋的来源等因素,准确适用分割方式。

本案中,李某父母在李某和董某婚后出资首付款为其购房,出资时并未明确其为借款,也未确定该房产为只归一方所有的个人财产,故该房产属于李某父母对李某和董某的赠与,应认定为夫妻共同所有,李某以其公积金偿还房屋贷款,属于夫妻共同偿还贷款。在分割案涉房屋时应按共同共有原则进行处理,法院最终判决该房屋归李某所有,剩余贷款由李某偿还，酌定李某按扣除剩余按揭贷款后的房屋价值的35%向董某支付共有房屋折价款。

142.婚前贷款购买房产，登记在自己名下，婚后夫妻共同还贷，离婚时如何分割？

▶情景再现

李某婚前于2017年支付首付款按揭购买房产一套。2022年1月，董某与李某登记结婚。2024年6月，董某和李某将房屋售卖后协议离婚。因对售房款的分配不能达成一致，董某诉至法院，要求依法分割售房款。

律师说法

《最高人民法院关于适用〈中华人民共和国民法典〉婚姻家庭编的解释（一）》第七十八条规定，"夫妻一方婚前签订不动产买卖合同，以个人财产支付首付款并在银行贷款，婚后用夫妻共同财产还贷，不动产登记于首付款支付方名下的，离婚时该不动产由双方协议处理。依前款规定不能达成协议的，人民法院可以判决该不动产归登记一方，尚未归还的贷款为不动产登记一方的个人债务。双方婚后共同还贷支付的款项及其相对应财产增值部分，离婚时应根据民法典第一千零八十七条第一款规定的原则，由不动产登记一方对另一方进行补偿"。

一方婚前购买并登记在自己名下的房产，婚后夫妻共同还贷的，共同还贷部分的款项应认定为夫妻共同财产，非登记方在离婚时可以主张分割共同还贷部分的款项及其相对应的财产增值。关于该部分对应的价值，可综合考虑婚前支付的首付款、银行贷款，婚后共同还贷、离婚时尚未归还的贷款的数额以及房屋当下的市值等情况进行计算。

本案中，案涉房产是李某于婚前支付首付款按揭购买的，董某在双方婚姻关系存续期间参与共同还贷，故董某有权要求李某支付相应的补偿款。

143.婚后购买的房产登记在夫妻一方名下，离婚时如何分割？

情景再现

2017年，董某与李某结婚后购买房产一套，房产证记载的权利人为董某。2022年，董某与李某常因琐事吵架，甚至发生肢体冲突。2023年12月，董某与李某协议离婚。协议离婚后，就婚内购买的房产如何分割事宜，双方不能达成一致，李某诉至法院。

律师说法

《最高人民法院关于适用〈中华人民共和国民法典〉婚姻家庭编的解释（一）》第七十六条规定，双方对夫妻共同财产中的房屋价值及归属无法达成协议时，人民法院按以下情形分别处理：（1）双方均主张房屋所有权并且同意竞价取得的，应当准许；（2）一方主张房屋所有权的，由评估机构按市场价格对房屋作出评估，取得房屋所有权的一方应当给予另一方相应的补偿；（3）双方均不主张房屋所有权的，根据当事人的申请拍卖、变卖房屋，就所得价款进行分割。

如果夫妻离婚时只有一套共有房产，一般法院会判决房屋归一方所有，该方向另一方支付房屋折价款；夫妻有多套房屋的，法院也可能对多套房屋按照折价补偿的方式进行分割。

本案中，案涉房产的购买时间为董某与李某的婚姻关系存续期间，属于夫妻共同财产。案涉房屋虽然登记为董某单独所有，但并不影响其夫妻共同财产的性质。由于董某居住于该房屋内，李某亦同意分割折价款，法院判决案涉房产归董某所有，由董某给付李某财产折价款，具体金额依据评估报告酌情确定。

第六章
婚恋中的那些事儿

144.婚前借给别人的钱在婚后收回,离婚时会被分割吗?

> 我老婆有一套房是她婚内收债时对方抵债交付的,这个我可以分割吗?

> 这笔借款如果是她婚前借出的,那么这套房算她的婚前财产。

▶ 情景再现

李某婚前与第三人王某签订借款协议,约定李某将100万元出借给王某,王某使用房产一套作抵押。2021年12月,董某与李某登记结婚。2023年5月,因王某不能及时归还借款,按照之前的约定,王某抵押的房产转归李某所有并办理了产权变更登记。2024年6月,董某与李某协议离婚后,就李某婚内以收债方式获得的房屋的分割不能达成一致,遂诉至法院。

239

律师说法

《民法典》第一千零六十三条规定，下列财产为夫妻一方的个人财产：（1）一方的婚前财产；（2）一方因受到人身损害获得的赔偿或者补偿；（3）遗嘱或者赠与合同中确定只归一方的财产；（4）一方专用的生活用品；（5）其他应当归一方的财产。

《最高人民法院关于适用〈中华人民共和国民法典〉婚姻家庭编的解释（一）》第三十一条规定，《民法典》第一千零六十三条规定为夫妻一方的个人财产，不因婚姻关系的延续而转化为夫妻共同财产。但当事人另有约定的除外。

本案中，案涉房屋虽然是李某在婚姻关系存续期间取得的，但该房屋是由李某婚前的财产转化而来，仍是李某的个人财产。董某要求将案涉房屋作为夫妻共同财产进行分割的诉讼请求，没有事实与法律依据，故法院不予支持。

实践中，夫妻一方婚后使用婚前个人财产全款买房，也属于一方婚前个人财产在形态上的转化，货币形式和其他财产形态之间的转化并不改变所有权的性质。因此，出资人以婚前个人财产全款购买房屋，登记在自己名下的，本质上仍属于个人财产，离婚时另一方无权要求分割。但是，一定要注意婚前的个人存款不能和婚后的存款发生混同，要做好资金隔离，用不同的银行卡分别保管，并且不要相互转账，否则离婚时无法分清购房款的性质，很有可能会被作为夫妻共同财产分割。

第六章
婚恋中的那些事儿

145.父母在子女婚后为子女出资购房,子女离婚时如何分割?

▶ 情景再现

董某与李某于2019年登记结婚。2021年12月,李某父母出资40万元,董某与李某共同出资70万元购买房产一套,房产证登记的权利人为李某。2023年12月,董某与李某协议离婚。关于婚内购买的房产,董某认为应与李某平均分割,李某不同意,董某遂诉至法院。

律师说法

根据《民法典》第一千零六十二条、《最高人民法院关于适用〈中华人民共和国民法典〉婚姻家庭编的解释(一)》第二十九条第二款的规定,当事人结婚后,父母为双方购置房屋出资的,依照约定处理;没有约定或者约定不明确的,原则上属于夫妻共同财产。

本案中,董某与李某结婚后,李某父母为二人购房出资,在无明确约定的情况下,应视为李某父母对李某和董某双方的赠与。法院经审理,在征询董某和李某意见后,将该房屋判决归李某所有,由李某按照房屋市场价的50%补偿董某。

父母在子女婚后为子女出资购房时,如何更好地保护父母的合法权益?律师建议当事人结婚后,父母为双方购置房

241

屋出资时，可以和子女双方签订书面协议，明确约定该出资是父母赠与自己子女一方，属于其个人财产，以免日后发生纠纷。

146.父母在子女婚前为子女全款出资购房，子女离婚时如何分割？

▶ **情景再现**

2023年1月，李某父母为李某全款出资购买房产一套，房产证登记为李某单独所有。2023年12月，董某与李某结婚。2024年10月，董某与李某感情破裂，董某诉至法院要求与李某离婚，并分割李某父母为李某购买的房产。

律师说法

《最高人民法院关于适用〈中华人民共和国民法典〉婚姻家庭编的解释（一）》第二十九条第一款规定，"当事人结婚前，父母为双方购置房屋出资的，该出资应当认定为对自己子女个人的赠与，但父母明确表示赠与双方的除外"。

本案中，从双方争议房屋的购买时间及购房的资金来源分析，李某父母在李某婚前全款出资购买诉争房产并登记在李某个人名下，属于李某父母对李某个人的赠与，该房产为李某个人财产，故李某无须向董某支付房屋折价补偿款。

第六章
婚恋中的那些事儿

　　如果父母在子女婚前为子女支付首付款按揭购房，子女婚后用夫妻共同财产继续还贷，那么，婚后还贷的款项及其相应的增值部分属于夫妻共同财产，在离婚时应当予以分割。

147.婚后购买的保险，离婚时如何分割?

> 对了，我老婆给她和女儿买过几份保险，这个离婚时可以分割吧?

> 不能一概而论，要具体情况具体分析。

▶ 情景再现

　　董某和李某是夫妻。在婚姻关系存续期间，李某分别以女儿董某某和自己为被保险人投保了数份保险。后二人感情不和，李某诉至法院要求离婚，董某在离婚诉讼中要求分割李某为其及女儿购买的保险。

律师说法

最高人民法院《第八次全国法院民事商事审判工作会议(民事部分)纪要》第四条规定,"婚姻关系存续期间以夫妻共同财产投保,投保人和被保险人同为夫妻一方,离婚时处于保险期内,投保人不愿意继续投保的,保险人退还的保险单现金价值部分应按照夫妻共同财产处理;离婚时投保人选择继续投保的,投保人应当支付保险单现金价值的一半给另一方"。

本案中,李某购买的数份保险虽然是李某在与董某夫妻关系存续期间进行投保的,但部分保险的被保险人为二人婚生女董某某,上述保险均视为李某对董某某的赠与,保单直接归属于董某某,上述保险的现金价值不应予以分割。李某为自己投保的其他保险均存在现金价值,又因李某是在其与董某夫妻关系存续期间进行投保的,且被保险人均为李某本人,在双方对保险分割未约定的情形下,李某应将这部分保险的现金价值的一半支付给董某。

离婚时分割保险要满足下列条件:(1)保险购买于婚姻关系存续期间;(2)保费来源于夫妻共同财产;(3)投保人和被保险人同为夫妻一方;(4)离婚时需要仍处于保险期内。分割保险时,如果投保人同意退保的则直接分割现金价值;如果投保人不退保,则应按照保单的现金价值补偿另一方。

此外,最高人民法院《第八次全国法院民事商事审判工作会议（民事部分）纪要》第五条规定，"婚姻关系存续期间，夫妻一方作为被保险人依据意外伤害保险合同、健康保险合同获得的具有人身性质的保险金，或者夫妻一方作为受益人依据以死亡为给付条件的人寿保险合同获得的保险金，宜认定为个人财产，但双方另有约定的除外。婚姻关系存续期间，夫妻一方依据以生存到一定年龄为给付条件的具有现金价值的保险合同获得的保险金，宜认定为夫妻共同财产，但双方另有约定的除外"。也就是说，夫妻一方在婚内取得保险金时，如果该保险金属于一方因受到人身损害而获得的补偿，且具有人身性质的保险金，则应认定为个人财产；如果该保险金属于年金型、分红型保险等不具有人身性质的保险金，则应认定为夫妻共同财产予以分割。

148.婚前购买的房产在婚后产生的租金收益是否属于夫妻共同财产？

> **情景再现**
>
> 董某和李某于2018年登记结婚。李某婚前按揭购买了一套房屋，婚后每月偿还贷款。该房屋在李某婚后一直处于出租状态，由李某管理并收取租金。董某与李某于2021年协议离婚，但离婚时未处理完毕夫妻共同财产。后董某向法院提起婚后财产分割诉讼，要求分割李某婚前购买的房屋及其在二人婚后产生的租金收益。

律师说法

《最高人民法院关于适用〈中华人民共和国民法典〉婚姻家庭编的解释（一）》第二十五条规定，婚姻关系存续期间，下列财产属于《民法典》第一千零六十二条规定的"其他应当归共同所有的财产"：（1）一方以个人财产投资取得的收益；（2）男女双方实际取得或者应当取得的住房补贴、住房公积金；（3）男女双方实际取得或者应当取得的基本养老金、破产安置补偿费。第二十六条规定，"夫妻一方个人财产在婚后产生的收益，除孳息和自然增值外，应认定为夫妻共同财产"。根据该司法解释第三十一条的规定，夫妻一方的婚前个人财产，不因婚姻关系的延续而转化为夫妻共同财产。

在婚姻关系存续期间，对于夫妻一方将其婚前个人所有的房屋出租给他人的，获得的租金收益是否属于夫妻共同财产，实践中存在争议。有观点认为，房屋租金属于房屋的"孳息"，应属于个人财产；也有观点认为，房屋出租行为属于夫妻双方的生产经营行为，不属于法定孳息，从而将房屋租金认定为夫妻共同财产。

实践中，大多数观点倾向于认为房屋租金属于经营性收益，为夫妻共同财产，理由在于房屋租金的获得需要投入一定的精力和劳务，并且房屋出租方对于出租房屋负有相应的管理、维修等义务。出租房屋产生的租金收益属于经营性收益，而不属于房屋的自然增值部分。

本案中，案涉房产是李某婚前购买的，为李某个人财产，但婚后还贷部分应为夫妻共同财产，且该房屋自双方结婚起一直处于出租状态，租金收益亦为夫妻共同财产，法院依法进行了分割。

149.夫妻一方从己方父母借钱，能否认定为夫妻共同债务？

▶ 情景再现

董某与李某原为夫妻关系，二人于2019年7月登记结婚，于2024年6月协议离婚。2024年8月，董某的父亲董某某将董某与李某诉至法院，称二人于2020年购买房屋时董某曾向董某某借款15万元，至起诉时仍未归还，董某某要求董某与李某共同偿还上述借款。庭审中，董某认可其向董某某借款的事实，而李某则认为董某某与董某是父子关系，两人有恶意串通的嫌疑。

律师说法

《民法典》第一千零六十四条规定，"夫妻双方共同签名或者夫妻一方事后追认等共同意思表示所负的债务，以及夫妻一方在婚姻关系存续期间以个人名义为家庭日常生活需要所负的债务，属于夫妻共同债务。夫妻一方在婚姻关系存续期间以个人名义超出家庭日常生活需要所负的债务，不属于夫妻共同债务；但是，债权人能够证明该债务用于夫妻共同生活、共同生产经营或者基于夫妻双方共同意思表示的除外"。

夫妻共同债务主要表现为以下三种形式：（1）基于夫妻共同意思表示所负债务。即夫妻双方共同在借款合同上签字，或者有证据证明借款经过未签字一方的事前同意或者事后追认。（2）为家庭日常生活需要所负债务。一般包括正常的吃穿用度、子女抚养教育经费、老人赡养费、家庭成员的医疗费等。（3）超出日常家庭生活需要所负的大额借贷。该借贷原则上不属于夫妻共同债务，如果出借人主张属于夫妻共同债务，则应由出借人对于借款实际用于夫妻共同生活、共同生产经营或者基于双方共同的意思表示承担举证责任。

子女婚后以个人名义向父母借款的，需要审查借条上有无夫妻双方的签名或者另一方对借款进行追认，同时要看该款项是否用于家庭日常生活或者超出了家庭日常生活所需。实践中，应综合考虑借款发生时间、借款的金额及用途、债权人以及夫妻双方在借款时的经济能力等因素进行判断。如果夫妻一方以个人名义借款，但款项确实用于双方共同生活，则应当认定属于夫妻共同债务，由夫妻双方共同承担还款义务。

本案中，法院经审理认为，结合在案相关证据以及生活常识，董某某提出的其向董某出借15万元用于支付购房首付款的主张具有高度可信性，因董某与李某所购房屋是夫妻共同财产，该笔借款也应属于夫妻共同债务，故判决被告董某与李某共同偿还董某某借款15万元。

150.夫妻一方婚内举债,另一方同意偿还借款,能否认定为夫妻共同债务?

> 李小姐,您上次说您丈夫欠我的钱您会帮着还,什么时候还呢?

> 这笔账我记得,我会还的。

▶ 情景再现

2022年5月,王某出借给董某30万元,董某向王某出具借条一张,并约定借款期限为1个月,利息为1万元。因董某未按时还款,同年7月、8月,王某向董某妻子李某主张还款,李某表示该笔借款今后由她负责。8月15日,王某与李某沟通过程中,李某确认向王某承诺还款事宜,但并未实际还款。后王某将董某、李某诉至法院,要求董某与李某共同偿还其借款本金30万元、利息1万元以及逾期还款利息。

生活中的法律常识
——让你少吃亏的300个锦囊

律师说法

实践中,夫妻在借款时往往碍于情面或者出于其他考虑,只有夫妻一方出面签字,所借款项也是由债权人交付夫妻一方。这种情况下,如果未签字一方事后追认所负债务,或者债权人能够证明该债务用于债务人夫妻共同生活、共同生产经营或者基于双方共同意思表示,那么该债务仍然属于夫妻共同债务。

本案中,案涉债务发生在董某与李某婚姻关系存续期间,李某对债务情况明知,并作出明确的意思表示予以认可,同意用夫妻共同财产予以偿还。案涉债务是基于夫妻共同意思表示所负的债务,属于《民法典》第一千零六十四条规定的夫妻一方事后追认等共同意思表示所负的债务。

151. 夫妻一方婚内以个人名义举债,另一方有还款义务吗?

情景再现

董某与李某于2020年3月登记结婚,于2023年8月登记离婚。2021年1月,在董某与李某婚姻关系存续期间,王某通过银行转账和现金方式向董某支付59万元,董某作为借款人向王某出具借条一份。2024年2月,王某起诉董某要求还款,并要求李某对该债务承担连带责任。

第六章
婚恋中的那些事儿

律师说法

本案中,案涉借款发生在董某与李某婚姻关系存续期间,但李某并未在借条上签字,案涉款项也是由董某收取,故王某应当对案涉借款被用于董某与李某的夫妻共同生活或共同生产经营承担举证责任,否则应承担举证不能的后果。因王某未提供证据证明债务属于夫妻共同债务,故法院对王某要求李某承担连带责任的请求不予支持。

提醒注意,为避免上述争议的发生,出借人向夫妻一方出借款项的,应当要求夫妻双方在借款合同、借条等文书上签字。对于未在借条上签字但对借款事实全程知晓或参与的夫妻一方,应当及时保留夫妻双方对该借款均知晓并参与的证据。因债权人应当对该款项用于夫妻共同生活或共同生产经营承担举证责任,建议出借款项时在借款合同或借条中对资金用途予以确认。

举债一方的配偶也要明白,认定夫妻共同债务时需要满足"共债共签"的条件,包括签字、口头承诺、共同作出某种行为等。若举债时夫妻一方不知情,但有证据表明该方有追认行为,如该方以电话、短信、微信、邮件等方式追认债务,或者以自己名义还款等其他方式表明追认债务,则应认定构成夫妻共同借款的意思表示。

此外,民间借贷案件中还有这种情况:借款被转入债务人配偶一方账户或者夫妻共享银行卡。这种情况下,借款过账行为能否产生夫妻共同借款的合意,需要具体案件具体分析。提醒注意,为避免夫妻一方举债被认定为夫妻共同债务的风险,夫妻一方在对外举债时,应尽量使用自己开户的银行卡、账户。

152.夫妻一方婚内以个人名义举债后转借给他人并收取利息,另一方有还款义务吗?

情景再现

董某与李某是夫妻,董某以个人名义从王某处借款1900万元后,转借给案外人张某,从中收取了920万元利息差。后王某起诉要求董某与李某还款。

律师说法

夫妻一方婚内以个人名义举债,借款用于生产经营,所获收益用于夫妻共同生活,因此案涉债务应当认定为夫妻共同债务,夫妻双方应当共同承担还款义务。本案中,法院经审理认为,董某将借来的钱转借给第三方,从中赚取利息,该部分利息用于日常家庭生活。董某与李某对于其名下的车辆及多处房产也未提供合理证据证明二人有其他收入足以支持其购买车辆及多处房产。夫妻一方主要从事民间借贷赚取利息差的生意,董某虽以个人名义借贷了超出家庭日常开支所需的债务,但该行为属于赚取利差的投资经营行为,其获得的利息亦用于夫妻共同生活，故该债务属于夫妻共同债务。

153.离婚后发现还有夫妻共同财产未分割，怎么办?

情景再现

董某与李某结婚多年后因感情不和经法院判决准予离婚，在当时离婚诉讼的审理过程中，董某提供了自己的财产清单，但其中并无其开设的证券账户。婚姻关系存续期间，董某就对该部分财产的存在进行了隐瞒，导致李某一直毫不知情。双方离婚后，李某在其他案件的执行程序中查看董某的财产信息时发现该笔财产，遂诉至法院要求分割这部分财产，并主张因董某隐瞒了该部分财产，导致在离婚时未对该部分财产进行分割处理，董某应当少分甚至不分这部分财产。法院最终判决该财产由李某分得60%、董某分得40%。

律师说法

《民法典》第一千零九十二条规定，"夫妻一方隐藏、转移、变卖、毁损、挥霍夫妻共同财产，或者伪造夫妻共同债务企图侵占另一方财产的，在离婚分割夫妻共同财产时，对该方可以少分或者不分。离婚后，另一方发现有上述行为的，可以向人民法院提起诉讼，请求再次分割夫妻共同财产"。

《最高人民法院关于适用〈中华人民共和国民法典〉婚姻家庭编的解释(一)》第八十三条规定，"离婚后，一方以尚有夫妻共同财产未处理为由向人民法院起诉请求分割的，经审查该财产确属离婚时未涉及的夫妻共同财产，人民法院应当依法予以分割"。第八十四条规定，"当事人依据民法典第一千零九十二条的规定向人民法院提起诉讼，请求再次分割夫妻共同财产的诉讼时效期间为三年，从当事人发现之日起计算"。

夫妻关系存续期间，在没有特殊约定的情况下，双方对财产是共同共有的。夫妻共同财产如果在离婚时没有进行分割，不会因为时间的经过而改变性质，夫妻双方身份关系的解除，也不能使原属于两人共有的财产变更为一人所有。对于离婚时未分割的夫妻共同财产，任何一方都有权在离婚后诉请重新分割。

154.未经配偶同意，低价出卖共有房产有法律效力吗？

▶ 情景再现

董某与李某原为夫妻关系，2012年董某在婚姻关系存续期间购买了房屋一套。2018年下半年，董某告知李某欲将房屋租给杨某，虽遭到李某极力反对，但董某执意将房屋门卡、钥匙等交付杨某。2024年，李某与董某离婚，约定婚内购买的房屋归李某所有，剩余的房屋贷款由李某偿还。之后，李某向杨某提出收回房屋遭到杨某拒绝，此时李某才得知，2022年董某与杨某签订了房屋买卖合同，以远低于当时房屋市价的价格将房屋卖给杨某。李某认为，董某在签订房屋买卖合同时，该房屋是她与董某的夫妻共同财产，董某无权出售房屋。因双方协商未果，故李某将董某、杨某诉至法院。

律师说法

购买房屋无论是对出卖人而言还是对买受人而言，均属于重大事项。按照交易惯例，出卖人、买受人应当知悉买卖的房屋的市场价格。由此推定，本案中，董某在与杨某达成房屋买卖合意时知悉案涉房屋的市场交易价格。董某与杨某约定的房屋价格远远低于该房屋的市场交易价格，而该行为客观上对李某的利益造成了损害，因此法院认定董某与杨某构成恶意串通，损害了第三人利益。《民法典》第一百五十四条规定，"行为人与相对人恶意串通，损害他人合法权益的民事法律行为无效"。据此，法院最终判决董某与杨某于2022年签订的房屋买卖合同属于无效合同。

实践中，夫妻婚后共同出资购买的房产登记在一方名下，房产登记方未经另一方同意擅自出卖共有房产的情形时有发生。除出卖人与买受人恶意串通以及其他法律明确规定的无效情形外，房屋买卖合同有效，未办理物权登记并不影响合同效力。夫妻一方未经另一方同意，擅自将共有房产出卖给第三人的情形下，如果房屋买受人符合善意取得的条件即善意购买、支付合理对价并已办理不动产登记，则买受人取得房屋所有权，另一方可向擅自处分一方主张损害赔偿。如果房屋买受人不符合善意取得的条件，那么另一方可以向法院起诉追回房屋。

155.丈夫瞒着妻子多次向情人转账，妻子可以主张返还吗？

▶ 情景再现

董某与李某于2022年登记结婚，在婚姻关系存续期间，董某与王某相识并发展为婚外情关系。其间因王

第六章
婚恋中的那些事儿

某购房及装修等所需，董某多次以银行卡转账方式向王某汇款共计 100 余万元。2024 年，李某向法院起诉，请求确认董某将夫妻共同财产赠与王某的行为无效，并要求王某返还，法院经审理后支持了李某的诉讼请求。

律师说法

《民法典》第八条规定，"民事主体从事民事活动，不得违反法律，不得违背公序良俗"。本案中，在董某与王某发生婚外情期间，董某未经李某同意，擅自将属于夫妻共同财产的巨额资金提供给王某购房、装修等。上述款项是董某为维持与王某不正当关系而作出的赠与行为，该赠与行为不仅有违公序良俗原则，而且严重侵害了李某对夫妻共同财产所享有的所有权和处分权，故依法应当认定为无效。

《民法典》第一百五十七条规定，"民事法律行为无效、被撤销或者确定不发生效力后，行为人因该行为取得的财产，应当予以返还；不能返还或者没有必要返还的，应当折价补偿"。本案中的赠与行为因违反公序良俗而无效，王某因此取得的财产自然应当返还。

第五节　家庭和顺，有法可依

156.离婚后不直接抚养未成年子女的一方还有抚养义务吗？

> 他不给抚养费，我们都快揭不开锅了。

> 拒不抚养子女是违法的，去法院起诉他！

情景再现

孙某与彭某经人介绍认识后结婚，婚后育有一子彭某某，后因生活琐事及性格差异导致双方发生矛盾，夫妻感情破裂。彭某起诉要求离婚，婚生子由其抚养。法院判决准许二人离婚，婚生子由孙某抚养，自判决生效之日起彭某每月给付彭某某抚养费1000元，于每月20日前付清，至彭某某满 18 周岁止。判决生效后，彭某未按照判决指定的期间履行给付抚养费的义务。孙某诉至法院，要求彭某履行抚养费支付义务。

律师说法

《民法典》第二十七条第一款规定，"父母是未成年子女的监护人"。第三十七条规定，"依法负担被监护人抚养费、赡养费、扶养费的父母、子女、配偶等，被人民法院撤销监护人资格后，应当继续履行负担的义务"。第一千零八十四条第一款、第二款规定，"父母与子女间的关系，不因父母离婚而消除。离婚后，子女无论由父或者母直接抚养，仍是父母双方的子女。离婚后，父母对于子女仍有抚养、教育、保护的权利和义务"。

抚养未成年子女对父母而言是一种法定义务，这种关系是以血脉为纽带的，不因主客观条件的变化而发生变化。父母不能以离婚为由拒绝履行对未成年子女的抚养、教育、保护义务。

157.双方未办理结婚登记，对非婚生子女有抚养义务吗？

情景再现

陈某与梁某于2014年经人介绍建立恋爱关系，在未办理结婚登记的情况下，便以夫妻名义同居，并于

2016年11月生育陈某某。2019年3月，陈某与梁某因感情不和，自行解除同居关系。陈某某随陈某共同生活。2023年12月，陈某因与梁某就陈某某的抚养费支付事宜发生争议，诉至法院要求梁某支付抚养费。

律师说法

《民法典》第一千零七十一条规定，"非婚生子女享有与婚生子女同等的权利，任何组织或者个人不得加以危害和歧视。不直接抚养非婚生子女的生父或者生母，应当负担未成年子女或者不能独立生活的成年子女的抚养费"。

本案中，陈某与梁某未办理结婚登记手续，以夫妻名义同居生活，二人属于同居关系，不受法律保护。但根据法律规定，非婚生子女享有与婚生子女同等的权利，抚养未成年子女是父母的法定义务，不因父母双方是否缔结婚姻而改变。不直接抚养非婚生子女的生父或生母，应当负担子女的生活、教育等费用直至子女成年。

根据《最高人民法院关于适用〈中华人民共和国民法典〉婚姻家庭编的解释（一）》第四十九条的规定，抚养费的数额，可以根据子女的实际需要、父母双方的负担能力和当地的实际生活水平确定。有固定收入的，抚养费一般可以按其月总收入的20%—30%的比例给付。负担两个以上子女抚养费的，比例可以适当提高，但一般不得超过月总收入的50%。

无固定收入的，抚养费的数额可以依据当年总收入或者同行业平均收入，参照上述比例确定。

158.如何认定继父母与继子女之间形成扶养关系?

▶ 情景再现

1988年12月，孙某与陈某登记结婚，婚后孙某、陈某及其与前夫所生之子李某（时年2周岁）共同生活。1999年10月，孙某与陈某协议离婚，约定李某由其母亲陈某抚养，孙某不再承担抚养费。此后，孙某与陈某、李某不再往来。2023年6月，孙某去世，生前未留遗嘱，李某诉至法院，要求继承孙某的遗产。

律师说法

根据《民法典》第一千一百二十七条的规定，第一顺序继承人为配偶、子女、父母，其中，子女包括婚生子女、非婚生子女、养子女和有扶养关系的继子女。本案中，孙某生前未立遗嘱，其遗产应按法定继承处理。继父母与继子女间是否具有法定继承人资格，以是否存在扶养关系为判断标准。李某2周岁时，其生母陈某与孙某结婚，与孙某共同生活，形成事实上的继父子关系。后陈某与孙某协议离婚，13周岁的李某由陈某继续抚养，孙某不再承担抚养费。李某成年后也未对孙某尽过赡养义务。在此情形下，法院认为孙某不再继续抚养李某导致原已形成的抚养事实的终止，孙某与李某之间的继父子关系视为解除，李某对被继承人孙某的遗产不享有继承权。

159.对亲子关系有异议怎么办？

▶ 情景再现

董某与李某于2018年7月结婚，婚后育有一子董某某。董某某出生后，董某觉得董某某各方面与自己无相似之处，于是怀疑董某某并非自己的亲生儿子。2023年12月，董某向法院提起诉讼，请求否认自己与董某某的亲子关系。案件审理过程中，董某与董某某做了亲子鉴定，经鉴定董某某确实不是董某亲生的，法院最终判决确认董某与董某某之间不存在亲子关系。

律师说法

《民法典》第一千零七十三条规定，"对亲子关系有异议且有正当理由的，父或者母可以向人民法院提起诉讼，请求确认或者否认亲子关系。对亲子关系有异议且有正当理由的，成年子女可以向人民法院提起诉讼，请求确认亲子关系"。

由此可见，父、母、成年子女均有提起亲子关系确认之诉的权利，但亲子关系否认之诉的诉讼主体则只能是父或者母。无论是提起亲子关系确认之诉还是提起亲子关系否认之诉，诉讼主体均应当提供正当理由，避免滥用诉权。对于正当理由的认定标准，法律虽无具体规定，但实践中可以结合当事人的情感关系状况、家庭伦理、人文关怀以及社会价值取向等因素综合考虑。此类纠纷中，需要进行亲子鉴定才能确定身份关系的，当事人提交给司法鉴定机构的检材一定要真实且来源合法。

160.祖孙之间有抚养、赡养义务吗？

> 孩子的生活花销这么多，我们的养老金都不够用了，你们做父母的一点钱都不出？

▷ 情景再现

王某与李某是王某某的外祖父母，因王某某父母长期在外打工，自王某某1周岁起便与外祖父母王某和李某共同生活。其间，王某和李某垫付王某某成长需要的生活费、教育费、医疗费等各项费用，且垫付后均要求王某某父母支付，但王某某父母一直未支付。后王某与李某将王某某父母诉至法院，要求其履行抚养费给付义务。

> **律师说法**

《民法典》第一千零七十四条规定,"有负担能力的祖父母、外祖父母,对于父母已经死亡或者父母无力抚养的未成年孙子女、外孙子女,有抚养的义务。有负担能力的孙子女、外孙子女,对于子女已经死亡或者子女无力赡养的祖父母、外祖父母,有赡养的义务"。

祖父母、外祖父母对孙子女、外孙子女履行抚养义务是有条件的,包括:(1)孙子女、外孙子女为未成年人;(2)孙子女、外孙子女的父母已经死亡或无抚养能力;(3)祖父母、外祖父母有负担能力。与之相对应,孙子女、外孙子女对祖父母、外祖父母承担赡养义务也是有条件的,包括:(1)祖父母、外祖父母需要赡养;(2)祖父母、外祖父母的子女已经死亡或子女无赡养能力;(3)孙子女、外孙子女有负担能力。

本案中,虽然王某某一直由外祖父母王某与李某抚养,但也不能改变其父母应负的法定抚养义务。王某某父母健在且有抚养能力,王某与李某在女儿、女婿的同意下代为抚养外孙子女,其代为行使抚养义务支出费用后,有权向负有法定抚养义务的王某某父母追偿。

现实生活中,普遍存在祖父母、外祖父母帮忙带孩子的情形。如果不存在其他的特殊情况,父母外出打工不能构成父母无力抚养子女的条件,这种情形下,祖父母、外祖父母对孙子女、外孙子女进行照顾,是出于道义和亲情,父母仍应依照法律规定，对子女履行抚养、教育和保护义务。

161.离婚后，子女长期由其祖父母抚养，生父母的抚养义务可以免除吗？

> ▶ 情景再现
>
> 董某某是董某与李某的孙女，于2016年10月出生。董某某父母在其1周岁时协议离婚，离婚后董某某就由董某与李某实际抚养，董某某父母对其不管不顾。董某某父母离婚后各自再婚，且均生育孩子。2023年，李某因病去世，董某一人无力抚养董某某，遂要求董某某父亲抚养，遭拒绝后诉至法院。

律师说法

《民法典》第一千零七十四条第一款规定，"有负担能力的祖父母、外祖父母，对于父母已经死亡或者父母无力抚养的未成年孙子女、外孙子女，有抚养的义务"。第一千零八十四条第一款规定，"父母与子女间的关系，不因父母离婚而消除。离婚后，子女无论由父或者母直接抚养，仍是父母双方的子女"。

本案中，董某、李某与董某某是祖孙关系，祖父母对孙子女在通常情况下并不具有法定的抚养义务。在董某某父母健在且有抚养能力的情况下，董某、李某对董某某并不具有抚养义务。虽然董某某长期由董某与李某抚养,但不能因此免除董某某父母的法定抚养义务。

抚养并不仅指在物质上的养育,更反映在生活上给予精心的照料和力所能及的帮助。父母应对子女进行全面的教育培养,帮助子女树立正确的人生观,培养良好的品德。祖父母、外祖父母对孙子女、外孙子女的照顾仅能作为父母抚养子女的帮助,而不能替代父母对子女的抚养、教育,更不能免除父母的抚养义务。

162.成年的弟、妹对兄、姐有扶养义务吗?

情景再现

刘甲与刘乙是亲兄弟,两人相差20岁。兄弟二人的母亲在生产刘乙的过程中难产去世。不久后,兄弟二人的父亲也因悲伤过度去世。刘甲遂与其妻子一起扶养刘乙,直至刘乙成年。后刘甲一家在外出游玩时,不幸发生交通事故,除刘甲外,其他人全部去世,刘甲也落下终身残疾,失去劳动能力。这种情况下,刘乙有扶养刘甲的义务吗?

律师说法

《民法典》第一千零七十五条规定,"有负担能力的兄、姐,对于父母已经死亡或者父母无力抚养的未成年弟、妹,有扶养的义务。由兄、姐扶养长大的有负担能力的弟、妹，对于缺乏劳动能力又缺乏生活来源的兄、姐，有扶养的义务"。

兄、姐扶养弟、妹是有条件的，包括：（1）兄、姐有负担能力。如果兄、姐自身生活难以维系，或者仅能够保障自己的基本生活需要，那么他们对弟、妹就不负有法定的扶养义务。（2）父母已经死亡或者父母无抚养能力。如果父母有抚养能力，兄、姐对弟、妹就不负有法定的扶养义务。（3）弟、妹尚未成年。如果弟、妹已经年满18周岁，即使不能自食其力，兄、姐也没有扶养义务。与之相对应，弟、妹扶养兄、姐也是有条件的，包括：（1）弟、妹由兄、姐扶养长大；（2）弟、妹有负担能力；（3）兄、姐缺乏劳动能力和生活来源。

本案中，刘乙从出生开始因父母去世便由其兄刘甲扶养，直至成年。现刘甲丧失劳动能力，孤苦伶仃，刘乙应承担起扶养刘甲的义务。

163.具有完全民事行为能力的成年人可以指定监护人吗？

▷ 情景再现

董某与李某于2003年登记结婚，婚后育有一对儿女。2023年，因感情长期不和，董某与李某协议离婚。儿女将董某与李某离婚全部归责于董某，因此拒绝与董某往来。董某对于亲情也心灰意冷，想到如果自己

> 将来出现意外情况,需要有人协助、帮助自己,便想趁自己意识清楚时,选择一个信得过的人,在自己丧失或部分丧失民事行为能力时,负责生活照管、医疗救治、财产管理、维权诉讼和死亡丧葬等各项事务,依法履行监护职责。

律师说法

《民法典》第三十三条规定,"具有完全民事行为能力的成年人,可以与其近亲属、其他愿意担任监护人的个人或者组织事先协商,以书面形式确定自己的监护人,在自己丧失或者部分丧失民事行为能力时,由该监护人履行监护职责"。上述规定就是《民法典》的意定监护制度,完全民事行为能力人可以指定一个自己信任的人或者组织作为自己失能后的监护人,照顾自己的生活,处置自己的财产和行使权利等。

设立意定监护,应签署明确的书面协议,确定意定监护人。签订意定监护协议应注意以下几个方面:(1)主要内容应包括生活照料、财产保管、医疗救治和委托代理等事项;(2)意定监护协议既可以是单向的,也可以双向的,即协议当事人可以互为对方的监护人;(3)监护人既可以为1人,也可以为多人;(4)意定监护可以撤销,除法定撤销条件外,还可以在意定监护协议中约定撤销条件;(5)意定监护

第六章
婚恋中的那些事儿

协议经当事人依法签订即生效，无须公证，但为避免协议执行时产生争议，可考虑由专业人士起草后到公证处办理公证。意定监护协议的约定事项远不止上述已列内容，拟定协议时应当周全考虑，避免因意定监护协议内容不明而引发道德风险。

164.监护人侵害被监护人权益的，可以撤销其监护人资格吗？

> 阿姨救救我，我妈天天打我！

> 别害怕，我们会帮你的！

村民委员会

▶ 情景再现

林某与张某结婚后生育张某某，在张某某9周岁时，张某因意外去世，从此林某性情大变，生活中稍有不顺心便打骂、折磨张某某。2021年至2023年，林某多次使用棍棒殴打并用利刃割伤张某某，镇政府、村委

269

会干部及派出所民警多次对林某进行批评教育，林某仍不悔改。2024年1月，林某使用竹片拍打张某某，导致张某某昏厥。村民委员会以林某对张某某的虐待行为已严重侵害张某某的身心健康为由，向法院请求依法撤销林某对张某某的监护人资格，指定村民委员会作为张某某的监护人。法院在审理期间征求了张某某本人的意见，其表示不愿再与林某共同生活。法院遂判决撤销林某对张某某的监护人资格，指定村委会担任张某某的监护人。

律师说法

《未成年人保护法》第一百零八条规定，"未成年人的父母或者其他监护人不依法履行监护职责或者严重侵犯被监护的未成年人合法权益的，人民法院可以根据有关人员或者有关单位的申请，依法作出人身安全保护令或者撤销监护人资格。被撤销监护资格的父母或者其他监护人应当依法继续负担抚养费用"。

《民法典》第三十六条规定，监护人有下列情形之一的，人民法院根据有关个人或者组织的申请，撤销其监护人资格，安排必要的临时监护措施，并按照最有利于被监护人的原则依法指定监护人：（1）实施严重损害被监护人身心健康的行为；（2）怠于履行监护职责，或者无法履行监护职责且拒绝将监护职责部分或者全部委托给他人，导致被监护人处于危困状态；（3）实施严重侵害被监护人合法权益的其他行为。本条规定的有关个人、组织包括：其他依法具有监护资格的人、居民委员会、村民委员会、学校、医疗机构、妇女联合会、残疾人联合会、未成年人保护组织、依法设立的老年人组织、民政部门等。前述规定的个人和民政部门以外的组织未及时向人民法院申请撤销监护人资格的，民政部门应当向人民法院申请。

撤销父母监护权是国家保护未成年人合法权益的一项重要制度。父母是未成年子女的监护人，对未成年子女负有抚养、教育和保护的义务，应当依法履行监护职责，保护未成年子女的身心健康。若父母不履行监护职责，甚至对子女实施虐待、伤害或者其他严重侵害行为，继续让其担任监护人将严重危害子女的身心健康。在父母严重侵害未成年子女合法权益时，法律赋予了有关个人及组织申请撤销父母监护人资格的权利。

165.父母有权拒绝成年子女"啃老"吗？

▶情景再现

董某某是董某、李某夫妇的儿子，董某某自出生后便一直随父母生活。董某某成年后，好吃懒做，不思进取，沉迷买彩票，幻想一夜暴富。董某、李某夫妇与董某某之间的矛盾越来越多，遂要求董某某搬出去住。董某某以自己出生以来一直与父母在一起居住生活，双方形成事实上的共同居住关系，对案涉房屋享有居住权为由不予搬离。董某与李某无奈之下，诉至法院要求董某某搬出该房屋。

律师说法

《民法典》第二十六条规定，"父母对未成年子女负有抚养、教育和保护的义务。成年子女对父母负有赡养、扶助和保护的义务"。对于有劳动能力的成年子女，父母不再负担抚养义务。如果父母自愿向成年子女提供物质帮助，这是父母自愿处分自己财产的权利；如果父母不愿意或者没有能力向成年子女提供物质帮助，子女强行"啃老"，就侵害了父母的民事权利，父母有权拒绝。

本案中，董某某成年后具有完全民事行为能力和劳动能力，在本应奋斗的年纪却选择好吃懒做，董某与李某虽为董某某父母，但其对成年的董某某已没有法定抚养义务。案涉房屋是董某与李某的夫妻共同财产，二人有权决定如何使用和处分该房屋，他人无权干涉。董某某虽然自出生就与其父母共同生活，但并不因此就当然享有案涉房屋的居住权，其无权要求继续居住在父母所有的房屋中。

第六章 婚恋中的那些事儿

166.子女未尽赡养义务，父母能否将遗产赠与别人？

▶ 情景再现

戴某与蔡某于1995年登记结婚，婚后育有一子戴某某。2021年，蔡某因意外去世，戴某的身体每况愈下，甚至需要长期住院调理。戴某住院期间，戴某某从未去医院探视，也未以其他方式表示关心。戴某出院后，要求戴某某支付部分医药费，遭到戴某某拒绝；要求戴某某来探望自己，也遭到拒绝。戴某心灰意冷，遂与自己的外甥张某订立遗赠扶养协议，其中约定由张某照顾自己的日常生活，负责自己生老病死；作为回报，戴某死后，其房产由张某继承。2023年，戴某病情恶化去世，张某按照协议约定负责料理戴某的后事。后戴某某与张某因房产继承事项发生争议，戴某某将张某诉至法院，请求继承戴某名下房产。

律师说法

《民法典》第一千一百五十八条规定，"自然人可以与继承人以外的组织或者个人签订遗赠扶养协议。按照协议，该组织或者个人承担该自然人生养死葬的义务，享有受遗赠的权利"。

本案中，戴某与张某签订的遗赠扶养协议，是双方的真实意思表示，合法有效。张某在戴某生前对其尽了照顾义务，在戴某死后也为其处理了殡葬等事宜，张某有权依据协议约定取得戴某名下房屋。

《民法典》第一千一百二十三条规定，"继承开始后，按照法定继承办理；有遗嘱的，按照遗嘱继承或者遗赠办理；有遗赠扶养协议的，按照协议办理"。因此，遗赠扶养协议的效力优先于遗嘱继承，遗嘱继承的效力优先于法定继承。本案中，虽然戴某某属于法定继承中的第一顺序继承人，但是戴某名下的房产应按照遗赠扶养协议由张某取得。

167.子女之间约定了履行赡养义务的分工方式，父母可以向任一子女主张赡养费吗？

第六章
婚恋中的那些事儿

▶ 情景再现

王某与秦某婚后生育儿子秦甲、女儿秦乙,两子女均已成家。2019年秦某去世后,王某便独自生活。2024年,因王某年老体衰,两子女不履行赡养义务,住院治疗又花费大额医药费,遂诉至法院,要求秦甲、秦乙履行赡养义务。诉讼中,秦甲认为父亲在世时,其与秦乙曾约定父亲和母亲的赡养以及其二人去世后事的操办由兄妹二人各负责一个。秦甲已经依约承担了赡养父亲的责任并料理完父亲的后事,按照约定,母亲的赡养及后事的料理均应由秦乙承担,其不应再承担每月向母亲王某给付赡养费的义务。

律师说法

《民法典》第一千零六十七条第二款规定,"成年子女不履行赡养义务的,缺乏劳动能力或者生活困难的父母,有要求成年子女给付赡养费的权利"。赡养父母,使父母老有所养、老有所依是中华民族的传统美德,更是子女的法定义务。父母有多个成年子女的,法律允许成年子女间就对父母进行赡养的内容、方式、分工等进行具体约定达成相关协议,但是该赡养协议必须经过父母的同意,并且不能侵害父母的合法权益。子女之间经父母同意签订赡养协议后,如果客观条件发生变化,如父母患病需要大额医疗费,或者当事人双方经济条件发生重大变化、物价出现较大变化等，父母仍有权重新向子女主张给付赡养费。

　　本案中，王某已是高龄老人，生活不能自理，需要专人照顾，虽然秦甲与秦乙曾协商过二人各自负责父母的生养死葬，但是兄妹二人之间的赡养协议并不影响王某行使重新向子女主张给付赡养费的权利，故秦甲应当对王某履行赡养义务。法院最终判决秦甲、秦乙每月向王某支付赡养费，王某因病住院产生的医疗费用由秦甲、秦乙平均分担。

第七章

遗产继承的规则

第七章
遗产继承的规则

168.法定继承人的范围和顺序是怎样的?

▶情景再现

袁某与孙某于1984年结婚,婚后育有一子孙某某,收养一女袁某某。自2009年孙某患病后生活不能自理开始,直到2024年去世均由袁某照料。孙某某因犯罪长期服刑,袁某某大学毕业后到外地工作、定居,二人在孙某患病期间仅探望过几次。孙某去世后,袁某某便诉至法院要求分割遗产。

律师说法

根据《民法典》第一千一百二十七条的规定,遗产按照下列顺序继承:(1)第一顺序为配偶、子女、父母;(2)第二顺序为兄弟姐妹、祖父母、外祖父母。继承开始后,由第一顺序继承人继承,第二顺序继承人不继承;没有第一顺序继承人继承的,由第二顺序继承人继承。其中,子女包括婚生子女、非婚生子女、养子女和有扶养关系的继子女。父母包括生父母、养父母和有扶养关系的继父母。兄弟姐妹包括同父母的兄弟姐妹、同父异母或者同母异父的兄弟姐妹、养兄弟姐妹、有扶养关系的继兄弟姐妹。

法定继承,是指由法律直接规定继承人的范围、继承的先后顺序以及遗产分配原则的一种继承方式,具有法定性和强行性。法定继承人的范围，是指在适用法定继承方式时，哪些人能够作为被继承人遗产的继承人。法定继承人的范围是由法律直接规定的，而不是由被继承人生前决定的。法定继承人的继承顺序，是指继承开始后，各个法定继承人继承遗产的先后次序。

《民法典》将六类法定继承人划分为两种继承顺序，第一顺序为配偶、子女和父母，第二顺序为兄弟姐妹、祖父母、外祖父母。继承人应严格按照继承顺序继承。同一顺序内，各继承人的继承权平等。不同顺序的继承人不能同时继承，当被继承人有第一顺序继承人时，先由第一顺序继承人继承，没有第一顺序继承人或者第一顺序继承人全部放弃或丧失继承权时，第二顺序继承人方能继承。

本案中，袁某是孙某的配偶，孙某某是孙某的婚生子，袁某某是孙某的养子，三人都是孙某的第一顺序法定继承人。袁某在孙某患病期间与其共同生活，对孙某尽了主要扶养义务，可以多分遗产。而孙某某、袁某某很少照料孙某，应当少分遗产。

第七章
遗产继承的规则

169.法定继承人对是否接受继承不明确表态，有什么法律后果？

> 这是爸生前的房产，你不能独吞！

> 谁让你当时不表态的，你已经放弃继承权了。

▶情景再现

王某与陈某婚后生育子女王甲、王乙，陈某去世后，王某购买房屋一套，产权人为王某。后王某去世，王乙将房屋产权人变更为自己。王甲认为其对王某名下的房屋也享有继承权，遂诉至法院。王乙则认为，父亲去世时，王甲对遗产的分配没有表态，说明王甲已经放弃继承。

281

律师说法

《民法典》第一千一百二十四条规定，"继承开始后，继承人放弃继承的，应当在遗产处理前，以书面形式作出放弃继承的表示；没有表示的，视为接受继承。受遗赠人应当在知道受遗赠后六十日内，作出接受或者放弃受遗赠的表示；到期没有表示的，视为放弃受遗赠"。

对继承人而言，法律规定应以书面形式作出放弃表示，否则就视为接受继承；对受遗赠人而言，自知道受遗赠之日起60日内没有表示接受的，就视为放弃受遗赠。法律对继承人和受遗赠人接受或放弃继承作出不同的规定，更加有利于对继承人权利的保护。

本案中，王某去世时，继承开始。王甲在继承开始后，并没有作出书面的放弃继承的表示，应当视为接受继承。因此，王甲、王乙应共同继承王某的房屋。

170.什么情况下，继承人会丧失继承权？

情景再现

叶某与王某是夫妻，婚后生育三名子女。2022年，叶某去世，未留遗嘱。叶某名下有两套房屋。2023年，王某与大女儿王甲伪造公证书，虚构其他继承人放弃继承的事实，将两套房屋分别过户至王某与王甲名下，后

第七章
遗产继承的规则

> 王某与王甲将上述房屋出售，售房款均在王甲名下。2024年，王乙、王丙因继承遗产事项发生争议诉至法院，主张二人系因王某和王甲伪造公证书而丧失继承权。

律师说法

《民法典》第一千一百二十五条规定，继承人有下列行为之一的，丧失继承权：（1）故意杀害被继承人；（2）为争夺遗产而杀害其他继承人；（3）遗弃被继承人，或者虐待被继承人情节严重；（4）伪造、篡改、隐匿或者销毁遗嘱，情节严重；（5）以欺诈、胁迫手段迫使或者妨碍被继承人设立、变更或者撤回遗嘱，情节严重。继承人有前述第三项至第五项行为，确有悔改表现，被继承人表示宽恕或者事后在遗嘱中将其列为继承人的，该继承人不丧失继承权。受遗赠人有前述五项行为的，丧失受遗赠权。

故意杀害被继承人和为争夺遗产而杀害其他继承人两种行为将导致继承权的绝对丧失。与前两种行为比较，后三种行为的社会危害性和人身危险性相对较小，所以法律规定这三种行为导致的继承权的丧失可以逆转。如果继承人确有悔改表现，被继承人又表示宽恕或者事后在遗嘱中将其列为继承人，那么可不确认其继承权丧失。

继承权的丧失，不仅适用于法定继承，也同样适用于遗嘱

283

继承,只要继承人有以上行为之一,无论是法定继承人还是遗嘱继承人,都将丧失继承权。自然人的继承权受法律的保护,不能随意剥夺,因此继承人丧失继承权必须符合《民法典》第一千一百二十五条的规定。丧失继承权并非意味着继承人从此失去对所有被继承人的继承权,而是仅仅丧失了对特定继承人的继承权。

本案中,王某与王甲的行为不属于伪造遗嘱,不是法定的导致丧失继承权的行为,二人的继承权不应被剥夺,但应受到惩罚,因此法院最终判决减少二人对遗产的继承份额。

171.法定继承、遗嘱继承、遗赠扶养协议发生冲突时怎么办?

情景再现

赵某年过七旬,身体每况愈下。2015年,赵某与外甥李某签订了一份遗赠扶养协议,协议约定:赵某作为遗赠人将自己名下的两套房屋赠与李某;李某承担赵某日后的医疗费、丧葬费等全部费用,每月给付赵某300元的生活费;若受遗赠人不履行本协议约定的内容,则不再享有遗赠份额。2017年,赵某在两名无利害关系的见证人的见证下,订立了代书遗嘱,将遗赠扶养协议中约定的房产全部由儿子赵某某继承,之前签订的所有涉及该房产的协议均失效。李某毫不知情,仍承担了赵某

第七章
遗产继承的规则

的生养死葬事项。2023 年，赵某去世，因继承事项，李某与赵某某发生争议诉至法院。

律师说法

《民法典》第一千一百二十三条规定，"继承开始后，按照法定继承办理；有遗嘱的，按照遗嘱继承或者遗赠办理；有遗赠扶养协议的，按照协议办理"。《最高人民法院关于适用〈中华人民共和国民法典〉继承编的解释（一）》第三条规定，"被继承人生前与他人订有遗赠扶养协议，同时又立有遗嘱的，继承开始后，如果遗赠扶养协议与遗嘱没有抵触，遗产分别按协议和遗嘱处理；如果有抵触，按协议处理，与协议抵触的遗嘱全部或者部分无效"。

遗赠扶养协议是双务有偿合同，而法定继承、遗嘱继承是无偿取得遗产，因此法律规定了三者并存时的遗产分配顺序：先执行遗赠扶养协议，再执行遗嘱，最后执行法定继承。本案中，赵某与李某签订了遗赠扶养协议，李某按照约定承担了赵某生前的医疗费、生活费，以及死后的丧葬费等全部费用，其享有受遗赠的权利。虽然赵某后来订立的遗嘱与遗赠扶养协议有冲突，但是按照遗赠扶养协议优先的原则，应当认定遗赠扶养协议有效，因此李某应当按照协议取得赵某的房产。

172.如果解除遗赠扶养协议，扶养人能否追回已经支付的费用？

> 我要解除这份遗赠扶养协议！

> 那您把我之前照顾您的花销都还给我！

▶ 情景再现

杨某独居未婚，为解决养老问题，杨某与侄女董某签订遗赠扶养协议，约定由董某照顾杨某的日常起居，为其养老送终，待杨某百年之后，杨某名下所有财产均由董某继承。协议签订后不久，杨某患病住院，董某按照协议约定对其进行了照顾。后双方发生矛盾，杨某便要解除与董某签订的遗赠扶养协议书，董某同意解除，但要求杨某返还其照顾杨某期间产生的花销。

第七章
遗产继承的规则

律师说法

《最高人民法院关于适用〈中华人民共和国民法典〉继承编的解释（一）》第四十条规定，"继承人以外的组织或者个人与自然人签订遗赠扶养协议后，无正当理由不履行，导致协议解除的，不能享有受遗赠的权利，其支付的供养费用一般不予补偿；遗赠人无正当理由不履行，导致协议解除的，则应当偿还继承人以外的组织或者个人已支付的供养费用"。

本案中，董某作为受遗赠人，已经按照协议的约定履行扶养义务，为此付出了一定的时间和金钱，杨某作为遗赠人，其在解除协议时应当偿还董某已经支付的供养费用。

法律鼓励和保护公民之间以自愿为原则，以遗赠和扶养为内容，以双方财产性、道义性为目的签订遗赠扶养协议，并依法按约履行。在履行遗赠扶养协议过程中，双方往往会产生一定的分歧。若分歧不可调和，则遗赠扶养协议的解除，不仅要考虑老人的养老问题，尊重老人的真实意愿，还要保护依约履行扶养义务的受遗赠人。在解除遗赠扶养协议后，对于扶养方已支付的扶养费用等遗赠人应进行偿还。

173. 父母子女在同一起事故中死亡，其遗产应如何继承？

> **情景再现**
>
> 董某与李某是夫妻关系，育有子女董某某与李某某，子女二人均未婚。董某、李某、董某某驾车外出游玩时发生交通事故去世，无法确认董某、李某、董某某的死亡先后顺序。董某70岁，李某75岁，双方父母、祖父母、外祖父母均已去世，李某有一妹妹。董某、李某以及董某某的遗产应如何分配？

律师说法

《民法典》第一千一百二十一条第二款规定，"相互有继承关系的数人在同一事件中死亡，难以确定死亡时间的，推定没有其他继承人的人先死亡。都有其他继承人，辈份不同的，推定长辈先死亡；辈份相同的，推定同时死亡，相互不发生继承"。"没有其他继承人"中的"继承人"不应单纯地理解为第一顺序继承人，而是包含第一顺序和第二顺序继承人的所有继承人，而"其他"二字，排除在同一事件中死亡的相互有继承关系的人这一继承人范围。

本案中，应先确认董某、李某以及董某某各自是否有继承人，再确认遗产如何继承。董某、李某以及董某某除交通事故中去世的继承人外,均有其他继承人;在都有其他继承人的情况下,推定长辈也就是董某与李某先死亡,董某与李某的遗产由第一顺序继承人董某某与李某某继承;因董某某在交通事故中也去世了,故董某某的遗产由其妹妹李某某继承。

174.腹中胎儿可以继承遗产和接受赠与吗?

▶情景再现

董某与李某长期不孕不育,后经中医治疗李某顺利怀孕。董某父母听到消息后十分高兴,当即决定将价值1000万元的房产赠与未出生的孩子,董某与李某高兴之余疑惑未出生的孩子能否接受赠与。

律师说法

《民法典》第十六条规定,"涉及遗产继承、接受赠与等胎儿利益保护的,胎儿视为具有民事权利能力。但是,胎儿娩出时为死体的,其民事权利能力自始不存在"。第一千一百五十五条规定,"遗产分割时,应当保留胎儿的继承份额。胎儿娩出时是死体的,保留的份额按照法定继承办理"。

分割遗产时应当保留胎儿的继承份额,从而在一定程度上保障胎儿出生后的成长能够获得充足的物质条件。如果胎儿与母体分离时是死体,则胎儿从始至终没有继承遗产、接受赠与等纯获利益的民事权利能力。

本案中，董某父母将价值1000万元的房产赠与李某腹中的胎儿，对胎儿来说属于纯粹获得利益的行为，胎儿视为具有民事行为能力，由其法定代理人代理接受赠与。董某与李某同意接受赠与，根据《民法典》第十六条的规定，如果将来胎儿顺利出生，那么该房产属于其所有；但如果胎儿娩出时是死体，则这一赠与行为自始不成立，房产仍然归董某父母所有。根据《民法典》第一千一百五十五条的规定，若董某在李某怀孕期间不幸去世，那么李某也可以要求为腹中胎儿保留针对董某遗产的继承份额。

175. 母亲先于外祖父去世，外祖父去世后，外孙子女有权继承外祖父的遗产吗？

情景再现

任某是一名高级工程师，有一子一女。某日，任某的女儿任甲因车祸身亡，留下一个女儿李某。后任某因伤心过度去世，留下了8万元存款。任某的儿子任乙将其父亲的遗产全部拿走，任甲的女儿李某认为自己也有继承权，于是诉至法院，要求继承外祖父的遗产，法院最终支持了她的诉讼请求。

律师说法

《民法典》第一千一百二十八条规定，"被继承人的子女先于被继承人死亡的,由被继承人的子女的直系晚辈血亲代位继承。被继承人的兄弟姐妹先于被继承人死亡的,由被继承人的兄弟姐妹的子女代位继承。代位继承人一般只能继承被代位继承人有权继承的遗产份额"。

代位继承是指法定继承中被继承人的子女或兄弟姐妹(被代位人)先于被继承人死亡时,由被继承人子女的晚辈直系血亲代位继承其应继承的份额。关于代位继承,要注意以下两点:

(1)养子女、形成扶养关系的继子女与亲生子女的继承权相同。被继承人的子女,包括被继承人的养子女以及形成扶养关系的继子女;被继承人子女的晚辈直系血亲,包括被继承人子女的晚辈直系拟制血亲。因此,被继承人的养子女或与被继承人已形成扶养关系的继子女的生子女,被继承人亲生子女的养子女,被继承人养子女的养子女,与被继承人已形成扶养关系的继子女的养子女等都可以代位继承。

(2)代位继承的前提是被代位人存在有效的法定继承权。如果被继承人的子女或兄弟姐妹(被代位人)丧失继承权,则其晚辈直系血亲亦无代位继承权。

生活中的法律常识
——让你少吃亏的300个锦囊

176. 儿媳对公婆有继承权吗?

> 老张去世后,我一个人照顾爸妈这么多年,爸妈一定不想赶我走。

> 嫂子,我和姐姐们不是欺负您,我们亲爸妈的房子当然是我们姐妹的。

▶ 情景再现

张某与李某育有一子、四女。2012年,张某与李某的儿子张某某因意外不幸去世,留下妻子王某和女儿张小某。此后张某与李某一直与儿媳王某和孙女张小某共同生活,居住在张某与李某的房屋内。2024年,张某与李某相继去世,其四个女儿认为该房产应由四人平分,要求王某及其女儿搬离该房屋。王某则主张她在张某与李某生前尽了主要赡养义务,也有权继承遗产。

292

第七章
遗产继承的规则

律师说法

儿媳在一般情况下并不是公婆的法定继承人,但是《民法典》第一千一百二十九条规定,"丧偶儿媳对公婆,丧偶女婿对岳父母,尽了主要赡养义务的,作为第一顺序继承人"。

本案中,如果王某能够提供证据证明自己确实对公婆履行了主要赡养义务,那么应被视为第一顺序继承人之一,有权继承公婆的遗产。

《最高人民法院关于适用〈中华人民共和国民法典〉继承编的解释(一)》第十九条规定,"对被继承人生活提供了主要经济来源,或者在劳务等方面给予了主要扶助的,应当认定其尽了主要赡养义务或主要扶养义务"。通常情况下,赡养义务包括提供经济支持、照顾生活起居、照料健康等方面的责任。对于王某的主张,她需要提供相关证据,如经济贡献的记录、家庭支出的支付凭证、照料公婆生活的其他证据等,以证明自己在公婆生前确实承担了主要赡养义务。

177.多个继承人继承遗产应如何分配?

情景再现

王某在家排行老二,上有大哥,下有小妹。兄妹长大成人后,均在外定居,仅王某一直陪伴在父母身边,照顾父母。2024年,父母相继去世后,王某收到大哥的起诉状,要求分配父母的遗产,王某无奈应诉。

律师说法

《民法典》第一千一百三十条规定,"同一顺序继承人继承遗产的份额,一般应当均等。对生活有特殊困难又缺乏劳动能力的继承人,分配遗产时,应当予以照顾。对被继承人尽了主要扶养义务或者与被继承人共同生活的继承人,分配遗产时,可以多分。有扶养能力和有扶养条件的继承人,不尽扶养义务的,分配遗产时,应当不分或者少分。继承人协商同意的,也可以不均等"。

《最高人民法院关于适用〈中华人民共和国民法典〉继承编的解释(一)》第十九条规定,"对被继承人生活提供了主要经济来源,或者在劳务等方面给予了主要扶助的,应当认定其尽了主要赡养义务或主要扶养义务"。

法定继承纠纷中,判断继承人是否对老年人尽了主要赡养义务或主要扶养义务可从对经济上供养、生活上照料和精神上慰藉等方面进行综合认定,并根据多个继承人各自的行为认定谁对被继承人的扶养较多。

本案中,王某长期与父母一起生活,照顾父母的生活起居,其对父母尽了主要赡养义务,故在分割遗产时可以多分。

第七章
遗产继承的规则

178.对被继承人生前照顾较多的继承人以外的人，可以分遗产吗？

情景再现

王某与李某是几十年的好友。2012年，李某爱人去世后，李某居住在养老院，其独生子李某某定居国外。李某住在养老院期间，王某不仅每周多次去探望李某，陪他聊天解闷，购买日常用品，还会在经济上给予李某资助。2024年，李某去世，李某某这才回国为父亲料理后事。在继承遗产问题上，王某和李某某发生争执。

律师说法

《民法典》第一千一百三十一条规定，"对继承人以外的依靠被继承人扶养的人，或者继承人以外的对被继承人扶养较多的人，可以分给适当的遗产"。

该条规定的酌情分得遗产权的适用规则如下：（1）适用对象为继承人以外的人；（2）继承人以外的人必须依靠被继承人扶养，或者对被继承人扶养较多；（3）扶养关系包括长辈对晚辈的抚养、平辈之间的扶养、晚辈对长辈的赡养三种类型，扶养不仅限于经济上的资助和供养，还包括照料日常生活起居等劳务上的付出和精神上的陪伴抚慰；（4）酌情分得的遗产份额法律无明确规定，可以多于或少于法定继承人的份额。

本案中，王某多年来对李某的生活起居给予了较多的帮扶照顾，给李某带来精神慰藉，王某有权适当分得李某的遗产，至于能分多少由法院酌情确定。

179.什么样的人可以立遗嘱？

> 情景再现

赵某与孙某育有一女赵某某。2024年，赵某去世。赵某母亲李某因遗产分割问题与孙某产生纠纷，遂向法院起诉孙某和赵某某，要求分割赵某的遗产。诉讼中赵某某提交了赵某的自书遗嘱一份，证明赵某于2023年9月14日写下遗嘱，将名下财产全部留给赵某某。李某

> 表示赵某生前已经因重度精神分裂而无法正确表达意志，不具备遗嘱能力，因此该遗嘱应属无效。李某提交2023年8月赵某在医院的住院病历，住院病历显示医院诊断赵某为精神分裂症（重度）。住院记录记载，医生查体时赵某已无法识别自己的行为，不配合查体。法院经审理认为，该住院病历可以证明赵某因精神疾病无法识别自己的行为，订立遗嘱的时间与因精神分裂住院的时间间隔较短，考虑到重度精神分裂症一般都有病情逐渐加重的过程，突然发病的可能性较小，可以推定遗嘱订立时，赵某缺乏遗嘱能力，因此认定遗嘱无效。

律师说法

《民法典》第一千一百四十三条第一款规定，"无民事行为能力人或者限制民事行为能力人所立的遗嘱无效"。无民事行为能力是指8周岁以下的未成年人和不能辨认自己行为的成年人；限制民事行为能力人是指8周岁以上18周岁以下的未成年人和不能完全辨认自己行为的成年人，但年满16周岁的未成年人，以自己的劳动收入为主要生活来源的，视为完全民事行为能力人。

未成年人和不能辨认自己行为的成年人之所以不具备遗嘱能力，是因为未成年人心智未开，不能正确理解财产处分的法律意义，对于生死的认知更是缺乏知识和阅历的支持。不能辨认自己行为的成年人，往往因为精神类疾病或者年老导致头脑机能退化进而逐渐失智，从而丧失正确表达意思和作出决定的能力，行为不受自己理智控制的人自然不能作出遗嘱，即使作出遗嘱也不能视为其真实的意思表示，《民法典》不认可缺乏遗嘱能力的人作出的遗嘱。

与遗嘱能力相关的是年龄、智力和精神健康状态，至于有其他生理疾病或者缺陷并不影响遗嘱能力的，如聋哑人或者盲人，虽然表达意思的能力受限，但是只要是智力和精神状态正常的成年人，就完全具备遗嘱能力，有资格订立遗嘱。此外，遗嘱应当由本人作出，监护人作为法定代理人不能代替无民事行为能力人和限制民事行为能力人订立遗嘱。

180.自书遗嘱应具备哪些条件？

▶ 情景再现

张某与李某婚后育有长子张甲、次子张乙。2023年，李某与张某先后去世。因遗产继承纠纷，张甲将张乙诉至法院。张甲提交了张某的一份自书遗嘱，该遗嘱载明，张某自愿把住房赠与张甲。落款处有张某签字，并注明年、月、日及身份证号。张乙称张甲不仅遗弃、虐待张某情节严重，而且张某在世时，张甲也未尽赡养义务。张某系因受到张甲的虐待、胁迫才写下遗嘱，且张某在书写遗嘱时已经意识不清、吐字不清，无法表达

第七章
遗产继承的规则

> 内心的真实意思。法院经审理认为,根据医院病例及张乙提供的视频,张某在遗嘱形成时不能清晰表达自己的意思,书写能力有限,可以认定该自书遗嘱为无效遗嘱。

律师说法

《民法典》第一千一百三十四条规定,"自书遗嘱由遗嘱人亲笔书写,签名,注明年、月、日"。

有效的自书遗嘱需要满足以下条件:

(1)立遗嘱人必须为完全民事行为能力人,对自己的行为所产生的法律后果有充分的认知与了解。(2)必须是自己的真实意思表示,须由立遗嘱人亲笔书写遗嘱的全部内容。受胁迫、欺骗所立的遗嘱无效。伪造的遗嘱无效。遗嘱被篡改的,篡改的内容无效。(3)遗嘱中所处分的财产,必须是自己的个人财产。(4)遗嘱的内容不得违反法律,不得损害国家、集体的利益。(5)须由立遗嘱人亲笔签名并注明年、月、日。

自书遗嘱的一般写法是:(1)立遗嘱的目的,即处理财产的意思表示。(2)对财产的具体处理,应写明财产的名称、数量及其所在地,遗留给何人可以具体写明由哪一个继承人继承哪些财产,也可按财产类别写明。(3)遗嘱人的要求和遗嘱的处置。(4)立遗嘱人签名、盖章,并写明立遗嘱的时间、地点等。此外,建议最好有视频或者录音作为辅助证据，证明遗嘱的真实性。如果不小心写错，需要涂改，则要在修改处签字及按手印，并注明修改时间。

181.代书遗嘱应具备哪些条件？

▶ 情景再现

梁某与妻子育有三个子女，子女均已成家。2019年，妻子去世后，梁某独自一人生活。2022年，梁某因患病行动不便，儿子梁某某便住到梁某家中，照顾梁某的日常起居。2023年，梁某住院，三个子女约定轮流照顾。2024年3月，梁某去世。其他子女得知梁某的50万元存款已被梁某某支取，便向其索要，要求平分遗产。梁某某拿出一份遗嘱，其中载明梁某的遗产用于料理后事的剩余部分，由梁某某继承。该遗嘱由梁某生前好友代书并签字，并有梁某生前另两位好友作为见证人的签字，梁某签字、按手印，且写明日期。因关于继承遗产事项不能达成一致，其他子女诉至法院。法院经审理认为，该遗嘱符合代书遗嘱的形式及实质要件，判决驳回原告的诉讼请求。

律师说法

《民法典》第一千一百三十五条规定，"代书遗嘱应当有两个以上见证人在场见证,由其中一人代书,并由遗嘱人、代书人和其他见证人签名,注明年、月、日"。在遗嘱人自己没有书写能力或者因其他原因而不能或不愿自己书写遗嘱时,可以由他人代为书写遗嘱内容,最后由遗嘱人对遗嘱进行签字确认。

在订立代书遗嘱的过程中,要注意遗嘱人口述和代书人代书、见证人见证的时空一致性:(1)时间上的同步性,即遗嘱人的口述、代书人代为书写以及见证人的见证是同时或基本上同时发生的;(2)空间上的同一性,即遗嘱人、代书人、见证人要在同一个场合进行订立遗嘱的行为,并共同在遗嘱上进行签字确认,落款时须共同注明年、月、日。

182.打印遗嘱应具备哪些条件?

▶ 情景再现

张某与前妻育有一子张某某,与第二任妻子刘某于2021年登记结婚,婚后无子女。2024年2月张某死亡,因继承纠纷张某某诉至法院。庭审中,张某某提出张某曾于2022年4月亲笔书写遗嘱一份,遗嘱载明张某去世后,其住房公积金由张某某继承,该遗嘱下方注明年、月、日并有被继承人张某的签名。刘某则提出,张某于2022年9月21日订立了一份打印遗嘱,遗嘱载明张某的住房公积金由刘某继承,遗嘱下方注明年、月、日，并有两位见证人在遗嘱上签字。法院经审理认为，两位见证人出庭接受质询时均表示其是在该份打印遗嘱已经形成后，并且看到遗嘱上有张某签字才在遗嘱上签字的。鉴于两位见证人并没有见证遗嘱的形成过程，无法确定该份遗嘱是否为被继承人张某的真实意思表示，故法院认定该份打印遗嘱无效，张某的住房公积金中属于遗产的部分应当以其自书遗嘱为依据进行分割。

律师说法

《民法典》第一千一百三十六条规定，"打印遗嘱应当有两个以上见证人在场见证。遗嘱人和见证人应当在遗嘱每一页签名，注明年、月、日"。打印遗嘱，是《民法典》新增加的一种新型、独立的遗嘱形式，具有方便、快捷、清晰等特点，但打印遗嘱也容易被伪造、改动。相对于自书遗嘱而言，打印遗嘱机械性较强，保留被继承人的人格痕迹较弱，对真意的推定往往更加困难，所以法律对打印遗嘱规定了更加严格的形式要件。

有效的打印遗嘱除需要满足遗嘱具备的一般条件外，还需要具备以下条件：（1）两个以上见证人在场见证。因打印遗嘱缺乏人格痕迹，故须有两个以上见证人"时空同步"地见证遗嘱的整个制作过程，以保障其真实性。（2）遗嘱人和见证人应当在遗嘱的每一页亲笔签名，并注明年、月、日。

第七章
遗产继承的规则

对于见证人的资格,《民法典》第一千一百四十条规定下列人员不能作为遗嘱见证人:(1)无民事行为能力人、限制民事行为能力人以及其他不具有见证能力的人;(2)继承人、受遗赠人;(3)与继承人、受遗赠人有利害关系的人。

183.录音录像遗嘱应具备哪些条件?

▶ 情景再现

张某在去世前录制了一段视频,在视频中表示其去世后遗产归其子赵甲所有。张某去世后,张某的子女赵甲、赵乙因房屋分割产生争议,赵甲诉至法院,要求按照遗嘱继承该房屋。法院经审理认为,该录音录像遗嘱不符合法律规定的形式,为无效遗嘱。

律师说法

《民法典》第一千一百三十七条规定,"以录音录像形式立的遗嘱,应当有两个见证人在场见证。遗嘱人和见证人应当在录音录像中记录其姓名或者肖像,以及年、月、日"。

有效的录音录像遗嘱应当满足以下条件:

(1)通过录音、录像设备对遗嘱人和见证人的声音、影像完整录制和保存,保证原始载体的完整性。比如,通过录音笔录音或者通过手机录像,既要保证录制设备完好,也要保证录音录像文件无修改、编辑等操作。需要特别注意的是,录像遗嘱还需要录制遗嘱人和见证人清晰完整的正面肖像。（2）录音录像遗嘱录制过程中需要有两名以上见证人全程在场见证，保证录音录像遗嘱的真实性。见证人应与遗产继承无利害关系。（3）录音录像遗嘱必须有指定的内容。在录音或者录像的开头必须由遗嘱人宣示所录内容为遗嘱，遗嘱人和见证人必须在录音或者录像中明确自己的姓名、身份和录制的具体时间。（4）录音录像遗嘱的内容应当符合法律规定，不得违背公序良俗。（5）遗嘱人具有完全的民事行为能力，所立遗嘱内容是遗嘱人真实的意思表示。

184.口头遗嘱应具备哪些条件？

第七章
遗产继承的规则

▶ 情景再现

马某甲与马某乙是亲兄妹,其父母生前一直与马某甲共同居住,父母过世后遗留房产一套。2024年8月,马某乙因继承纠纷诉至法院,要求依法继承父母的遗产。马某甲认为父母去世前留有口头遗嘱,明确诉争房产由其一人继承,同时提交了其朋友、婶婶、叔叔、姑姑等人出具的书面证明以及视频资料,证明其父母去世前曾和上述亲戚朋友说过去世后房产归马某甲所有。法院经审理认为,马某甲提交的证据不符合口头遗嘱的法律规定,判决该套遗留房产按照法定继承处置。

律师说法

《民法典》第一千一百三十八条规定,"遗嘱人在危急情况下,可以立口头遗嘱。口头遗嘱应当有两个以上见证人在场见证。危急情况消除后,遗嘱人能够以书面或者录音录像形式立遗嘱的,所立的口头遗嘱无效"。

有效的口头遗嘱须具备以下条件:(1)口头遗嘱只有遗嘱人在危急情况下才可以订立。危急情况一般指遗嘱人突患危及生命的疾病或突发自然灾害、意外事故,爆发战争等,导致遗嘱人在客观上无法或没有能力订立其他形式的遗嘱。(2)口头遗嘱的内容是遗嘱人口述的,即遗嘱的受益人、遗产的分配原则、遗嘱执行人等内容都是遗嘱人口头表达的。

（3）口头遗嘱应当有两个以上见证人在场见证。见证人不能是无民事行为能力人、限制民事行为能力人以及其他不具有见证能力的人，且不能是继承人、受遗赠人或与继承人、受遗赠人有利害关系的人。见证人应亲自全程参与遗嘱人订立遗嘱的过程。（4）危急情况解除后，因口头遗嘱的前提条件已消灭，先期所立口头遗嘱无效。遗嘱人能够用书面或者录音录像形式立遗嘱的，应尽快以书面或者录音录像形式订立遗嘱，否则无合法有效的遗嘱，继承发生时只能按法定继承规则进行继承。

185.什么情况下遗嘱无效？

> **情景再现**
>
> 在一起遗嘱继承纠纷案件中，张某某提供了其父亲张某与母亲袁某的自书遗嘱一份，该遗嘱上有张某与袁某字样的签名，落款日期为2024年4月12日。张某某的妹妹袁某某对该遗嘱的真实性不予认可，表示遗嘱中的字体前后不一致，张某、袁某的签名不是本人签署。张某某提出鉴定申请，后鉴定机构认为比对样本字迹较少，且即便是同一个人在不同的情境下也可能导致签名写法上有所不同，同时考虑到老年人因身体机能或书写能力的变化较大等因素，样本无法满足比对检验条件，故未予受理。法院经审理认为，张某某虽提供了遗

嘱，但袁某某不认可该遗嘱的真实性，而张某某提出的鉴定申请又被鉴定机构退回，张某某亦未能提供其他旁证材料证明遗嘱的真实性，法院对于该遗嘱的真实性不予认可。

律师说法

遗嘱的各种类型及形式要件在前文已详细阐述，形式要件的不完备可能导致该遗嘱无效。此外，在下列情况下，遗嘱也存在无效的可能：

（1）未成年人、不能辨认自己行为的成年人所立的遗嘱无效。

（2）受欺诈、胁迫所立的遗嘱无效。遗嘱是遗嘱人对其死亡后的财产的预先处分，遗嘱的意思表示必须真实。如果行为人使用欺骗、威胁等手段，导致遗嘱人出现了错误判断，并基于该错误判断而作出相应的遗嘱意思表示，或者行为人迫使遗嘱人作出违背真实的意思表示，都会使遗嘱无效。

（3）伪造的遗嘱无效。遗嘱被篡改的，篡改的内容无效。伪造的遗嘱以及遗嘱被篡改的部分都不是被继承人的真实意思表示，为保护遗嘱人的真实意思表示，同时也为保护其他继承人的继承权，伪造的遗嘱以及遗嘱被篡改的部分无效。

（4）持有遗嘱方不能证明遗嘱的真实性，法院认定遗嘱无效。继承纠纷中，经常会出现对方当事人对遗嘱的真实性提出异议的情形。这时一般由持有遗嘱并主张遗嘱真实的一方来承担遗嘱真实性的举证责任。

（5）继承人故意杀害被继承人，或为争夺遗产而杀害其他继承人，而遗嘱中，被继承人将遗产指定由该继承人继承的，该遗嘱无效。

（6）遗嘱人以遗嘱处分了国家、集体或者他人财产的部分无效。遗嘱只能处分遗嘱人的个人财产，不能处分他人财产，否则处分他人财产部分的遗嘱内容无效。遗嘱不得违反法律、行政法规的强制性规定，不得违背公序良俗。

186.第二顺序法定继承人能否作为代书遗嘱的见证人？

▶ 情景再现

王某于2024年4月死亡，其留有代书遗嘱一份，确定遗产归其子女所有，遗嘱人处有王某本人的签字，见证人处有李某（王某的朋友）、王某某（王某的妹妹）的签字，代书人处有王某某（王某的妹妹）的签字。王某的妻子赵某认为该遗嘱无效，相关遗产应按照法定继承处理，遂向法院起诉。

律师说法

根据《民法典》第一千一百四十条的规定，继承人不得作为见证人。此处的继承人应指所有的继承人，不仅包括第一顺序继承人，也包括第二顺序继承人，在法律明确规定继承人不得作为见证人的情况下，不得随意作限缩解释，第一顺序继承人、第二顺序继承人都可能会对遗嘱人施加不当影响，或者在日后的继承纠纷中对遗嘱相关事实作出一些不实表述，影响其他继承人的合法权益。

本案中，代书人以及见证人王某某是王某的妹妹，属于第二顺序法定继承人，其不具有遗嘱见证人的资格，进而代书遗嘱因不符合法定形式要件而无效。

187.多份遗嘱之间存在冲突如何处理?

▶ 情景再现

董某在世时，就其财产订立了多份遗嘱。2021 年 8 月

8日，董某订立自书遗嘱，表明其死后一切遗产归其妹妹所有。2021年8月9日，董某订立公证遗嘱，表明其名下房屋由其妹妹继承。2024年4月4日，董某订立打印遗嘱，表明其名下房屋由其侄女继承。2024年4月7日上午，董某口头表示，其名下外币存款由其侄女继承（多名银行工作人员在场见证）。当日下午，董某去世，后继承人因继承纠纷诉至法院。

律师说法

存在多份遗嘱的情况下，如何处理不同遗嘱之间的冲突至关重要，具体而言有以下要点：（1）确定所订立的遗嘱是否均为有效遗嘱。部分遗嘱不符合法定条件的，可能导致该遗嘱无效。如果均为有效遗嘱，《民法典》第一千一百四十二条第三款规定，"立有数份遗嘱，内容相抵触的，以最后的遗嘱为准"。（2）在多份遗嘱订立时间相同的情况下，遗嘱人在某一份遗嘱中对遗产有明确、具体的安排，而其他遗嘱的表述较为模糊，则以存在明确、具体安排的那份遗嘱为准。（3）在遗嘱时间、形式均相同的情况下，应以遗嘱人的意愿为准。这里的遗嘱意愿优先原则，主要是指遗嘱人通过遗嘱表达的对遗产处理的真实意愿。例如，在其中一份遗嘱中，遗嘱人明确表示这是其最后的愿望，那么在进行遗产分配时，就应以这份遗嘱为准。

第七章
遗产继承的规则

本案中，若董某所订立遗嘱均合法有效，则按照最后一份口头遗嘱，董某名下的外币存款由其侄女继承；2021年8月9日与2024年4月4日订立的两份遗嘱是针对同一房屋作出的不同的处分，以时间在后的遗嘱为准，因此董某名下的房屋由其侄女继承；2021年8月8日，董某订立的遗嘱中明确一切遗产归其妹妹继承，但因在后的两份遗嘱已经明确房产、外币均由董某侄女继承，因此董某妹妹可以继承的遗产为除了房产及外币以外的财产。

188.遗嘱可以附义务吗？

▷ 情景再现

> 杨某丈夫早年因意外去世，留下两个儿子。杨某独自将两个儿子抚养长大。后因家庭矛盾，两个儿子与母亲杨某关系不和睦。杨某为了让两个儿子更好地赡养自己，决定生前把财产分配好，避免日后兄弟间争吵。于是她想订立一份遗嘱，在自己去世后将财产留给两兄弟平均分配，但前提是两兄弟都要承担一定的赡养义务，如果有一方未尽赡养义务，则遗产全部归另一方所有。

律师说法

《民法典》第一千一百四十四条规定，"遗嘱继承或者遗赠附有义务的，继承人或者受遗赠人应当履行义务。没有正当理由不履行义务的,经利害关系人或者有关组织请求,人民法院可以取消其接受附义务部分遗产的权利"。《最高人民法院关于适用〈中华人民共和国民法典〉继承编的解释(一)》第二十九条规定,"附义务的遗嘱继承或者遗赠,如义务能够履行,而继承人、受遗赠人无正当理由不履行,经受益人或者其他继承人请求,人民法院可以取消其接受附义务部分遗产的权利,由提出请求的继承人或者受益人负责按遗嘱人的意愿履行义务,接受遗产"。

遗嘱是遗嘱人自由处分其财产的单方法律行为,遗嘱人可以在遗嘱中自由表达意愿,可以在处分财产时不附加任何的义务,也可以在遗嘱中要求遗嘱受益人必须按照其指示为或不为一定的行为。如果遗嘱人在遗嘱中明确表示遗嘱继承人或者受遗赠人在接受遗产的同时必须实施一定的行为,这种遗嘱即为附义务的遗嘱。

《民法典》第二十六条第二款规定,成年子女对父母负有赡养、扶助和保护的义务。这是法定义务,如果子女有能力、有条件但未尽赡养义务,那么在分配遗产时,应不分或少分财产。

此外,遗嘱或遗赠可以附义务,但不得违反法律规定的基本精神,否则所附义务相关内容应认定为无效。例如,公民生前所立遗嘱中要求配偶不得再婚方可享有继承财产的权利,该遗嘱因限制了妇女的合法权益和婚姻自由,应认定为无效,继承人不受该义务约束,仍享有法律上和遗嘱中确定的相应继承权利。

第七章 遗产继承的规则

189.遗嘱中的必留份是什么?

▷ **情景再现**

董某与李某于2002年结婚,婚后育有一子董某某,董某某天生患有严重疾病,无劳动能力,也无经济来源。2020年,董某与李某协议离婚,协议约定董某某由李某抚养。2022年,董某与赵某再婚,婚后董某自书遗嘱一份,遗嘱记载,董某去世后,其名下所有财产由赵某继承。2024年,董某因意外去世,赵某诉至法院要求按照遗嘱内容继承董某遗产。

律师说法

《民法典》第一千一百四十一条规定,"遗嘱应当为缺乏劳动能力又没有生活来源的继承人保留必要的遗产份额"。《最高人民法院关于适用〈中华人民共和国民法典〉继承编的解释(一)》第二十五条第一款规定,"遗嘱人未保留缺乏劳动能力又没有生活来源的继承人的遗产份额,遗产处理时,应当为该继承人留下必要的遗产,所剩余的部分,才可参照遗嘱确定的分配原则处理"。

遗嘱中的必留份是对遗嘱自由的限制,旨在平衡遗嘱自由和法定继承人的期待利益,最大限度地保护缺乏劳动能力又没有生活来源的继承人的生存权利。本案中,董某某作为董某的

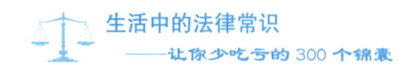

法定继承人，既无劳动能力也无经济来源，董某订立的遗嘱应当为董某某保留必要的财产份额，剩余部分才能按照遗嘱确定的分配原则处理。

190. 立遗嘱后又反悔了，可以撤销吗？

> 我儿子对我不孝，我想重新立一份遗嘱。

> 好的，请您填一下表格。

公证处

情景再现

董某于 2023 年 10 月订立一份公证遗嘱，遗嘱主要内容为董某去世后，其名下所有房产由儿子董某某继承；2024 年 10 月，因董某某对董某未尽赡养义务，董某想订立新的遗嘱，取消董某某的继承权。董某可以重新订立遗嘱吗？

第七章
遗产继承的规则

> 律师说法

《民法典》第一千一百四十二条规定，"遗嘱人可以撤回、变更自己所立的遗嘱。立遗嘱后，遗嘱人实施与遗嘱内容相反的民事法律行为的，视为对遗嘱相关内容的撤回。立有数份遗嘱，内容相抵触的，以最后的遗嘱为准"。本案中，董某在订立公证遗嘱后又反悔，既可以全部撤回，使其自始不发生效力；也可以只对其中部分内容进行变更，其他部分仍然有效；还可以重新订立一份遗嘱。

通常而言，可以通过以下三种方式对遗嘱进行撤回或变更：（1）明示改变。遗嘱人订立遗嘱后自行撤回、变更遗嘱，如遗嘱人损毁、涂销遗嘱，或者在遗嘱上写明废弃该遗嘱的意思表示。（2）默示改变。订立遗嘱后，遗嘱人的实际行为与遗嘱的意思表示相悖。例如，遗嘱人立下遗嘱将房产留给儿子继承，而后却将该房产出卖。（3）订立新的遗嘱。遗嘱人留有多份遗嘱，内容存在冲突的，以最后一份遗嘱为准。

191.遗产分割协议签订后可以反悔吗？

> 情景再现

李某强父母于2024年1月因车祸同时去世，遗留一套房产。李某强与其大哥李某林、二哥李某华签订遗产分割协议，因大哥李某林对父母照顾较多，协议中明确该房产由大哥李某林继承。2024 年 3 月，李某林在办理房屋过户手续时需要李某强、李某华配合，李某强认为遗产分割协议不公平，应由三兄弟平均分割，故不配合李某林办理过户手续。李某林无奈诉至法院。

律师说法

《民法典》第一千一百三十二条规定，"继承人应当本着互谅互让、和睦团结的精神，协商处理继承问题。遗产分割的时间、办法和份额，由继承人协商确定；协商不成的，可以由人民调解委员会调解或者向人民法院提起诉讼"。遗产分割协议，往往是基于整体遗产分割、被继承人意愿、继承人与被继承人的亲疏远近、被继承人的生养死葬、各继承人的经济条件等综合因素进行权衡考量的结果，基于不同的情形，协议的性质和效力会有不同的认定，需要结合案件具体情况分析确定。

本案中，案涉房屋是李某强父母的遗产，李某强、李某华、李某林均是第一顺序继承人，三方共同签署的分割协议是各方真实的意思表示，未违反法律的强制性规定，无论是从情理角度还是法律角度，各方均应依约履行。法院经审理后判决李某强履行遗产分割协议，配合李某林办理房屋过户手续。

第七章
遗产继承的规则

192.死亡赔偿金属于遗产吗?

▶情景再现

杨某与陈某育有一女杨某某。2020年6月21日,杨某与陈某登记离婚,杨某某随父亲杨某生活。2022年6月10日,杨某与李某登记结婚,二人均为再婚,婚后育有一子李某某。2024年1月10日,杨某发生交通事故当场死亡,肇事车主张某赔偿100万元。后就100万元赔偿款如何分配事项,杨某某、李某、李某某发生争议,诉至法院。

律师说法

《民法典》第一千一百二十二条第一款规定,"遗产是自然人死亡时遗留的个人合法财产"。死亡赔偿金是对因侵害生命权所引起的受害人近亲属的各种现实利益损失的赔偿,是在受害人死亡后产生的。根据《最高人民法院关于空难死亡赔偿金能否作为遗产处理的复函》,死亡赔偿金的权利人是死者近亲属,而非死者,死亡赔偿金不宜认定为遗产。故因死亡赔偿金的分配而引起的纠纷不属于遗产继承纠纷。

死亡赔偿金在内容上是对受害人近亲属未来收入损失的赔偿,其法律性质为财产损害赔偿,是受害人近亲属具有人身专属性质的法定赔偿金。因此,死亡赔偿金不是遗产,不能作为遗产被继承，受害人的债权人也不能主张受害人近亲属在获赔死亡赔偿金的范围内清偿受害人生前所欠债务。

193.死亡抚恤金属于遗产吗？

情景再现

李某与魏某是夫妻，二人育有一子李某某。魏某于2023年去世，去世前立有遗嘱一份，主要内容为魏某个人所有财产及去世后所得财产全部归其老伴李某所有。李某主张继承魏某的死亡抚恤金6万元，李某某则主张应平均分割，双方对此未能达成一致，诉至法院。

律师说法

抚恤金是有关单位在自然人死亡后按照有关规定发放给死者近亲属或者扶养人的生活补助费，是对死者近亲属精神痛苦的一种抚慰，应按死者生前近亲属与其关系的远近及共同生活的亲密程度合理进行分配。

自然人可依照法律规定订立遗嘱处分个人财产，但死亡抚恤金不属于其个人财产，故对死亡抚恤金订立遗嘱的行为无效。死亡抚恤金不属于遗产，原则上不发生转继承、代位继承，死者的配偶、父母、子女是丧葬费、抚恤金的共有人，除非转继承人、代位继承人有证据证明其与死者常年共同生活、长年照顾、赡养对方。死亡抚恤金不是遗产，不能按照遗

第七章
遗产继承的规则

嘱继承的方式来处理，应参照法定继承中遗产份额的分配原则处理。

实践中，法院一般以均等分割为原则，同时还会综合考虑各分配对象与死者的亲密程度、对死者所尽扶养或赡养义务、生活能力、经济状况等客观情况，以确保死亡抚恤金的分配更加公平、合理。

194.拆迁合户政策下父母遗留的房产属于遗产吗？

▶ 情景再现

王某生前与小儿子王某某合户申请一处宅基地建房获批，后王某去世。因当地建设发展需要，该宅基地房屋拆迁，政府给予王某某安置房一套，而王某某的哥哥认为该安置房属于父母的遗产，应当平均分割。两兄弟不能达成一致，诉至法院。

律师说法

农村宅基地使用权审批中一般都有合户制度，即多个子女的农户中，要求其中一个子女必须与父母合户，也就是说，当地宅基地审批政策要求一个农村户口的子女必须与父母合户审批宅基地，而不能分户独立批地建房。相应地，老人去世后，合户的子女已经独立成户，父母遗留下的宅基地的分割应当优先满足合户子女应得面积。

拆迁不是简单的"以旧换新",通常根据当地的拆迁政策,拆迁户内可安置的人口,按照拆迁时被拆迁户内符合宅基地申请条件的人口确定,所以拆迁是对拆迁户成员应享有的安置利益进行复核和重新确认的过程。

本案中,案涉安置房在满足王某某作为合户子女应得安置面积的情况下,如有多出的安置面积,则可作为王某的遗产进行分割,王某某及其哥哥是同一顺序法定继承人,有权平均分割。

195.公房可以继承吗?

情景再现

赵某于 2022 年 10 月 12 日去世,后赵某儿子与女儿因继承遗产事项发生争议,尤其是对赵某生前个人承租单位的一套公房是否属于遗产及如何继承产生分歧。

律师说法

《民法典》第一千一百二十二条规定,"遗产是自然人死亡时遗留的个人合法财产。依照法律规定或者根据其性质不得继承的遗产,不得继承"。

公房也称公有住房,是指由国家以及国有企业、事业单位投资兴建、销售的住宅,主要面向本市中低收入住房家庭困难等群体出租的住房,在住宅未出售之前,住宅的产权归国家所有。公房承租人只有使用权，没有所有权，公房并不属于法律规定的遗产范围，不能根据法律规定继承。如果公房由被继承人购买，则其所有权即属于被继承人，为被继承人的合法个人财产，可以作为遗产由其继承人继承。

196.借用老人的工龄买房，老人去世后该房屋属于老人的遗产吗？

情景再现

王某与李某结婚后，李某单位进行房改，可以购买当时承租的公房，但因二人手中的钱不够支付全部购房款，便以王某姥姥的工龄折抵了15%的购房款。老太太同意用自己名义购房，房产证办在老太太名下，但王某和李某一直在该房屋居住。后老太太去世，去世前未来得及订立遗嘱说明该房屋的实际归属。

律师说法

本案中，王某和李某是房屋的实际购买人，其以王某姥姥的名义购房只是为了使用她的工龄折抵购房款，故房屋归王某和李某所有。工龄虽不是一种财产性权利，但可以切实地给当事人购房带来优惠，且工龄优惠实际来源于死者生前的贡献，应理解为个人的财产性利益，老人去世后，折价部分应作为老人的遗产进行继承。

如果已经购买的公房存在类似工龄出借情形时，则应尽早签署借名买房合同或订立有效遗嘱，或充分收集证据，明确房屋所有权的实际情况，以减少纠纷的发生。

197. 独生子女就一定能继承父母的全部遗产吗？

▶ 情景再现

陈某的父母因意外突然去世。作为独生子女的陈某还没有从悲痛中走出来，陈某的叔叔便让陈某的爷爷奶奶向法院提起诉讼，要求继承陈某父亲的遗产，陈某此时很困惑，为什么独生子女不能继承自己父母的全部遗产？

第七章
遗产继承的规则

律师说法

在下列四种情况下,独生子女不能继承父母的全部遗产:

(1)父母留有遗嘱或遗赠扶养协议将遗产赠与他人。遗产是父母生前的个人合法财产,所以父母对遗产有完全处置权,如果遗嘱中明确将遗产赠与法定继承人以外的人,那么作为独生子女,也只能继承遗嘱未处置的遗产。

(2)父亲先于爷爷奶奶去世或母亲先于姥姥姥爷去世。独生子女并不是唯一的第一顺序继承人,根据《民法典》第一千一百二十七条的规定,遗产按照下列顺序继承:①第一顺序为配偶、子女、父母;②第二顺序为兄弟姐妹、祖父母、外祖父母。继承开始后,由第一顺序继承人继承,第二顺序继承人不继承;没有第一顺序继承人继承的,由第二顺序继承人继承。因此,如果父亲先于爷爷奶奶去世或母亲先于姥姥姥爷去世,那么爷爷奶奶、姥姥姥爷作为第一顺序继承人,同样可以继承父亲和母亲的遗产。

(3)父母离婚后与其他人再婚。在这种情况下,就算父亲或母亲再婚后没有生育子女,继母或继父同样可以作为第一顺序继承人继承再婚一方的遗产。

(4)父母去世,未留遗嘱,且独生子女已经结婚。在夫妻关系存续期间,通过法定继承取得的财产在无明确约定属于一方财产时,应属于夫妻共同财产。

323

198. 老人去世后无人继承的房屋归谁所有？

情景再现

2023年10月，未婚独居的董某以99岁高龄去世。董某名下有房屋数套，生前未订立遗嘱或遗赠扶养协议，也没有法定继承人。此时董某的遗产应归属于谁？

律师说法

《民法典》第一千一百六十条规定，"无人继承又无人受遗赠的遗产，归国家所有，用于公益事业；死者生前是集体所有制组织成员的，归所在集体所有制组织所有"。第一千一百三十一条规定，"对继承人以外的依靠被继承人扶养的人，或者继承人以外的对被继承人扶养较多的人，可以分给适当的遗产"。

《民事诉讼法》第二百零二条规定，"申请认定财产无主，由公民、法人或者其他组织向财产所在地基层人民法院提出。申请书应当写明财产的种类、数量以及要求认定财产无主的根据"。第二百零三条规定，"人民法院受理申请后，经审查核实，应当发出财产认领公告。公告满一年无人认领的，判决认定财产无主，收归国家或者集体所有"。

本案中，董某去世后遗留房产数套，既无人继承，也无人受遗赠。法院依法发出财产认领公告，公告期满后，无人认领上述财产的，应认定为无主财产，收归国家或者集体所有。

199. 老人可以把遗产赠给居委会吗？

▶ **情景再现**

王某早年离婚后一直独居生活，子女从未对其尽赡养义务。后王某与居委会签订一份遗赠扶养协议，载明由居委会负责王某的日常生活，为其养老并料理后事，王某的财产在其寿终后全部归居委会所有，由居委会处置。协议签订后，居委会安排专人照顾王某的起居和就医陪护，直到王某去世。王某子女在得知王某去世的消息后，找到居委会要求继承王某遗产，双方发生争议，诉至法院。

律师说法

《民法典》第一千一百五十八条规定，"自然人可以与继承人以外的组织或者个人签订遗赠扶养协议。按照协议，该组织或者个人承担该自然人生养死葬的义务，享有受遗赠的权利"。

本案中，王某与居委会签订的遗赠扶养协议是双方真实意思表示，未违反法律、行政法规的强制性规定，合法有效。居委会长期对独居的王某予以照顾，安排专人看护和就医陪护，为其垫付生活费、医疗费、丧葬费等，尽到了遗赠扶养人的义务，因此法院判决王某的遗产归居委会所有。

200. 唯一继承人如何通过诉讼取得遗产？

情景再现

2022年2月，陈某因意外去世。陈某生前未婚，无子女，母亲也早于其去世，只剩下80岁的父亲陈某某。陈某某无任何经济来源，想取出陈某生前储蓄在银行的50万元用于改善生活，银行拒绝了陈某某的取款请求，后陈某某将银行诉至法院。

律师说法

根据《中国银保监会办公厅、中国人民银行办公厅关于简化提取已故存款人小额存款相关事宜的通知》，已故存款人在同一法人银行业金融机构的账户余额合计不超过5万元人民币的资金，可由已故存款人的配偶、子女、父母，或者公证遗嘱指定的继承人、受遗赠人提交相关证明材料后，一次性提取。

如果唯一继承人需要继承的银行存款、金融资产超过5万元，则可以通过办理继承权公证书或通过法院的判决书、裁定书、调解书办理过户或支付手续。唯一继承人可以银行为被告，以储蓄存款合同纠纷或合同纠纷为案由提起诉讼，要求提取银行存款。

此外，唯一继承人如想要继承房产，在向不动产登记部门提交相关材料之后，相关部门拒绝办理不动产登记的，则可以该部门为被告提起行政诉讼。需要开发商配合办理产权变更登记，开发商拒绝配合的，也可以起诉开发商。

201.法定继承与遗嘱继承同时存在，被继承人生前负债如何处理？

> 儿子，你爸写了遗嘱，我可以多分50万元遗产，他的债务我们均摊。

> 既然你多分了遗产，那债务你也应多承担。

▷ 情景再现

董某于2020年去世，董某去世时，留下债务120万元，遗产150万元。董某的法定继承人有儿子董某某及妻子李某二人，董某生前订立遗嘱表示自己去世后，其名下50万元存款由李某继承。董某某及李某两人对120万元债务如何偿还发生争议。

律师说法

《民法典》第一千一百六十三条规定，"既有法定继承又有遗嘱继承、遗赠的，由法定继承人清偿被继承人依法应当缴纳的税款和债务；超过法定继承遗产实际价值部分，由遗嘱继承人和受遗赠人按照比例以所得遗产清偿"。因此，根据上述法律规定，对于被继承人所负债务，应当先由法定继承人以法定继承所得清偿，不足部分再由遗嘱或者遗赠的权利人以遗嘱继承或者遗赠继承所得清偿。

本案中，李某与董某某均为法定继承人，对遗嘱没有处理的100万元遗产，按法定继承各分50万元；董某订立遗嘱明确表示其去世后50万元存款由李某继承，李某按照法定继承分得50万元的同时，还能按照遗嘱继承分得50万元。对于所负的120万元债务，应当先由李某、董某某作为法定继承人按照继承的金额各自承担50万元，剩余20万元债务由李某在遗嘱继承的范围内承担。

202.借款人去世，家人都放弃继承遗产，债务由谁承担？

情景再现

董某曾以个人名义向李某借款10万元，后董某因病去世，继承人只有其妻子和儿子。李某拿着董某签署

第七章
遗产继承的规则

> 的欠条要求董某的妻子和儿子归还借款及利息，董某的妻子和儿子都表示，董某生前欠债太多，其遗产不够偿还债务，他们选择放弃继承权，也拒绝向李某偿还借款。李某不知该找谁主张债权。

律师说法

《民法典》第一千一百四十五条规定，"继承开始后，遗嘱执行人为遗产管理人；没有遗嘱执行人的，继承人应当及时推选遗产管理人；继承人未推选的，由继承人共同担任遗产管理人；没有继承人或者继承人均放弃继承的，由被继承人生前住所地的民政部门或者村民委员会担任遗产管理人"。第一千一百四十七条规定，遗产管理人应当履行下列职责：（1）清理遗产并制作遗产清单；（2）向继承人报告遗产情况；（3）采取必要措施防止遗产毁损、灭失；（4）处理被继承人的债权债务；（5）按照遗嘱或者依照法律规定分割遗产；（6）实施与管理遗产有关的其他必要行为。

本案中，在董某妻子及儿子均放弃继承且无其他继承人的情况下，李某可以向法院申请指定董某生前住所地的民政部门或村民委员会为遗产管理人，确定遗产管理人后，由遗产管理人履行清理董某的遗产、编制遗产清单、处理债权债务等遗产管理职责。

203.继承人放弃继承权,还需要承担义务吗?

> 李姐,老张欠的钱,您得帮他还啊!

> 我们母女俩没有继承他的遗产,他的债务我们也没有义务承担。

情景再现

张某婚前曾向好友陈某借款20万元,双方签订借款协议。后张某去世,陈某多次找到张某的妻子李某及其女儿,要求二人在继承遗产范围内清偿借款本金20万元及利息。张某的妻子、女儿认为,自己已向法庭递交了放弃继承张某遗产的声明书,无须对张某的债务承担责任,也没有义务保管和协助清点张某的财产。

律师说法

《最高人民法院关于适用〈中华人民共和国民法典〉继承编的解释(一)》第三十二条规定,"继承人因放弃继承权,致其不能履行法定义务的,放弃继承权的行为无效"。此处的法定义务是指有责任、有能力尽法定的抚养、赡养义务而不尽,从而形成的债务、被继承人为继承人处理个人事务形成的债务、支付被继承人的丧葬费等义务。

  本案中,陈某的债务不属于上述法定义务的情形,张某的妻子和女儿无须承担张某的债务,陈某可以向其他继承人主张债权。被继承人去世后,仍应以其遗产清偿其生前的合法债务。部分继承人放弃继承权的,可以由其他个人或者组织担任遗产管理人,但是放弃遗产的继承人也负有保管和协助清点被继承人遗产的责任,否则既不利于确保继承的顺利进行,也不利于维护债权人的合法权益。

第八章

职场中的劳动权益保护

第八章 职场中的劳动权益保护

204.企业能拒绝录用乙肝病原携带者吗?

什么?因为我患有乙肝就要取消录用?你们这是用工歧视吧!

▶情景再现

梁某通过多轮面试后,收到了心仪公司的录用通知,在正式签订劳动合同前,公司通知梁某进行入职体检,并单独做了乙肝五项检验,检验报告显示梁某乙肝表面抗原阳性。梁某将体检报告发给公司后,当天便收到了该公司人事部门取消录用的电话通知。梁某认为公司以其乙肝表面抗原阳性为由拒绝录用,构成就业歧视。梁某以公司的违法行为侵害其平等就业权为由诉至法院,要求公司向其赔礼道歉,并赔偿其从原工作单位辞职产生的经济损失、精神损害抚慰金等。

335

律师说法

《就业促进法》第三十条规定,"用人单位招用人员,不得以是传染病病原携带者为由拒绝录用。但是,经医学鉴定传染病病原携带者在治愈前或者排除传染嫌疑前,不得从事法律、行政法规和国务院卫生行政部门规定禁止从事的易使传染病扩散的工作"。《就业服务与就业管理规定》第十九条第二款规定,"用人单位招用人员,除国家法律、行政法规和国务院卫生行政部门规定禁止乙肝病原携带者从事的工作外,不得强行将乙肝病毒血清指标作为体检标准"。

劳动者的民族、性别、户籍、年龄、外貌、疾病等先赋性因素,属于不合理差别对待的禁止性事由,用人单位基于上述事由对劳动者差别对待的,构成就业歧视。

本案中,公司在招聘时强制要求梁某提供乙肝检测报告,发现其乙肝阳性后又单方取消录用,该行为违反了法律规定,侵害了梁某的平等就业权,理应承担相应的侵权责任。

205.企业和员工约定将社会保险费直接支付给员工,有效吗?

情景再现

2020年,王某入职某公司时与公司约定,公司将应付的社会保险费连同工资一起支付给王某,王某签署了保证书,保证不再要求公司缴纳社会保险费。该约定有效吗?

第八章
职场中的劳动权益保护

> **律师说法**

《劳动法》第七十二条规定，"社会保险基金按照保险类型确定资金来源，逐步实行社会统筹。用人单位和劳动者必须依法参加社会保险，缴纳社会保险费"。社会保险具有强制性，依法参加社会保险、缴纳社会保险费，是用人单位和劳动者的法定责任，不能通过约定排除。用人单位和劳动者依法确立了劳动关系，用人单位就必须按照社会保险的项目、保险费缴纳的方式和标准等为员工办理社会保险的相关手续。

公司不参加社会保险，直接将社会保险费支付给员工的约定因违反法律的强制性规定而无效。此外，用人单位直接向员工发放社保费也存在较大风险，一方面，员工可以通过法律手段要求用人单位补缴社会保险费，补缴时用人单位还要额外缴纳利息和滞纳金；另一方面，如果用人单位不缴纳社会保险费，那么员工在工作岗位上因工伤事故、医疗而产生的费用都要由用人单位承担。

206.员工不胜任工作，企业可以随意调岗吗？

> **情景再现**
>
> 2013年10月，赵某入职上海某公司担任财务部经理，双方签订无固定期限劳动合同，月工资为8000元。2023年12月1日，上海某公司以业务调整为由，向赵某

337

> 发送调岗通知书，内容为：将赵某岗位调整为催收专员，月工资为2500元；赵某自2023年12月5日至新岗位报到，超期未报到视为旷工。2023年12月2日至6日，赵某均至原工作岗位打卡上班，上海某公司将赵某的上述行为认定为旷工，并以此为由解除双方的劳动合同。赵某认为上海某公司违法解除劳动合同，应支付赔偿金。

律师说法

根据《劳动合同法》第四十条的规定，劳动者不能胜任工作，用人单位可以对劳动者进行培训或调整工作岗位。因此，用人单位有权在劳动者不能胜任工作时单方调岗，而不可以随意调岗。

大部分用人单位以绩效考核作为对劳动者调整岗位的依据，其规章制度可能规定，连续三个月以上绩效在标准以下的，用人单位有权对该劳动者进行调整岗位，而绩效考核是用人单位的自主权，劳动者在实际用工中是否符合绩效考核标准，由用人单位判断。

提醒注意，劳动者对于领导安排的相关工作要及时完成，按时汇报，并保存证据；用人单位认为劳动者无法胜任目前岗位时，劳动者要及时回应，询问其不胜任的原因，是否有改进的可能，对自己不熟悉的领域，可以主动要求用人单位进行业务培训；若用人单位违反法律规定或违背公序良俗，调整的岗位类型相差过大，如将原行政岗位调整为保洁，劳动者则可要求重新调整岗位或提起劳动仲裁。

207.企业经济性裁员可以随时通知员工走人吗？

▷ 情景再现

　　林某是某公司员工，2023年因公司经营发生困难，进行业务调整，林某所在的整个项目组被直接撤掉。公司领导层在确定裁员名单后，由人力资源部统一在4月底前向林某等25人发出书面裁员通知，要求林某等被裁减人员自收到通知之日起最迟3日内办理完工作交接和劳动合同解除手续。林某与公司发生争议。

律师说法

经济性裁员，是指用人单位在依照《企业破产法》规定进行重整或生产经营状况发生严重困难等法定情况下，批量解除劳动合同的制度。

《劳动合同法》第四十一条第一款规定，有下列情形之一，需要裁减人员20人以上或者裁减不足20人但占企业职工总数10%以上的，用人单位提前30日向工会或者全体职工说明情况，听取工会或者职工的意见后，裁减人员方案经向劳动行政部门报告，可以裁减人员：（1）依照《企业破产法》规定进行重整的；（2）生产经营发生严重困难的；（3）企业转产、重大技术革新或者经营方式调整，经变更劳动合同后，仍需裁减人员的；（4）其他因劳动合同订立时所依据的客观经济情况发生重大变化，致使劳动合同无法履行的。

企业进行经济性裁员必须符合以下程序条件：（1）人数要求。裁减人员需达到20人以上，或者裁减不足20人但占企业职工总数10%以上，才可启动裁员程序。（2）时间要求。企业应当提前30日向工会或者全体职工说明情况，听取工会或者职工的意见，并提供有关生产经营状况的资料。（3）提前报备。企业在进行裁员之前，应当将裁减人员方案向劳动行政部门报告。企业向劳动行政部门报告的裁减人员方案，内容应当包括：被裁减人员名单、裁减时间及实施步骤、被裁减人员经济补偿办法等信息。（4）用人单位应向劳动者支付经济补偿金。

本案中，林某所在的公司在进行经济性裁员时，未提前30日向工会或全体职工说明情况，属于违法解除劳动合同，林某等被裁员工可以要求继续履行劳动合同或主张赔偿金。

208.劳动合同被企业违法解除后，员工能要求恢复劳动关系吗？

▶ 情景再现

2021年9月1日，罗某入职某公司担任操作工，劳动合同期限为5年。2022年8月15日，公司以"罗某于2022年8月5日至8日无故旷工3日以上，严重违反公司规章制度"为由，单方解除了与罗某的劳动合同。罗某认为公司解除劳动合同违法，要求公司继续履行原签订的劳动合同，公司不同意，称该岗位已满员，遂发生争议。

律师说法

根据《劳动合同法》第四十八条、第八十七条的规定，用人单位违反本法规定解除或者终止劳动合同，劳动者要求继续履行劳动合同的，用人单位应当继续履行；劳动者不要求继续履行劳动合同或者劳动合同已经不能继续履行的，用人单位应当依照《劳动合同法》第四十七条规定的经济补偿标准的二倍向劳动者支付赔偿金。

用人单位违法解除劳动合同，劳动者要求继续履行合同的，原则上应继续履行劳动合同，但劳动合同不能继续履行的，用人单位应支付赔偿金。

本案中，罗某原工作岗位已经满员，且公司明确表示不同意继续履行劳动合同，双方的劳动合同实际已无继续履行的条件，公司应向罗某支付赔偿金。如果员工要求恢复劳动关系并得到了法院支持，则公司需支付员工被违法解除劳动合同之日至劳动关系恢复之日包括仲裁、诉讼期间的工资待遇。

实践中员工被违法解除后，要求继续履行劳动合同的，以下情形将无法获得法院支持：（1）岗位已被他人替代，双方不能就新岗位达成一致意见；（2）部门撤销、公司经营困难，无法继续履行；（3）双方互不认可，缺乏继续履行劳动合同的信任基础；（4）岗位负责的项目完结，劳动合同不具有继续履行的可能性；（5）企业已支付赔偿金，员工未表达继续履行的意愿。

209.员工辞职须经用人单位批准吗？

▶ 情景再现

2022年4月1日，董某入职某公司担任工程师，劳动合同期限为3年。2024年3月1日，董某向公司发出书面通知，称其将于2024年4月1日离职。公司以董

第八章
职场中的劳动权益保护

> 某目前项目未完成为由,不同意董某的离职,双方遂发生争议。

律师说法

《劳动合同法》第三十七条规定,"劳动者提前三十日以书面形式通知用人单位,可以解除劳动合同。劳动者在试用期内提前三日通知用人单位,可以解除劳动合同"。第五十条第一款规定,"用人单位应当在解除或者终止劳动合同时出具解除或者终止劳动合同的证明,并在十五日内为劳动者办理档案和社会保险关系转移手续"。

辞职是国家法律赋予劳动者的权利,不管用人单位是否批准,只要劳动者履行正常的辞职手续后就可以解除劳动合同。公司为正常离职的职工办理离职证明及离职相关手续,是法定义务。劳动者正常离职,因用人单位未向劳动者出具解除或终止劳动合同的书面证明,而给劳动者造成损害的,应当承担赔偿责任。

《劳动合同法》规定,劳动者预告解除劳动合同必须以书面形式通知用人单位,书面通知到达对方时生效。书面形式包括合同书、信件、电报、电传、传真等可以有形地表现所载内容的形式。

210. 公司拖欠工资，员工能解除劳动合同吗？

> 三个月没发工资了，我要解除劳动合同！

> 你跟公司签了三年劳动合同，要干满三年。

人力资源

▶ 情景再现

2022年5月，陈某入职某公司担任程序员，劳动合同期限为3年。2023年6月，陈某发现公司还未发放2023年3月至5月的工资，因此于6月9日申请劳动仲裁，要求解除与公司之间的劳动关系，并要求该公司支付2023年未付的工资及解除劳动合同的经济补偿。

律师说法

根据《劳动合同法》第三十八条第一款的规定，用人单位未及时足额支付劳动报酬的，劳动者可以解除劳动合同。根据该法第四十六条的规定，劳动者依照该法第三十八条规定解除劳动合同的，用人单位应当向劳动者支付经济补偿。也就是说，公司如果存在"未及时足额支付劳动报酬"的情形，员工可以提出解除劳动合同并获得解除劳动合同的经济补偿。

上述法律规定的目的是促使劳动合同当事人双方都诚信履行合同。如果用人单位存在有悖诚信的情况，如用人单位因主观恶意而拖延或拒绝支付劳动报酬等，劳动者则可以单方解除劳动合同。但确因客观原因导致计算标准不清楚、有争议，从而导致用人单位未能及时、足额支付劳动报酬的，劳动者不能单方解除劳动合同。

211.劳动合同约定每日工作 8 小时，包含午餐时间吗？

▶ 情景再现

李某是便利店售货员，劳动合同明确约定每日工作时间是 8 小时，白班是上午 9 时到下午 6 时，中午有 1 个小时的用餐时间。入职后，实际的情况却是，用餐期间李某也必须留在柜台前，但公司在计算工资时却将这 1 个小时扣除了，双方就此问题产生争议。

律师说法

午餐时间一般也包括午休时间，关于午餐时间是否计入工作时间,用人单位应当在员工入职时,以规章制度形式或劳动合同约定明确告知。

第一种情况:用人单位明确规定将午餐时间计入工作时间,员工可以弹性安排此段时间,如果确实有工作需要,员工可以妥善协调好午餐时间和工作时间。

第二种情况:用人单位明确规定午餐时间不计入工作时间,除了要以规章制度形式告知员工以外,还要确保员工对此段时间有自由支配权,而不是让员工处于工作待命状态,或是临时安排工作任务等,如果用人单位任意占用员工午餐时间,让员工处于工作待命状态或实际工作状态,那么午餐时间应当计入上班时间并计算工资。

212.员工能以企业未缴纳社会保险费为由解除劳动合同吗?

▶ 情景再现

李某于2019年12月21日入职某公司担任保安,劳动合同期限为5年。2022年11月30日,李某以公司未给其缴纳社会保险费为由,向公司提出解除劳动合同,并要求公司支付经济补偿,公司不同意支付,双方遂发生争议。

第八章
职场中的劳动权益保护

> **律师说法**

根据《劳动合同法》第三十八条第一款的规定，用人单位未依法为劳动者缴纳社会保险费的，劳动者可以解除劳动合同。第四十六条规定，劳动者依照本法第三十八条规定解除劳动合同的，用人单位应当向劳动者支付经济补偿。

依法为劳动者缴纳社会保险费是用人单位的基本义务。实践中，一些用人单位为了降低用工成本，未按照劳动者的实际工资缴纳社会保险费，而是以低于劳动者实际工资的数额甚至是用人单位所在地的最低工资标准作为基数缴纳社会保险费，这些都属于未依法缴纳社会保险费，劳动者可以单方解除劳动合同，并主张经济补偿。

213.员工离职后还能要求企业支付年终奖吗？

生活中的法律常识
——让你少吃亏的300个锦囊

▶ 情景再现

2020年1月1日，张某入职某公司担任设计师，劳动合同期限为5年。2023年6月18日，张某向公司提交辞职报告，并要求公司向其支付2023年1月1日至2023年6月18日的年终奖。公司告知张某，离职人员不享受年终奖。双方发生争议。

律师说法

《关于工资总额组成的规定》第四条规定，工资总额由下列6个部分组成：（1）计时工资；（2）计件工资；（3）奖金；（4）津贴和补贴；（5）加班加点工资；（6）特殊情况下支付的工资。

员工离职后，公司是否发放年终奖，要看以下方面：（1）年终奖的性质。年终奖一般会在劳动合同或用人单位的规章制度中明确规定，大致可以分为工资类、考核类、福利类、奖励类等。不同种类的年终奖的性质不同。如果年终奖在劳动合同、规章制度中均没有明确规定，则应推定为工资属性。（2）劳动合同中的约定以及规章制度的规定。如果用人单位没有在劳动合同中约定或在规章制度中规定"离职人员不享受年终奖"，则员工离职时用人单位不得临时告知不支付年终奖。（3）劳动者的离职原因。如果劳动者因个人原因辞职，并且明知离职后不会发放年终奖的规定，应视为劳动者在辞职时对自身权利的放弃，用人单位可不支付年终奖；如果劳动者属于《劳动合同法》第三十九条规定的情形，被用人单位合法辞退，则明显不符合考核条件，用人单位可不支付年终奖；如果是用人单位以不可归责于劳动者自身原因的情况违法解除劳动合同，则用人单位应支付年终奖。

用人单位有权根据本单位的经营状况、员工的业绩表现等，自主确定奖金发放与否、发放条件及发放标准，但是用人单位制定的发放规则仍应遵循公平合理原则。年终奖发放前离职的劳动者主张用人单位支付年终奖的，法院会结合劳动者的离职原因、离职时间、工作表现以及对单位的贡献程度等因素综合考量。如果用人单位的规章制度规定年终奖发放前离职的劳动者不能享有年终奖，但劳动合同的解除非因劳动者单方过失或主动辞职所导致，且劳动者已经完成年度工作任务，用人单位不能证明劳动者的工作业绩及表现不符合年终奖发放标准，那么年终奖发放前离职的劳动者有权向用人单位主张支付年终奖。

214.员工离职后，企业不出具离职证明怎么办？

▷ 情景再现

赵某离职后，公司未向其出具离职证明，新入职的单位要求员工入职时必须提供离职证明，赵某因无法提供原单位离职证明而未能入职。赵某认为公司未及时办理离职相关手续给其造成损失，要求公司赔偿，遂发生争议。

律师说法

《劳动合同法》第五十条第一款规定，"用人单位应当在解除或者终止劳动合同时出具解除或者终止劳动合同的证明，并在十五日内为劳动者办理档案和社会保险关系转移手续"。第八十九条规定，"用人单位违反本法规定未向劳动者出具解除或者终止劳动合同的书面证明，由劳动行政部门责令改正；给劳动者造成损害的，应当承担赔偿责任"。

离职证明是证明劳动者已和原用人单位解除或终止劳动关系的重要凭证，也是新单位规避用工风险，确认新员工是否与其他单位仍存在劳动关系的有力证据。出具离职证明是用人单位的法定义务，用人单位不能以解除或者终止劳动关系通知替代离职证明，也不能以双方存在劳动争议为由，不出具离职证明。用人单位不依法向劳动者出具离职证明，可能会导致离职的劳动者无法再就业，从而造成劳动者工资损失等就业权益的损害，劳动者有权要求用人单位赔偿相应的损失。

提醒注意，劳动者在因原单位不出具离职证明而权益受损时，要积极维权，并在仲裁或诉讼中举证证明实际损失的产生、该损失与用人单位未出具离职证明的行为之间存在因果关系，例如提交新单位的录用通知、向原单位索要离职证明的证据以及因缺少离职证明而再就业失败的相关证据等。

215.员工离职未依约办理工作交接，要承担责任吗？

> **情景再现**
>
> 2023年8月，张某入职某公司从事技术开发工作。2024年3月，张某基于个人发展考虑向公司提出离职。2024年5月，公司提起劳动仲裁，要求张某交接有效的源代码，并赔偿因未完成工作交接而给公司造成的经济损失20万元。劳动争议仲裁委员会经审理认为，公司未能就其主张进行有效举证，对其仲裁申请请求不予支持。

> **律师说法**

《劳动合同法》第五十条第二款规定，"劳动者应当按照双方约定，办理工作交接"。如果劳动者未办理工作交接手续，从而给用人单位造成损失，那么用人单位可以要求劳动者承担赔偿责任。

但要注意的是，用人单位应提供证据证明其经济损失确实存在，且经济损失与劳动者未履行交接手续间存在直接的因果关系，如劳动者恶意将用人单位某些重要文件、密码等物品及客户信息带走，造成公司业务停滞或遭受其他直接损失。

本案中，某公司要求张某交接有效的源代码并赔偿经济损失，公司应就此进行充分、有效举证，如果证据不足，则将难以得到法院的支持。

用人单位在劳动者离职时应当向该劳动者的住所地发送书面通知，要求劳动者限期办理工作交接。该通知一般应当包含以下内容：（1）确认某年某月某日该劳动者因自身原因离职；（2）明确该劳动者在某年某月某日之后未再向用人单位提供劳动；（3）明确要求该劳动者在几个工作日内前往公司办理工作交接手续，逾期交接给用人单位造成的损失应当由该劳动者承担。此外，建议用人单位一定要查询该通知的签收情况，及时打印书面签收凭证，并保留该通知的邮寄凭证。

216.劳动合同终止后员工发现已怀孕，能要求续签劳动合同吗？

第八章
职场中的劳动权益保护

▶ 情景再现

2022年7月1日,王某与公司签订无固定期限劳动合同。2023年12月1日,王某在写有"本人因个人原因,申请离职,请予批准"的离职申请上签字,并于同日与公司签订劳动关系解除协议。劳动关系解除协议中确定具体解除日期为2024年1月8日,并就王某的薪酬、社会保险等截止日期,竞业限制及经济补偿达成协议。2024年1月8日,公司将经济补偿打入王某个人账户。离职一周后,王某得知自己怀孕已经6周,遂以自己在孕期不能解除劳动合同为由要求公司恢复原有劳动关系,双方发生争议。

律师说法

根据《劳动合同法》第四十二条的规定,女员工在孕期的,用人单位不得以无过失性辞退、经济性裁员为由解除劳动合同。根据该法第四十五条的规定,劳动合同期满时,女员工处于怀孕状态的,劳动合同应当续延至相应的情形消失时终止。

如果用人单位依据《劳动合同法》第四十条、第四十一条以无过失性辞退、经济性裁员为由解除与女员工的劳动合同,女员工之后才发现解除劳动合同时已怀孕,要求恢复劳动关系的,法院一般会予以支持,这是因为只要医学认定女员工进入孕期，女员工即可依法享受相应的权益。

如果是双方协商一致解除劳动合同，或者女员工主动要求离职，之后才发现怀孕，要求恢复劳动关系，则法院一般不予支持。因为此时解除劳动合同是双方在平等条件下协商一致达成的协议，是双方的真实意思表示，属于合法解除，双方应承担解除劳动合同对应的法律后果。

217. 劳动合同到期终止，企业要支付经济补偿吗？

▶ 情景再现

2020年7月1日，陈某入职某公司担任软件开发工程师，双方签订为期3年的劳动合同。2023年6月1日，公司提前向陈某发送书面通知，希望续订5年劳动合同，新合同将维持原来的岗位和待遇。陈某认为新合同既没升职也没加薪，遂不同意续订合同，陈某可以要求公司支付经济补偿吗？

律师说法

根据《劳动合同法》第四十四条、第四十六条的规定，劳动合同期满，用人单位维持或者提高劳动合同约定条件续订劳动合同，劳动者不同意续订，劳动合同终止的，用人单位无须向劳动者支付经济补偿金。

总而言之，劳动合同期满，如用人单位不续订，则应当支付经济补偿金；如用人单位愿意与劳动者续订劳动合同，但降低了原劳动合同的工资待遇，劳动者不同意续订，则用人单位应当支付经济补偿；如果用人单位以原待遇或提高后的待遇要求与劳动者续订劳动合同，劳动者不同意续订，用人单位则无须向劳动者支付经济补偿。

本案中，劳动合同期满后，公司维持原待遇水平，要求与陈某续订劳动合同，陈某拒绝，此时陈某便不能再要求公司向其支付经济补偿。

218.员工失职给企业造成损失，应如何赔偿?

▶ 情景再现

员工李某因忘记关闭厨房总闸造成公司厂区厨房发生火灾，厨房灶台、烟道等均被烧毁。公司提起劳动仲裁，请求解除与李某的劳动关系，并赔偿因李某严重失职给公司造成的损失共计4万元。劳动争议仲裁委员会裁决认定李某在工作中存在重大过错并违反规章制度，造成火灾，裁定双方劳动关系解除；因公司未按规定报警并报请相关机构对火灾责任及火灾损失进行调查和统计，驳回了公司的赔偿请求。

律师说法

《劳动法》第一百零二条规定，"劳动者违反本法规定的条件解除劳动合同或者违反劳动合同中约定的保密事项，对用人单位造成经济损失的，应当依法承担赔偿责任"。《工资支付暂行规定》第十六条规定，"因劳动者本人原因给用人单位造成经济损失的，用人单位可按照劳动合同的约定要求其赔偿经济损失。经济损失的赔偿，可从劳动者本人的工资中扣除。但每月扣除的部分不得超过劳动者当月工资的20%。若扣除后的剩余工资部分低于当地月最低工资标准，则按最低工资标准支付"。

如果员工给公司造成经济损失，公司有权要求员工赔偿，但应当满足以下条件：（1）劳动者与用人单位对赔偿经济损失有明确约定；（2）用人单位存在直接损失；（3）劳动者存在故意或重大过失；（4）劳动者过错与用人单位的损失之间具有直接因果关系。

因劳动关系的特殊性，如果让劳动者承担用人单位所有的损失，就等于间接将用人单位的经营风险全部或大部分转移到劳动者身上，显然有失公平。用人单位提供生产资料和劳动条件，享有劳动成果，劳动者在履行劳动合同过程中给用人单位造成损害，在一定程度和范围内属于用人单位的经营风险，用人单位也应承担部分损失。对于赔偿损失的具体数额，根据劳动者在履行职务过程中的过错程度、用人单位的实际损失数额及过错程度、劳动者岗位职责及收入水平等情况，兼顾用人单位和劳动者之间利益平衡进行综合确定。

219. "三期"女职工的工资该怎么发？

> 情景再现

　　董某与某公司签订劳动合同，期限为2023年9月1日至2024年9月28日。董某入职后怀孕，公司以董某怀孕，公司需要增加人手为由，认为董某应与他人一起平分2%的提成金额，故按照1%的标准发放董某怀孕之后的每月提成金额3500元。后双方就劳动关系存续期间的提成差额产生争议，法院最终判决公司向董某补足1%的提成差额。

357

> 律师说法

女职工的孕期、产期、哺乳期,简称"三期",一般指女职工从怀孕、生产到婴儿满一周岁的这段时间。《妇女权益保障法》第四十八条第一款规定,"用人单位不得因结婚、怀孕、产假、哺乳等情形,降低女职工的工资和福利待遇,限制女职工晋职、晋级、评聘专业技术职称和职务,辞退女职工,单方解除劳动(聘用)合同或者服务协议"。《女职工劳动保护特别规定》第五条规定,"用人单位不得因女职工怀孕、生育、哺乳降低其工资、予以辞退、与其解除劳动或者聘用合同"。

对于孕期女职工,《女职工劳动保护特别规定》第六条第三款规定,如在劳动时间内进行产前检查,所需时间计入劳动时间。因此,用人单位不得扣发女职工产前检查时间的工资。女职工怀孕期间如果需要保胎休假,则需要出具医院的证明,可以按病假处理。法定的医疗期以外的病假,则为无薪假。

对于产期女职工,其工资应当由用人单位按照原来的工资垫付支付,自职工生育起至1年内,用人单位可以向社会保险机构申请支付生育津贴,用人单位不可以扣发放产假期间的工资或者与劳动者约定以生育津贴替代工资。

对于哺乳期女职工,《女职工劳动保护特别规定》第九条第二款规定,"用人单位应当在每天的劳动时间内为哺乳期女职工安排1小时哺乳时间;女职工生育多胞胎的,每多哺乳1个婴儿每天增加1小时哺乳时间"。因此,哺乳时间应计入劳

第八章
职场中的劳动权益保护

动时间,用人单位不得扣发女职工哺乳时间的工资。

220."三期"女职工严重违纪,企业可以解除劳动合同吗?

▷ 情景再现

陈某于2023年10月至2024年2月休产假,产假结束后既未回公司上班,也未履行请假手续。经公司多次催告后,陈某仍未返岗上班。2024年5月,陈某要求回公司上班,公司拒绝其要求并以陈某严重违反规章制度为由向陈某邮寄送达解除劳动合同通知书,陈某与公司遂发生争议。

律师说法

根据《妇女权益保障法》第四十八条的规定,用人单位不得因结婚、怀孕、产假、哺乳等情形辞退女职工,单方解除劳动(聘用)合同或者服务协议。但是,用人单位依法解除、终止劳动(聘用)合同或者服务协议的除外。根据《劳动合同法》第四十二条的规定,女职工在孕期、产期、哺乳期的,用人单位不能以无过失性辞退、经济性裁员为由解除与该女职工的劳动合同。

我国法律对"三期"女职工的劳动合同关系进行了特殊保护,但这种保护也是有条件、有限度的,超出法律设定的特定条件时，用人单位依然可以解除劳动合同。《劳动合同法》第三十九条规定了过失性辞退事由，劳动者有下列情形之一的，用人单位可以解除劳动合同：（1）在试用期间被证明不符合录用条件的；（2）严重违反用人单位的规章制度的；（3）严重失职，营私舞弊，给用人单位造成重大损害的；（4）劳动者同时与其他用人单位建立劳动关系，对完成本单位的工作任务造成严重影响，或者经用人单位提出，拒不改正的；（5）因本法第二十六条第一款第一项规定的欺诈、胁迫的手段或者乘人之危情形致使劳动合同无效的；（6）被依法追究刑事责任的。

本案中，陈某产假结束后长期旷工，已严重违反公司规章制度。陈某虽在"三期"内享受特殊劳动保护，但公司依据《劳动合同法》第三十九条第二项规定与其解除劳动合同并无不当。

221.企业对"三期"女职工调岗、降薪违法吗？

▶ 情景再现

王某在公司化学实验室从事研发工作，怀孕后身体状况不太好，遂向公司出示了医院开具的证明，希望将其调整到工作环境安全的岗位。公司考虑到实验室确实容易接触很多化学试剂和实验器材等，可能会对孕妇造成伤害，就将王某调岗到了产品包装部门，工资也随岗位调整。王某休完产假后认为公司调岗、降薪的行为违法，要求公司补偿工资差额。

第八章
职场中的劳动权益保护

> **律师说法**

《女职工劳动保护特别规定》第六条第一款规定，"女职工在孕期不能适应原劳动的，用人单位应当根据医疗机构的证明，予以减轻劳动量或者安排其他能够适应的劳动"。企业考虑工作岗位或工种不适合怀孕女职工，将其岗位进行调整的，属于具有一定合理性的工作调整。

根据《女职工劳动保护特别规定》第五条的规定，用人单位不得因女职工怀孕、生育、哺乳降低其工资。法律对"三期"女职工有特殊保护，企业不能因为调岗而降低其原有的工资待遇。

需要注意的是，对员工的调岗降薪属于对原劳动合同的变更，根据《劳动合同法》第三十五条的规定，劳动合同须经用人单位与劳动者协商一致，方能变更。本案中，公司根据王某的申请为其安排调岗的行为属于合法行为；但降薪行为违法，应当承担相应的法律责任。

222.企业欠缴社会保险费，员工能通过仲裁或诉讼要求补缴吗？

> **情景再现**

2022年7月1日，董某入职某科技公司，但该公司自2023年1月1日起才开始为董某缴纳社会保险费。2024年7

月，公司因董某所在部门撤并，于是决定解除与董某的劳动合同。董某不服，向劳动争议仲裁委员会提出申请，要求公司支付违法解除劳动合同的双倍赔偿金，并补缴2022年7月至12月的社会保险费。劳动争议仲裁委员会支持了董某要求支付违法解除劳动合同的赔偿金的请求，但对于补缴社会保险费的请求，裁决不予受理。董某提起诉讼，法院最终驳回了董某补缴社保费的请求。

律师说法

根据《劳动合同法》第三十八条的规定，用人单位未依法为劳动者缴纳社会保险费的，劳动者可以解除劳动合同。第四十六条规定，劳动者依照本法第三十八条规定解除劳动合同的，用人单位应当向劳动者支付经济补偿。

根据以上法律规定，员工因为企业未依法缴纳社会保险费而要求与公司解除劳动合同并要求支付经济补偿的，可以提起仲裁或诉讼。但是，劳动者请求公司补缴社会保险费的纠纷不属于劳动争议，因而劳动争议仲裁委员会或者法院不予受理，但通常会告知劳动者可通过劳动行政部门解决。

第八章
职场中的劳动权益保护

223.劳动合同约定企业可根据生产经营情况进行调岗,是否有效?

> 我不同意调岗!
>
> 劳动合同里写了,公司有权调岗,你要服从安排。

▶ 情景再现

2023年12月5日,董某与北京某公司签订劳动合同,约定董某入职岗位为装备部经理,固定月薪8200元;公司根据生产经营情况有权变更董某的工作岗位;因工作岗位变动,工资薪酬也会作相应的调整;等等。2024年4月18日,北京某公司向董某发出岗位调动通知书,通知董某从原管理岗位调至装备部电气工程师技术岗位,拟将董某的新岗位工资调整为月薪6000元,董某以未确定薪酬标准为由不同意调整岗位,也未按期到新岗位报到。2024年4月24日，北京某公司通知董某，称董某未到新岗位报到视同旷工，将按自动离职处理。双方发生纠纷。

律师说法

《劳动合同法》第三条规定，"订立劳动合同，应当遵循合法、公平、平等自愿、协商一致、诚实信用的原则。依法订立的劳动合同具有约束力，用人单位与劳动者应当履行劳动合同约定的义务"。

工作岗位作为劳动合同的内容，一经约定即具有法律效力，如果要调整，应当用人单位与劳动者协商一致才可以变更。根据《北京市高级人民法院、北京市劳动人事争议仲裁委员会关于审理劳动争议案件解答（一）》第五十九条的规定，用人单位与劳动者约定可根据生产经营情况调整劳动者工作岗位的，经审查用人单位证明生产经营情况已经发生变化，调岗属于合理范畴，应支持用人单位调整劳动者工作岗位。用人单位在调整岗位的同时调整工资，劳动者接受调整岗位但不接受同时调整工资的，由用人单位说明调整理由。应根据用人单位实际情况、劳动者调整后的工作岗位性质、双方合同约定等内容综合判断是否侵犯劳动者合法权益。

本案中，尽管劳动合同中约定了某公司根据生产经营需要有权变更董某的工作岗位，某公司也应提供证据证明生产经营情况发生变化，调岗具有合理性，并且应就薪酬调整事项与董某达成一致。某公司未与董某协商一致即调岗、调薪，之后又违法解除劳动合同，董某有权要求继续履行劳动合同或者主张赔偿。

224.员工连续工作已满十年，企业是否必须续订劳动合同？

> 公司不愿意和我续订合同，怎么办？

> 别担心，你都是工作十年的"元老"了，这种情况公司必须续订合同。

情景再现

李某进入公司工作已满10年，在双方签订的最近一期劳动合同期满前，李某收到公司不续订的通知。李某认为公司应当与其签订无固定期限的劳动合同，公司则明确表示不愿意续签劳动合同，双方发生争议。

律师说法

续订劳动合同是指劳动合同期满后,用人单位与劳动者经协商达成一致,继续签订与原劳动合同内容相同或者不同的劳动合同。根据《劳动合同法》第十四条的规定,劳动者在用人单位连续工作满十年,劳动者提出或者同意续订、订立劳动合同的,除劳动者提出订立固定期限劳动合同外,应当订立无固定期限劳动合同。因此,劳动者在同一用人单位连续工作满十年,劳动者提出或者同意续订劳动合同的,公司不得拒绝。本案中,公司以自身意愿不续订劳动合同是违法的。

225.无固定期限劳动合同订立的条件有哪些?

情景再现

李某于2012年1月入职某网络公司。2017年5月,李某非因本人原因被公司安排到某物业公司工作,签订固定期限劳动合同,其工作地点和工作岗位均未发生变化。2022年5月,劳动合同到期后,李某主张其工作年限应从2012年1月开始计算,其在某物业公司已连续工作十年以上,符合法律规定的订立无固定期限劳动合同的条件,请求履行无固定期限劳动合同,就是否订立无固定期限劳动合同,李某与某物业公司发生争议。法院最终判决某物业公司应与李某签订无固定期限劳动合同。

第八章
职场中的劳动权益保护

律师说法

根据《劳动合同法》第十四条的规定，用人单位与劳动者协商一致，可以订立无固定期限劳动合同。有下列情形之一，劳动者提出或者同意续订、订立劳动合同的，除劳动者提出订立固定期限劳动合同外，应当订立无固定期限劳动合同：（1）劳动者在该用人单位连续工作满十年的；（2）用人单位初次实行劳动合同制度或者国有企业改制重新订立劳动合同时，劳动者在该用人单位连续工作满十年且距法定退休年龄不足十年的；（3）连续订立二次固定期限劳动合同，且劳动者没有本法第三十九条规定的过失情形和第四十条第一项、第二项规定的不能胜任工作的情形。用人单位自用工之日起满一年不与劳动者订立书面劳动合同的，视为用人单位与劳动者已订立无固定期限劳动合同。

本案中，劳动者非因本人原因从原用人单位被安排到新用人单位工作的，其在原用人单位的工作年限应合并计算为新用人单位的工作年限。李某在某物业公司连续工作已满十年，符合订立无固定期限劳动合同的条件，据此认定李某与某物业公司存在无固定期限劳动关系。

无固定期限劳动合同没有约定劳动合同的终止时间，用人单位不能以劳动合同到期为由终止劳动合同；经济性裁员时，订立无固定期限劳动合同的劳动者享有优先留用的权利。但无固定期限劳动合同并不意味着就是"铁饭碗"，若劳动者严重违反公司的规章制度，则用人单位仍然可以单方解除劳动合同。

226.企业违法不与劳动者订立无固定期限劳动合同，应承担什么责任？

▷ **情景再现**

董某于2013年与某公司签订期限为5年的劳动合同。2018年劳动合同到期后，董某又与某公司签订了期限为5年的劳动合同。2023年10月，第二次劳动合同到期前，董某向某公司提出订立无固定期限劳动合同的要求，公司未同意且未说明理由，仍坚持与董某订立期限为5年的固定期限劳动合同。董某与公司发生争议，遂诉至法院。

第八章
职场中的劳动权益保护

律师说法

《劳动合同法》第八十二条规定,"用人单位自用工之日起超过一个月不满一年未与劳动者订立书面劳动合同的,应当向劳动者每月支付二倍的工资。用人单位违反本法规定不与劳动者订立无固定期限劳动合同的,自应当订立无固定期限劳动合同之日起向劳动者每月支付二倍的工资"。

上述规定中的二倍工资并不是劳动报酬,劳动报酬是劳动者通过提供正常劳动按照等价有偿原则所获得的收益,而此处的二倍工资差额是用人单位基于其未订立书面劳动合同的法律行为而应承担的赔偿责任,具有惩罚性赔偿金性质。

本案中,董某与某公司已经连续订立两次固定期限劳动合同,根据《劳动合同法》第十四条的规定,如果公司没有证据证明董某存在《劳动合同法》第三十九条规定的过失情形和第四十条第一项、第二项规定的不能胜任工作的情形,那么当董某提出订立固定期限劳动合同时,某公司应当同意,否则就要承担支付二倍工资的赔偿责任。

227.劳动者提供虚假学历与用人单位签订劳动合同,应承担什么责任?

> **情景再现**
>
> 李某在求职简历中虚构学历,借此通过某公司面试并入职,入职期间李某签署《任职承诺书》一份,承诺"本人提供给公司的个人材料均真实有效,如有虚假情况,愿意无条件被解除合同"。后某公司以李某求职时向公司出具的有关材料和陈述有虚假为由,主张双方的劳动合同无效,并与李某解除劳动关系。李某不服,诉至法院,要求公司支付违法解除劳动合同的赔偿金,法院最终未支持李某的请求。

律师说法

《劳动合同法》第八条规定,"用人单位有权了解劳动者与劳动合同直接相关的基本情况,劳动者应当如实说明"。根据该法第二十六条的规定,以欺诈、胁迫的手段或者乘人之危,使对方在违背真实意思的情况下订立或者变更的劳动合同无效。

学历与履历是用人单位甄别和选择劳动者的重要指标,是双方订立劳动合同的目的能否达到的前提条件。劳动者在与用人单位的双向选择过程中违背诚信原则,采用欺诈手

第八章
职场中的劳动权益保护

段,提供虚假学历、履历,足以使用人单位产生错误认识,进而导致意思表示不真实,用人单位可以主张劳动合同自始无效。

《劳动合同法》第二十八条规定,"劳动合同被确认无效,劳动者已付出劳动的,用人单位应当向劳动者支付劳动报酬。劳动报酬的数额,参照本单位相同或者相近岗位劳动者的劳动报酬确定"。第八十六条规定,"劳动合同依照本法第二十六条规定被确认无效,给对方造成损害的,有过错的一方应当承担赔偿责任"。用人单位如果有证据证明劳动者的欺诈行为对其造成了损害,则可以要求劳动者赔偿。

228.录用通知的工资与劳动合同不一致怎么办?

▷ 情景再现

2023年1月,董某收到某公司发来的录用通知,载明待遇为"月基本工资15000元+绩效工资5000元"。入职后,董某与某公司签订的劳动合同约定工资构成为"月固定工资15000元"。同年6月,董某提起劳动仲裁申请,要求某公司根据录用通知的约定额外支付5个月的绩效工资25000元。某公司称,根据劳动合同约定,董某的工资标准是15000元/月,并未另行约定绩效工资,应以录用通知书载明的工资标准为准。

律师说法

《劳动合同法》第十条第一款规定,"建立劳动关系,应当订立书面劳动合同"。根据该条规定,录用通知并不能完全代替劳动合同。本案中,某公司发出录用通知在前,双方签订劳动合同在后。劳动合同中关于工资构成的约定不同于录用通知,应理解为双方通过劳动合同修改了录用通知的内容,故应以劳动合同为准。劳动仲裁委员会经审理后驳回了董某的仲裁请求。

当录用通知与劳动合同对某一内容的约定不一致,应视为用人单位与劳动者就同一问题协商一致后作出了新约定,应适用劳动合同条款。当录用通知中约定的内容在劳动合同中没有体现时,不能完全依据形成时间来确定适用录用通知还是劳动合同,而是要考虑录用通知在劳动合同签订后是否继续有效。若用人单位并未明确约定录用通知的有效期,那么录用通知中的相应内容并不会因劳动合同的签订而自然失效;若用人单位在签订劳动合同时明确自劳动合同签订之日起录用通知失效,或明确双方权利义务以劳动合同内容为准,那么录用通知相关内容就不再具有约束力,此时,应以劳动合同为准。

第八章
职场中的劳动权益保护

229.企业要求员工保守商业秘密需要支付费用吗?

▶ 情景再现

周某为某医疗公司从事产品研发的高级工程师,双方签订的格式劳动合同中包含保密条款。周某入职后,某医疗公司要求包括周某在内的可能知悉该公司商业秘密和技术秘密的研发部人员与公司另行签订保密协议,周某称因未约定补偿费故不签订保密协议,另周某向公司隐瞒了其配偶在竞争企业任职的情况。后公司与周某解除劳动合同,双方发生争议,诉至法院。

律师说法

与竞业限制义务必须以支付经济补偿金为前提不同,保密义务是劳动合同的附随义务,属于员工的法定义务,自劳动者知道企业秘密之时起即产生,不以支付保密费为有效前提。不管劳动者与用人单位之间是否存在明示的保守商业秘密的约定,劳动者均应承担对企业商业秘密的保守义务。

本案中,法院经审理认为,保密义务是劳动合同的附随义务,保密协议并不是竞业限制协议,周某称未签订保密协议是因协议未约定补偿费所致与事实不符,故最终支持公司的诉请,判决认定公司解除劳动合同合法。

提醒注意,约定保密义务的范围应以双方约定的秘密范围为准，未明确约定保密义务的，在保护秘密的范围上仅限于法定意义上的商业秘密，而不包括用人单位的其他秘密。无论是法定的还是约定的保密义务，均不以支付保密费用为前提。若用人单位与劳动者之间存在保密约定，用人单位则可以优先适用双方的约定主张权利；若双方不存在保密约定，则用人单位不能追究劳动者的违约责任，而只能根据诚信原则和忠实义务的要求，通过侵权诉讼来追究劳动者违反保密义务的法律责任。

230.如何证明员工在试用期内不符合录用条件？

▶ 情景再现

2023年5月25日，王某入职某公司，并于当日签订劳动合同，约定试用期为6个月。试用期内，某公司以

第八章
职场中的劳动权益保护

> 王某不符合录用条件为由与其解除劳动合同，并提供劳动合同、试用期评估表、试用期不合格通知书、试用期评分表等证据。法院经审理认为，某公司提供的现有证据不足以证明王某存在试用期不符合录用条件或不能胜任工作的情形，故某公司以此为由解除与王某之间的劳动合同的行为，缺乏事实基础及法律依据，构成违法解除劳动合同。

律师说法

根据《劳动合同法》第三十九条的规定，劳动者在试用期间被证明不符合录用条件的，用人单位可以解除劳动合同。《劳动合同法》并没有就录用条件的含义进行明确规定。准确理解录用条件的含义，成为此类案件裁判的关键。

大多数用人单位在招聘员工时，只是规定了招聘条件，并没有制定清晰的录用条件，招聘条件与录用条件虽在法律上存在关联性但却有不同的含义。招聘条件是指用人单位招聘员工时所要求的基本条件，包括学历、专业、职业资格、外语等级等。录用条件则是指用人单位制定的、要求劳动者符合工作岗位的具体要求。发生争议时，一般需要用人单位从以下方面证明劳动者不符合录用条件：

（1）用人单位须举证证明该岗位具体的录用条件。录用条件从内容上来划分一般应当包括入职条件、工作表现条件以及职业道德条件三方面。①劳动者不符合入职条件的情形包括：无法提供解除或终止劳动关系证明、无法提供用人单位办理社会保险或住房公积金等所需要的证明文件、与原用人单位存在竞业限制约定且劳动者在限制范围内、隐瞒患有精神疾病或国家法律法规规定应禁止工作的传染病等。②工作表现条件是指在试用期限内完成工作任务或工作指标的能力或表现。工作表现包括日常出勤情况、与团队成员相处及整合情况、工作任务完成质量及结果等。③职业道德条件一般以劳动者是否存在欺上瞒下、违背诚信原则、挑拨是非、损坏公司声誉等行为作为考核条件。

（2）用人单位须举证证明劳动者在试用期内各项工作表现及指标完成情况的考核结果，且相关考核结果是公平公正、未违反相关法律规定的。用人单位必须提供证据证明对劳动者的考核办法、考核内容、考核结果等事项程序合法、结果公平。以上考核制度应履行相关的公示程序。最好让劳动者签名确认知悉并同意用人单位制定的相关考核办法、考核程序等内容。

（3）用人单位需要证明劳动者在试用期内工作表现或试用期的考核结果不符合约定的录用条件。例如，以劳动者在试用期内多次迟到、严重违反用人单位规章制度为由解除劳动合同，则用人单位应提供员工经常迟到的相关证据资料，这些证据资料最好由劳动者本人签名确认；如以劳动者未完成录用条件中的销售指标为由解除劳动合同，则用人单位应证明其与劳动者就销售指标及未完成销售指标的相关处理方式进行了明确约定。

如果用人单位无法完成以上举证，则将自行承担举证不能的法律后果。

231.企业发出录用通知后又反悔，劳动者应该怎么办？

> **情景再现**
>
> 2023年3月1日，公司向陈某发出《录用通知书》，明确陈某入职岗位为助理，报到时间为2023年3月10日。同日，陈某回复公司如无特殊情况其会按照要求准时入职。后陈某根据公司要求进行常规入职体检、提交入职照片，陈某亦与原单位解除了劳动关系。2023年3月9日，公司向陈某发出《取消录用通知书》，表明公司单方面停止招用陈某。陈某认为公司的行为侵害了其合法权益，诉至法院。

> **律师说法**
>
> 实践中，有的求职者会遇到收到公司录用通知后又被告知由于公司战略、经营策略调整取消该职位的情况，而求职者此时可能已经拒绝了其他公司的录用通知。《民法典》第五百条

规定，当事人在订立合同过程中有下列情形之一，造成对方损失的，应当承担赔偿责任：（1）假借订立合同，恶意进行磋商；（2）故意隐瞒与订立合同有关的重要事实或者提供虚假情况；（3）有其他违背诚信原则的行为。

缔约过程是缔约双方期待合作的过程，双方应当诚实守信，以保护对方当事人的合理信赖利益，若一方存在缔约过失造成对方信赖利益受损，则应赔偿损失。

本案中，公司单方面停止招用陈某，陈某对此并不存在过错，公司明显存在缔约过失，造成陈某信赖利益受损，公司应弥补该损失。

提醒注意，对用人单位而言，发出录用通知应当经过认真考虑，不可随意取消；如果需要取消录用，用人单位应尽快告知求职者岗位被取消的计划或事实，并进行协商，取得谅解，避免诉讼。对求职者而言，若用人单位发出录用通知后又撤销，用人单位的行为很可能违背了诚信原则，则求职者可要求用人单位承担缔约过失责任，可通过向法院提起诉讼来维护自身合法权益。

第八章
职场中的劳动权益保护

232.远程加班算加班吗?

> 我休息时间都在线上跟客户沟通,公司居然不给我算加班!

> 远程加班也是加班啊!

▶ **情景再现**

2023年4月1日,李某入职某科技公司担任产品运营,双方签订了劳动合同,约定李某执行不定时工时制度。后因加班问题,李某与公司发生劳动争议。李某提交假期社群账号值班表、微信聊天记录、钉钉打卡记录,称其经常在下班后或假期,使用社交软件与客户及员工沟通,公司应向其支付加班费。公司则认为,李某在休息日值班时,主要负责在客户群线上回答客户偶尔提出的问题,并非加班。法院最终判决支持李某的诉讼请求,认为远程通过微信工作,超出简单沟通范畴,属于加班。

律师说法

随着互联网技术的进步,劳动者的工作模式越来越灵活,可以通过电脑、手机随时随地提供劳动,不再局限于用人单位提供的工作地点、办公工位,特别是劳动者在工作时间、工作场所以外利用微信等社交软件开展工作等情况并不鲜见。不能仅因劳动者未在用人单位提供的工作场所工作而否定加班,应综合考虑劳动者是否提供实质工作内容来认定加班情况。如果劳动者在非工作时间使用社交软件工作超出一般简单沟通的范畴,劳动者付出实质性劳动内容,或者使用社交软件工作具有周期性和固定性,明显占用了劳动者的休息时间,体现了用人单位管理用工的特点,应当认定为加班。

即使劳动者在加班时亦可从事其他活动,以全部时长作为加班时长有失公平,也不能就此否定劳动者加班。要增强劳动者的维权意识与用人单位的守法意识,劳动者可以利用软件等技术手段记录在工作场所之外的工作时间,妥善保存用人单位远程安排工作的聊天记录、软件打卡记录等加班证据,以便有效主张自己的合法加班权益。用人单位也要与时俱进,建立完善更加现代化的考勤制度与加班审批制度。

第八章
职场中的劳动权益保护

233.员工要求支付加班费,谁应承担举证责任?

> 我这几个月都连着加班,公司怎么没给我发加班费?

> 你有加班证明吗?

▶ **情景再现**

　　崔某是某公司职工,于 2024 年 5 月至 7 月加班数次,其中包括公司口头通知其于工作日和休息日上班。公司发放工资时,崔某并未收到加班费,其与公司沟通要求支付加班费。公司则要求崔某提供加班证明。崔某提供了考勤表、打卡表,公司则认为上述材料均为复印件,且均无公司盖章,无法证实是公司安排崔某加班,崔某未能提供证据证明其在上述时间段内实际从事工作及相关的工作内容,故拒绝支付加班费用。

律师说法

《劳动争议调解仲裁法》第六条规定,"发生劳动争议,当事人对自己提出的主张,有责任提供证据。与争议事项有关的证据属于用人单位掌握管理的,用人单位应当提供;用人单位不提供的,应当承担不利后果"。《最高人民法院关于审理劳动争议案件适用法律问题的解释(一)》第四十二条规定,"劳动者主张加班费的,应当就加班事实的存在承担举证责任。但劳动者有证据证明用人单位掌握加班事实存在的证据,用人单位不提供的,由用人单位承担不利后果"。

劳动者就其主张的加班事实应着重从以下三个方面举证证明:一是用人单位根据企业生产经营需要安排劳动者加班的证据,如用人单位向劳动者发出的通知书、任务安排单、任务分配单以及单位工作人员向劳动者发出的短信、微信通知等;二是劳动者出勤从事加班工作任务的证据,如劳动者在工作记录上的签名、出勤记录上的签名、完成工作量的交付凭证、交接班记录等;三是加班工作任务完成后的证据,如完成加班工作后的交接班记录、考勤表、用人单位发放报酬的工资条以及其他劳动者的证言等。

在劳动关系中,劳动者作为相对弱势的一方,打卡记录、加班审批表等证据往往掌握在用人单位手中,劳动者难以取得,对于口头及临时工作安排也难以留存证据。考虑到劳动者举证存在困难,其只需提供基本证据证明存在加班的事实,便可以要求作为管理者的用人单位承担举证责任，若公司对劳动者提供的初步证据不予认可，则应当提交其掌握的证据资料予以反驳，否则将认定劳动者主张的相应加班事实成立。

234.陪客户喝酒致身体健康受损属于工伤吗？

▷ 情景再现

　　欧某是某公司职工，与公司签订了劳动合同。欧某与客户进行技术交流后，经领导同意在餐馆陪同客户就餐。就餐后，欧某意识丧失，送医后经救治无效死亡。公安局提供的司法鉴定书记载欧某系因醉酒后猝死。后公司申请工伤认定，人社局作出不予认定工伤决定书，认为其受到的事故伤害不属于工伤认定范围，不予以认定为工伤或视同工伤。公司行政复议无果后，向法院提起诉讼。

律师说法

　　《社会保险法》第三十七条规定，职工因下列情形之一导致本人在工作中伤亡的，不认定为工伤：（1）故意犯罪；（2）醉酒或者吸毒；（3）自残或者自杀；（4）法律、行政法规规定的其他情形。本案中，欧某的死因为醉酒后猝死，依法不能认定为工伤。

　　需要注意的是，员工陪客户吃饭，如果不涉及饮酒的情形，而是在此过程中发生了事故，并且符合《工伤保险条例》第十四条第一项规定"在工作时间和工作场所内，因工作原因受到事故伤害"，则可以按照因公外出情形对待确认为工伤。但饮酒过多达到醉酒状态导致伤亡的，不属于法定工伤的情形，因为醉酒是一种个人行为，因醉酒导致个人行为失去控制所引发的各种事故不能认定为工伤，法律法规将醉酒情形导致的事故伤害排除在工伤认定范围外，可在一定程度上控制职工酒后工作，减少工伤事故的发生。

235.企业为员工办理北京户口，约定服务期及高额违约金，员工在服务期内离职要按约定支付违约金吗？

▶ 情景再现

董某入职北京某公司后，与公司签订协议，约定董某自其户口进京5年内不得主动辞职，如服务期内董某主动离职，董某应向公司赔偿30万元违约金。董某取得北京户口后不久便提出离职，认为自己与公司的服务期约定无效，拒不赔偿违约金。北京某公司以董某辞职违反服务期承诺为由申请仲裁，要求董某支付赔偿金30万元。仲裁机构以该请求不属于劳动人事争议受案范围，裁定不予受理，后公司将董某诉至法院。

第八章
职场中的劳动权益保护

律师说法

服务期是对劳动者辞职自由的一种限制，基于保护劳动者辞职自由的原则，服务期的约定应当受到严格限制，也就是说，只有当用人单位为劳动者提供了特殊待遇或出资招用、培训的情况下，经双方协商一致才能设定服务期。

《劳动合同法》规定劳动者向用人单位支付违约金的情形，仅限于用人单位为劳动者提供专项培训时约定服务期，劳动者违反该服务期约定的，应支付违约金；以及劳动者不履行劳动合同中关于保密义务和竞业限制的条款时应支付违约金两种情形。其中，《劳动合同法》第二十二条第一款、第二款规定，"用人单位为劳动者提供专项培训费用，对其进行专业技术培训的，可以与该劳动者订立协议，约定服务期。劳动者违反服务期约定的，应当按照约定向用人单位支付违约金。违约金的数额不得超过用人单位提供的培训费用。用人单位要求劳动者支付的违约金不得超过服务期尚未履行部分所应分摊的培训费用"。

《北京市高级人民法院、北京市劳动争议仲裁委员会关于审理劳动争议案件解答（一）》第八十二条第二款规定，"用人单位为其招用的劳动者办理了本市户口，双方据此约定了服务期和违约金，用人单位以双方约定为依据要求劳动者支付违约金的，不应予以支持。确因劳动者违反了诚实信用原则，给用人单位造成损失的，劳动者应当予以赔偿"。

企业和员工就北京落户不可以直接约定违约金，但是企业可以基于员工违背诚实信用原则要求员工承担一定的赔偿责任。因为进京户口指标属稀缺资源，员工的辞职行为确实会给用人单位在人才引进及招录同岗位人员方面带来隐性损失。通常法院不会严格按照协议约定的违约金数额来判决，而会从服务的时长、企业的具体损失，以及合同的约定三个方面综合认定赔偿金数额。

第九章

刑法红线与刑事诉讼程序

第九章
刑法红线与刑事诉讼程序

236.酒后开车，会被追究刑事责任吗？

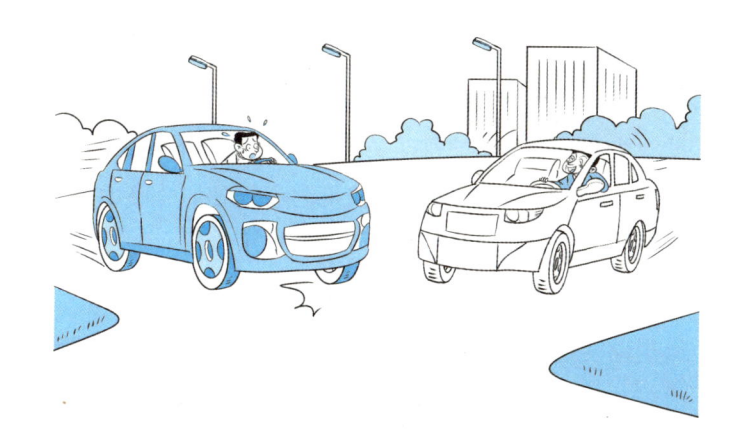

情景再现

2023年7月21日22时许，张某酒后驾驶轿车与丁某驾驶的轿车相撞，致使丁某受伤。经鉴定，丁某所受损伤属重伤二级。公安机关认定，张某醉酒驾驶机动车，丁某不按指示标线行驶（逆向行驶），二人承担此次事故的同等责任。《酒精检验报告》认定，被告人张某血液中酒精含量为200mg/100mL。法院审理期间，被告人张某的亲友与丁某达成和解协议，张某亲友已赔偿丁某相关车辆维修费用。法院经审理认定张某犯危险驾驶罪，判处拘役4个月，并处罚金5000元。

> **律师说法**

《刑法》第一百三十三条之一规定了危险驾驶罪,在道路上醉酒驾驶机动车的,处拘役,并处罚金。酒后驾驶机动车属于违法行为,醉酒驾驶机动车属于犯罪行为。醉酒是指血液中的酒精含量超过80mg/100mL,如果酒后驾驶但血液中酒精含量经检测不超过80mg/100mL,也没有发生重大交通事故等情形,虽然不会被追究刑事责任,但仍需接受行政处罚。

《道路交通安全法》第九十一条规定,饮酒后驾驶机动车的,处暂扣6个月机动车驾驶证,并处1000元以上2000元以下罚款。因饮酒后驾驶机动车被处罚,再次饮酒后驾驶机动车的,处10日以下拘留,并处1000元以上2000元以下罚款,吊销机动车驾驶证。醉酒驾驶机动车的,由公安机关交通管理部门约束至酒醒,吊销机动车驾驶证,依法追究刑事责任;5年内不得重新取得机动车驾驶证。饮酒后驾驶营运机动车的,处15日拘留,并处5000元罚款,吊销机动车驾驶证,5年内不得重新取得机动车驾驶证。醉酒驾驶营运机动车的,由公安机关交通管理部门约束至酒醒,吊销机动车驾驶证,依法追究刑事责任;10年内不得重新取得机动车驾驶证,重新取得机动车驾驶证后,不得驾驶营运机动车。饮酒后或者醉酒驾驶机动车发生重大交通事故,构成犯罪的,依法追究刑事责任,并由公安机关交通管理部门吊销机动车驾驶证,终生不得重新取得机动车驾驶证。

第九章
刑法红线与刑事诉讼程序

酒后开车发生重大事故导致被害人重伤、死亡或者公私财产遭受重大损失，可能构成交通肇事罪。《刑法》第一百三十三条规定，违反交通运输管理法规，因而发生重大事故，致人重伤、死亡或者使公私财产遭受重大损失的，处 3 年以下有期徒刑或者拘役；交通运输肇事后逃逸或者有其他特别恶劣情节的，处 3 年以上 7 年以下有期徒刑；因逃逸致人死亡的，处 7 年以上有期徒刑。

此外，醉酒后驾驶机动车在马路上横冲直撞，危害公共安全的，还可能触犯以危险方法危害公共安全罪，尚未造成严重后果的，处 3 年以上 10 年以下有期徒刑；致人重伤、死亡或者使公私财产遭受重大损失的，处 10 年以上有期徒刑、无期徒刑或者死刑。

237.行人违反交通规则造成交通事故，会被追究刑事责任吗？

▶ 情景再现

2023 年 5 月，胡某步行闯红灯时与正常行驶的摩托车相撞，致乘坐摩托车的张某受伤，经送医抢救无效死亡。公安机关认定，胡某通过有交通信号灯的人行道时未按交通信号灯指示通行，是导致此事故的主要原因，胡某应承担此事故的主要责任。法院经审理认为，胡某违反交通运输管理法规，因而发生重大事故，致一人死

> 亡，负事故的主要责任，其行为构成交通肇事罪。考虑到胡某有自首情节且已经取得被害人家属的谅解，法院对胡某判处有期徒刑10个月，缓刑1年。

律师说法

很多人有一个认知误区，以为交通肇事罪的犯罪主体仅限于机动车驾驶员。但事实上，行人、车上乘客等都有可能触犯交通肇事罪。《刑法》第一百三十三条规定，"违反交通运输管理法规，因而发生重大事故，致人重伤、死亡或者使公私财产遭受重大损失的，处三年以下有期徒刑或者拘役；交通运输肇事后逃逸或者有其他特别恶劣情节的，处三年以上七年以下有期徒刑；因逃逸致人死亡的，处七年以上有期徒刑"。前述"违反交通运输管理法规"的主体包括《道路交通安全法》第二条规定的中华人民共和国境内的车辆驾驶人、行人、乘车人以及与道路交通活动有关的单位和个人。交通肇事罪并不要求特殊主体，只要承担的事故责任达到法律规定，具有完全刑事责任能力人就可以构成这一罪名。

构建和谐交通秩序，需要行人和驾驶人共同增强安全意识和法治观念，行人不遵守交通法规的行为也可能构成犯罪。日常出行时，万不可为图一时方便而违反交通规则，如果发生交通事故，应第一时间救助伤者并及时报警，勿肇事后逃逸。

第九章
刑法红线与刑事诉讼程序

238.未经许可推销投资理财产品,会被追究刑事责任吗?

▶ 情景再现

自2018年12月起,某投资公司未经有关部门许可,以高额回报为诱饵,通过口口相传等方式,向社会不特定公众销售投资理财产品。2019年9月,陈某入职某投资公司,先后担任业务员、团队经理,负责对外销售理财产品、管理销售团队。2022年10月8日,陈某被公安机关抓获。经审计,陈某及其团队非法吸收资金共计6600余万元,造成损失2900余万元。陈某到案后如实供述上述犯罪事实,并自愿认罪认罚。法院经审理认定,陈某犯非法吸收公众存款罪,判处有期徒刑3年6个月,并处罚金3万元。

律师说法

《刑法》第一百七十六条规定了非法吸收公众存款罪,非法吸收公众存款或者变相吸收公众存款,扰乱金融秩序的,处3年以下有期徒刑或者拘役,并处或者单处罚金;数额巨大或者有其他严重情节的,处3年以上10年以下有期徒刑,并处罚金;数额特别巨大或者有其他特别严重情节的,处10年以上有期徒刑,并处罚金。单位犯该罪的,对单位判处罚金,并对其直接负责的主管人员和其他直接责任人员,依照前述规定处罚。有前述行为,在提起公诉前积极退赃退赔,减少损害结果发生的,可以从轻或者减轻处罚。

根据《理财公司理财产品销售管理暂行办法》的规定,销售理财产品必须获得金融监督管理部门的许可。本案中,某投资公司既不是金融机构,也没有销售理财产品的许可证,但业务员陈某等人仍以该公司的名义销售理财产品,其行为严重扰乱了国家金融秩序,非法吸收公众存款数额巨大,已构成非法吸收公众存款罪。

239.将银行卡借给他人使用并收取使用费,会被追究刑事责任吗?

第九章
刑法红线与刑事诉讼程序

> **▶ 情景再现**
>
> 2023年4月,董某明知李某将银行卡用于实施信息网络犯罪,仍与其商定以每张每月100元的价格将自己的银行卡出租给对方使用。后董某将其办理的9张银行卡的账号、密码等信息提供给李某,其中6张银行卡被李某用于接收电信网络诈骗的犯罪资金,董某因此获利共计5000余元。法院经审理认为,董某明知他人是利用信息网络实施犯罪,还为他人提供帮助,其行为已构成帮助信息网络犯罪活动罪。董某到案后如实供述自己的罪行,构成自首,且自愿认罪认罚并积极退赃,依法予以从轻处罚。法院对董某判处有期徒刑1年10个月,并处罚金4000元。

律师说法

《刑法》第二百八十七条之二规定了帮助信息网络犯罪活动罪,明知他人利用信息网络实施犯罪,为其犯罪提供互联网接入、服务器托管、网络存储、通讯传输等技术支持,或者提供广告推广、支付结算等帮助,情节严重的,处三年以下有期徒刑或者拘役,并处或者单处罚金。

根据《最高人民法院、最高人民检察院、公安部关于办理电信网络诈骗等刑事案件适用法律若干问题的意见(二)》第九条的规定,明知他人利用信息网络实施犯罪,为其犯罪收购、出售、出租信用卡、银行账户、非银行支付账户、具有支付结算功能的互联网账号密码、网络支付接口、网上银行数字证书5张（个）以上，或者手机卡、流量卡、物联网卡、20张以上的，以帮助信息网络犯罪活动罪追究刑事责任。

将自己的银行卡借给他人使用，收取使用费的行为还可能构成其他罪名，如诈骗罪、掩饰隐瞒犯罪所得罪、妨害信用卡管理罪及洗钱罪等。千万不要因贪图蝇头小利而触犯法律底线，成为不法分子的作案工具。

240.娶不到媳妇找"媒人"买媳妇，会被追究刑事责任吗？

▶ 情景再现

付某是村里的老单身汉，通过"媒人"桂某介绍认识了彭某。彭某是桂某从广西拐带到安徽的。付某给桂某现金2万元，桂某将彭某卖给付某。交易完成后，彭某被送至付某家中，与付某以夫妻名义共同生活。后付某因涉嫌收买被拐卖的妇女罪被逮捕。法院经审理认定付某犯收买被拐卖的妇女罪，判处有期徒刑1年，缓刑2年。

律师说法

本案中，从所谓的"媒人"处买媳妇的行为实质是收买被拐卖的妇女的犯罪行为。《刑法》第二百四十一条规定了收买被拐卖的妇女、儿童罪,收买被拐卖的妇女、儿童的,处 3 年以下有期徒刑、拘役或者管制。

实践中,受害妇女在被拐卖和收买后,出现反抗意识时,对方往往会对其施加强奸、非法拘禁、虐待等一系列非法行径。法律规定,收买被拐卖的妇女,强行与其发生性关系的,依照强奸罪的规定定罪处罚;收买后非法剥夺、限制其人身自由或者有伤害、侮辱等犯罪行为的,依照非法拘禁罪、故意伤害罪、侮辱罪等定罪处罚;收买后又出卖的,依照拐卖妇女、儿童罪定罪处罚。

《刑法》第二百四十一条第六款规定,收买被拐卖的妇女、儿童,对被买儿童没有虐待行为,不阻碍对其进行解救的,可以从轻处罚;按照被买妇女的意愿,不阻碍其返回原居住地的,可以从轻或者减轻处罚。

提醒注意,未婚人士应通过正当婚介途径寻觅伴侣,不能从"媒人"处买媳妇;因一时糊涂而实施收买被拐卖的妇女的违法行为的,不要对妇女实施进一步的侵害行为,不阻止妇女返回家乡,可以得到从轻或减轻处理。

241.与现役军人配偶存在不正当男女关系,会被追究刑事责任吗?

情景再现

赵某于 2005 年入伍,2022 年 4 月退役。2015 年 1 月,

赵某与施某结婚，2020年8月，韩某在已婚状态下与施某交往，二人多次在宾馆开房并发生性关系。2021年5月，赵某得知上述情况，约见韩某并发生肢体冲突。后赵某所属部队指派人员两次告知韩某破坏军婚后果，韩某均未听劝阻。同年9月23日，施某离家出走，与韩某在某市租房同居，二人商定拖延至赵某退役再提离婚。2022年4月至7月，在赵某转业待安置期间，韩某与妻子离婚，并与施某继续保持同居关系。法院经审理认定韩某犯破坏军婚罪，判处有期徒刑1年。

律师说法

军人担负着保卫社会主义建设、保卫国家的主权、领土完整和安全的重要任务，法律对军人的婚姻关系给予特殊保护。《刑法》第二百五十九条第一款规定了破坏军婚罪，明知是现役军人的配偶而与之同居或者结婚的，处3年以下有期徒刑或者拘役。

本罪侵犯的客体是现役军人的婚姻关系，而不包括婚约关系。现役军人的配偶，既包括女现役军人的丈夫，又包括男现役军人的妻子，至于配偶是否为现役军人，不影响本罪的成立。

本罪在客观方面表现为实施了与现役军人的配偶同居或者结婚的行为。同居是指与现役军人的配偶在一定时期内公开或者秘密地姘居且共同生活在一起的行为。司法实践中，偶尔通奸一般不能认定为"同居"，但是如果通奸持续时间较长，具有延续性、高频性，在经济上、生活上有密切联系，甚至造成怀孕、堕胎、生育等严重后果，则已具备同居的实质要素，应当认定为破坏军婚罪中的"同居"。若行为人与现役军人的配偶日常公开以夫妻名义共同生活，共同生育子女，已达到"结婚"的实质性要素，对他人婚姻造成了实质性破坏，则可以认定为破坏军婚中的"结婚"。

242.打了执行公务的警察耳光，会被追究刑事责任吗？

情景再现

某日,邓某饮酒后与他人发生厮打。民警徐某到场制止时,邓某打了民警徐某左侧面部一巴掌,致民警徐某肩章处的执法记录仪滑落,民警徐某再次制止时,邓某又打了徐某的左侧脸部两巴掌,民警徐某及辅警随即将邓某控制并带至派出所。邓某殴打民警的视频在网络上传播后,造成十分恶劣的影响。公安局以涉嫌妨害公务罪对邓某进行刑事立案。法院经审理认定邓某犯袭警罪,判处有期徒刑10个月。

律师说法

《刑法》第二百七十七条第五款规定了袭警罪,暴力袭击正在依法执行职务的人民警察的,处3年以下有期徒刑、拘役或者管制;使用枪支、管制刀具,或者以驾驶机动车撞击等手段,严重危及其人身安全的,处3年以上7年以下有期徒刑。

人民警察依法执行职务是维护辖区稳定、保障群众权益的公务行为,也是在维护社会秩序,维护法律尊严,公民和组织应当给予支持和协助。公民暴力妨害和阻碍执行公务的,将受到法律制裁。

第九章
刑法红线与刑事诉讼程序

243. 吵架时将椅子扔出窗外，会被追究刑事责任吗？

▷情景再现

刘某因感情纠纷与妻子在家吵架，顺手拎起电脑椅扔出窗外进行泄愤。电脑椅重达10斤，刘某家在15楼。刘某的行为因涉嫌高空抛物罪被公安机关依法采取刑事强制措施，后被法院判处有期徒刑6个月，并处罚金3000元。

律师说法

《刑法》第二百九十一条之二规定了高空抛物罪，从建筑物或者其他高空抛掷物品，情节严重的，处一年以下有期徒刑、拘役或者管制，并处或者单处罚金。

高空抛物罪不以造成损害结果为要件，行为人高空抛掷物品的行为存在造成危险的可能，侵犯了公共安全秩序，即使未造成他人损害，也有可能构成此罪。本案中，刘某的抛物行为虽未造成他人损害，但抛掷地点为居民区，存在严重公共安全隐患，侵犯了公共安全。

244. 在互联网上辱骂他人，会被追究刑事责任吗？

情景再现

谭某在网上发布与李某案有关的文章及漫画，侮辱、诽谤李某母亲及死者李某，公然丑化他人形象，侮辱其人格，该系列漫画浏览数为2万余次。后谭某继续发布博文，文中多处对李某及其母亲进行侮辱、谩骂，且该两篇文章的首部均附有李某遗照，浏览量4万余次。后李某母亲向法院提起刑事自诉，法院经审理，对谭某以侮辱罪判处有期徒刑1年，以诽谤罪判处有期徒刑9个月，决定执行有期徒刑1年6个月。

律师说法

《刑法》第二百四十六条第一款规定了侮辱罪、诽谤罪，以暴力或者其他方法公然侮辱他人或者捏造事实诽谤他人，情节严重的，处3年以下有期徒刑、拘役、管制或者剥夺政治权利。

根据《最高人民法院、最高人民检察院关于办理利用信息网络实施诽谤等刑事案件适用法律若干问题的解释》第一条的规定，捏造损害他人名誉的事实，在信息网络上散布，或者组织、指使人员在信息网络上散布的；将信息网络上涉及他人的原始信息内容篡改为损害他人名誉的事实，在信息网络上散布，或者组织、指使人员在信息网络上散布的；明知是捏造的损害他人名誉的事实，在信息网络上散布，情节恶劣的，应当认定为《刑法》第二百四十六条第一款规定的"捏造事实诽谤他人"。

提醒注意，网络用户在对涉及他人名誉的事实进行陈述或意见表达时，应有事实依据，不能随意夸大、歪曲事实或借机贬损、侮辱他人人格。在网络上发表侮辱他人言论的，轻则承担民事责任，重则承担行政责任，更严重的要承担刑事责任。

245.帮朋友做虚假证言，会被追究刑事责任吗？

情景再现

某日,祝某驾驶轿车搭乘吴某与前方同向行人何某、刘某相撞,造成二人死亡、车辆受损的重大道路交通事故。事故发生后,吴某供述称自己是驾驶员。吴某在被调查时供述"自己认为交通事故没什么大事,祝某比较有钱、人际关系广,他答应在山庄帮自己安排工作,自己就是想帮朋友一个忙,才谎称是驾驶员。但是祝某既不履行承诺,又不赔偿被害人,自己才下决心把真相说出来"。法院经审理认定吴某构成伪证罪,判处有期徒刑2年8个月。

律师说法

《刑法》第三百零五条规定了伪证罪,在刑事诉讼中,证人、鉴定人、记录人、翻译人对与案件有重要关系的情节,故意作虚假证明、鉴定、记录、翻译,意图陷害他人或者隐匿罪证的,处3年以下有期徒刑或者拘役;情节严重的,处3年以上7年以下有期徒刑。

伪证罪属于妨害司法罪,该罪的成立要求行为人作出了虚假的证明、鉴定、记录、翻译。虚假通常是指两种情形:一种是捏造或者夸大事实,诬陷他人入罪;另一种是掩盖或者缩小事实,为他人开脱罪责。另外,仅对与案件有重要关系的情节作虚假证明、鉴定、记录、翻译,才属于做伪证。

第九章
刑法红线与刑事诉讼程序

246.捏造事实,提起民事诉讼,会被追究刑事责任吗?

▷ 情景再现

2024年2月,徐某得知自己名下的房产将要被法院拍卖,便与亲戚李某串通,合谋以2017年徐某与李某因货款流转产生的200万元银行流水为凭据,编造徐某曾向李某借款200万元的事实,并伪造相应的借条,再由李某持相关证据到法院起诉,要求徐某归还虚假的借款。法院立案后作出民事调解书支持李某200万元债权的诉求。后二人的虚假诉讼行为被发现,公安机关立案侦查。法院经审理以虚假诉讼罪分别判处徐某有期徒刑1年4个月,并处罚金10万元;李某有期徒刑1年2个月,缓刑2年。

律师说法

《刑法》第三百零七条之一规定了虚假诉讼罪,以捏造的事实提起民事诉讼,妨害司法秩序或者严重侵害他人合法权益的,处3年以下有期徒刑、拘役或者管制,并处或者单处罚金;情节严重的,处3年以上7年以下有期徒刑,并处罚金。

根据《最高人民法院、最高人民检察院关于办理虚假诉讼刑事案件适用法律若干问题的解释》第一条的规定,采取伪造证据、虚假陈述等手段，实施下列行为之一，捏造民事法律关系，虚构民事纠纷，向人民法院提起民事诉讼的，应当认定为虚假诉讼罪中的"以捏造的事实提起民事诉讼"：

（1）与夫妻一方恶意串通，捏造夫妻共同债务的；

（2）与他人恶意串通，捏造债权债务关系和以物抵债协议的；

（3）与公司、企业的法定代表人、董事、监事、经理或者其他管理人员恶意串通，捏造公司、企业债务或者担保义务的；

（4）捏造知识产权侵权关系或者不正当竞争关系的；

（5）在破产案件审理过程中申报捏造的债权的；

（6）与被执行人恶意串通，捏造债权或者对查封、扣押、冻结财产的优先权、担保物权的；

（7）单方或者与他人恶意串通，捏造身份、合同、侵权、继承等民事法律关系的其他行为。

此外，隐瞒债务已经全部清偿的事实，向人民法院提起民事诉讼，要求他人履行债务的；向人民法院申请执行基于捏造的事实作出的仲裁裁决、公证债权文书，或者在民事执行过程中以捏造的事实对执行标的提出异议、申请参与执行财产分配的，也属于"以捏造的事实提起民事诉讼"。

本案中，徐某与李某恶意串通，虚构民间借贷债务，李某提起民事诉讼要求徐某归还虚假借款，并欺骗法院立案、作出民事调解书，构成虚假诉讼罪。二人的虚假诉讼行为扰乱了司法机关的工作秩序，降低了人民群众对司法机关的信任，严重侵害了他人的合法权益，损害了司法权威和司法公信力。

247.分手后将前女友的私密视频发到网络上，会被追究刑事责任吗？

> 情景再现
>
> 江某与王某原为情侣关系，后来二人感情不和，王某提出分手后，江某出于报复心理将自己此前录制的与王某之间的私密视频进行了编辑，然后将包含王某姓名、联系方式的视频发送到王某所在的几个工作群中。因私密视频的传播，王某被多人骚扰，在痛苦与无助下，她选择了报警。法院经审理认定江某犯传播淫秽物品罪，处1年有期徒刑。

> 律师说法

《刑法》第三百六十四条第一款规定了传播淫秽物品罪，传播淫秽的书刊、影片、音像、图片或者其他淫秽物品，情节严重的，处2年以下有期徒刑、拘役或者管制。传播淫秽物品罪并不要求行为人以营利为目的，主观上只要表现为故意即可。此类传播行为或者传播人次只要达到一定的数量，就符合入罪标准。本案中，江某出于报复目的传播其与王某的私密视频，虽没有从中获利，但该视频传播人次较大，应当以传播淫

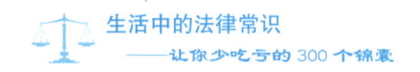

秽物品罪追究其刑事责任。

　　法律严惩任何侵犯个人人格尊严或人身权利的违法行为。被害者在发现自身名誉、隐私权等人身权益遭受侵害时，在遭受侵害的第一时间要主动采取对有关图像、影音进行留存等手段固定证据，可以适时采取公证手段对证据进行公证，确保证据的完整性和有效性。

248.拒不执行法院生效判决，会被追究刑事责任吗？

> **情景再现**
>
> 　　2022年6月，张某诉马某房屋买卖合同纠纷案经法院一审审理宣判，判决被告马某向原告张某支付诉争房屋的购房余款并承担案件受理费。判决生效后，张某向法院申请强制执行，但马某拒不履行，法院遂依法查封了马某名下与他人共有的房屋，冻结了马某名下的养老金账户。后马某擅自更换养老金账户并转移资金，致法院无法采取扣划强制措施。2023年6月，因被执行人马某更换养老金账户转移资金、规避执行，法院对其采取了司法拘留措施，但其仍拒绝履行义务。法院将马某涉嫌拒不执行判决、裁定罪的相关线索、证据移交公安机关立案侦查。后法院经审理认定马某构成拒不执行判决、裁定罪，判处有期徒刑1年，缓刑1年6个月。

第九章
刑法红线与刑事诉讼程序

> **律师说法**

《刑法》第三百一十三条规定了拒不执行判决、裁定罪，对法院的判决、裁定有能力执行而拒不执行，情节严重的，处 3 年以下有期徒刑、拘役或者罚金；情节特别严重的，处 3 年以上 7 年以下有期徒刑，并处罚金。被执行人构成拒不执行判决、裁定罪的关键要件是具有执行内容的判决、裁定发生法律效力后，实施隐藏、转移、故意毁损财产等拒不执行行为，致使判决、裁定无法执行，情节严重。如果被执行人不执行判决、裁定的原因是没有财产可供执行，则不构成犯罪。

执行生效裁判文书体现的是国家法律的尊严与权威。对于人民法院依法作出的具有执行内容并已发生法律效力的判决、裁定，被执行人应高度重视，积极履行裁判文书确定的内容。若被执行人拒不履行法律文书确定的义务，则法院可依法对其采取罚款、拘留、纳入失信被执行人员名单等措施，还可依法将被执行人移送公安机关，追究其刑事责任。

249.离婚诉讼期间强行与妻子发生性关系，会被追究刑事责任吗？

> **情景再现**

赵某与王某为夫妻，因感情不和及赵某长期酒后家暴行为处于分居状态。王某于 2023 年 4 月 22 日向法院

> 提起离婚诉讼。4月30日13时许，赵某酒后到王某母亲家向王某索要户口本，并趁机强行与王某发生性关系，因王某反抗且王某处于月经期，赵某强奸未遂，王某遂报警。法院经审理认定赵某构成强奸罪，但由于赵某意志以外的原因强奸未遂，比照既遂依法可减轻处罚，判处有期徒刑8个月。

律师说法

《刑法》第二百三十六条规定了强奸罪，以暴力、胁迫或者其他手段强奸妇女的，处3年以上10年以下有期徒刑。《刑法》并未把丈夫排除在强奸罪的犯罪主体之外。实践中，丈夫在非正常或不稳定的婚姻关系中违背妻子意志强行与妻子发生性关系的行为一般被认为构成强奸罪，应当依据《刑法》的相关规定承担刑事责任。

需要注意的是，由于双方具有婚姻这一特殊关系，强奸罪的成立要件往往不仅限于普通强奸案中的"暴力、胁迫或者其他手段"及"违背妇女意志"，考虑到婚姻家庭及社会公众的预期，这类案件入罪往往需要妻子已经提出离婚并进入法律程序，包括调解程序。在这种特殊的非正常婚姻关系存续期内，丈夫使用暴力或其他方式强行和妻子发生关系的，构成强奸罪。

第九章
刑法红线与刑事诉讼程序

250.在自家院子里种植罂粟用于观赏，会被追究刑事责任吗？

> 罂粟，是制取鸦片的主要原料，国家明文禁止种植和销售。种植罂粟是违法犯罪行为。

情景再现

2023年2月，李某在自家院子东侧的空地上种植大片罂粟，后被民警查获。法院以非法种植毒品原植物罪判处李某有期徒刑6个月，并处罚金3000元。

律师说法

《禁毒法》第十九条第一款规定，"国家对麻醉药品药用原植物种植实行管制。禁止非法种植罂粟、古柯植物、大麻植物以及国家规定管制的可以用于提炼加工毒品的其他原植物。禁止走私或者非法买卖、运输、携带、持有未经灭活的毒品原植物种子或者幼苗"。

《刑法》第三百五十一条规定了非法种植毒品原植物罪，非法种植罂粟、大麻等毒品原植物的，一律强制铲除。有下列情形之一的，处5年以下有期徒刑、拘役或者管制，并处罚金：（1）种植罂粟500株以上不满3000株或者其他毒品原植物数量较大的；（2）经公安机关处理后又种植的；（3）抗拒铲除的。非法种植罂粟3000株以上或者其他毒品原植物数量大的，处5年以上有期徒刑，并处罚金或者没收财产。非法种植罂粟或者其他毒品原植物，在收获前自动铲除的，可以免除处罚。

251.外出游玩时随手挖走植物，会被追究刑事责任吗？

> **情景再现**
>
> 张某在江西省抚州市南城县某山场看见山沟两侧分散生长着很多野生兰花，在未经林业主管部门批准的情况下，在该山场4个不同位置采挖兰花共14簇，后被公安机关查获。经司法鉴定，案涉14簇兰花品种为"春兰"，是国家二级重点保护植物，张某因该采摘行为被刑事拘留。

第九章
刑事红线与刑事诉讼程序

> **律师说法**

近年来，因采挖野生植物而触犯法律红线的案件时有发生。许多野生植物虽看似平常但却十分珍贵。未取得采集证或者未按照采集证的规定采集列入《国家重点保护野生植物名录》的植物，轻则将受到行政处罚，重则将受到刑事处罚。

《刑法》第三百四十四条规定了危害国家重点保护植物罪，违反国家规定，非法采伐、毁坏珍贵树木或者国家重点保护的其他植物的，或者非法收购、运输、加工、出售珍贵树木或者国家重点保护的其他植物及其制品的，处3年以下有期徒刑、拘役或者管制，并处罚金；情节严重的，处3年以上7年以下有期徒刑，并处罚金。

252.下载、分享暴力恐怖视频，会被追究刑事责任吗？

> **情景再现**
>
> 董某为寻求刺激，在网站观看暴力恐怖视频后，下载其中4部视频，压缩、加密后上传至个人网盘，并将上述压缩包的网盘链接发布在非法网站上，供网站其他用户下载。董某发布的视频下载量逾2000人次。法院经审理认定董某犯宣扬恐怖主义、极端主义罪，判处有期徒刑1年，并处罚金2000元。

律师说法

《刑法》第一百二十条之三规定了宣扬恐怖主义、极端主义、煽动实施恐怖活动罪，以制作、散发宣扬恐怖主义、极端主义的图书、音频视频资料或者其他物品，或者通过讲授、发布信息等方式宣扬恐怖主义、极端主义的，或者煽动实施恐怖活动的，处5年以下有期徒刑、拘役、管制或者剥夺政治权利，并处罚金；情节严重的，处5年以上有期徒刑，并处罚金或者没收财产。

宣扬恐怖主义、极端主义罪是行为犯，在主观明知的认定上，不考虑行为人出于什么样的目的和动机，只要认识到宣扬的视频包含以极端血腥残忍手段危害他人生命的内容，并进行转发，就可能构成犯罪；宣扬恐怖主义、极端主义罪对视频的数量、长度没有要求，只要涉案视频是暴力恐怖视频，就可能构成犯罪；只要在网络平台转发、分享暴力恐怖视频链接（该链接有效、能够播放），或下载对应的暴力恐怖视频，就可能构成犯罪。

第九章
刑事红线与刑事诉讼程序

253.不满 14 周岁的未成年人犯罪，能免于承担刑事责任吗？

▶ 情景再现

某日，某市发生一起故意杀人案件，经过公安民警的严密排查发现，13 岁男孩张某有重大作案嫌疑。到案后，张某如实供述其杀害王某的事实。13 岁的张某是否要对其实施的故意杀人行为负刑事责任？

律师说法

2021 年 3 月 1 日起施行的《刑法修正案（十一）》在《刑法》第十七条增加第三款规定："已满十二周岁不满十四周岁的人，犯故意杀人、故意伤害罪，致人死亡或者以特别残忍手段致人重伤造成严重残疾，情节恶劣，经最高人民检察院核准追诉的，应当负刑事责任。"

《刑法修正案（十一）》虽降低了未成年人刑事责任年龄，但对已满 12 周岁不满 14 周岁的未成年人承担刑事责任的范围、情节和启动程序作了严格限定。（1）实施故意杀人、故意伤害行为，发生"致人死亡或者以特别残忍手段致人重伤造成严重残疾"的危害后果。（2）达到"情节恶劣"的程度，具体可分为两种情况，一是故意杀人、故意伤害致人死亡，情节恶劣；二是故意杀人、故意伤害且以特别残忍手段致人重伤造成严重残疾,情节恶劣。(3)除满足上述追究刑事责任的实质条件外,还要由最高人民检察院核准追诉。

随着社会经济的不断发展,未成年人身心发育水平显著提高,已满12周岁不满14周岁的青少年已经具备对严重暴力犯罪之恶的辨认能力,具备对不实施恶性暴力行为的控制力,个别下调法定最低刑事责任年龄,既体现了刑法的时代性与谦抑性,又以审慎的态度回应了民众关切。

254.犯罪后20年内未被发现,还会被追究刑事责任吗?

情景再现

1993年10月30日,于某伙同韩某酒后到某市麻纺织厂男职工宿舍一楼楼梯处将闫某截住,把闫某打倒在地,并对其腹部、头部踢、踩,致闫某当场昏迷。次日,闫某被送往医院救治,经法医鉴定为重伤,后在治疗过程中因肾脏衰竭于1993年11月23日死亡。后来公安机关一直未找到行凶人。2020年5月6日,公安机关首次对于某采取强制措施并提出指控。法院最终认为于某犯罪已过追诉时效,且于某并不存在逃避侦查或审判的行为,公安机关也从未对于某采取任何强制措施,本案不属于不受追诉时效限制的情况,故裁定终止审理。

第九章
刑事红线与刑事诉讼程序

律师说法

《刑法》第八十七条规定，犯罪经过下列期限不再追诉：（1）法定最高刑为不满5年有期徒刑的，经过5年；（2）法定最高刑为5年以上不满10年有期徒刑的，经过10年；（3）法定最高刑为10年以上有期徒刑的，经过15年；（4）法定最高刑为无期徒刑、死刑的，经过20年。如果20年以后认为必须追诉的，须报请最高人民检察院核准。根据上述规定，在确定具体犯罪的追诉时效的期限时，应当根据犯罪的性质、情节，分别适用刑法分则规定的相应条款或量刑幅度，按其法定最高刑计算追诉时效期限。

《刑法》第八十八条规定，"在人民检察院、公安机关、国家安全机关立案侦查或者在人民法院受理案件以后，逃避侦查或者审判的，不受追诉期限的限制。被害人在追诉期限内提出控告，人民法院、人民检察院、公安机关应当立案而不予立案的，不受追诉期限的限制"。第八十九条规定，"追诉期限从犯罪之日起计算；犯罪行为有连续或者继续状态的，从犯罪行为终了之日起计算。在追诉期限以内又犯罪的，前罪追诉的期限从犯后罪之日起计算"。

尽管犯罪经过特定时间不再追诉，但如果存在立案之后逃避侦查或者审判、被害人已在追诉期限内提出控告但司法、公安机关应当立案而不予立案的情形，则不受追诉期限的限制，依然要追究刑事责任。

255.被取保候审后还会被追究刑事责任吗?

> 当事人被取保候审并不意味着其不构成犯罪,或不再追究其刑事责任。

情景再现

2023年5月16日,董某因涉嫌故意伤害罪被刑事拘留。6月18日,检察机关作出不予批准逮捕的决定,由公安机关负责执行取保候审。董某被取保候审后还会被追究刑事责任吗?

律师说法

强制措施是指公安机关、人民检察院或人民法院为了保证刑事诉讼的顺利进行,依法对刑事案件的犯罪嫌疑人、被告人所采取的在一定期限内暂时限制或剥夺其人身自由的一种法定措施。强制措施包括拘传、取保候审、监视居住、拘留、逮捕。取保候审是对犯罪嫌疑人、被告人的人身自由在一定期限内进行限制的强制措施，与是否开庭审理、是否判刑没有必然关联。取保候审不代表案件的完结，当事人被取保候审只是说明其符合取保候审的条件，社会危险性不大，但并不表示其不构成犯罪，或不再追究其刑事责任。

《刑事诉讼法》第六十七条第一款规定了可以对犯罪嫌疑人、被告人取保候审的情形：（1）可能判处管制、拘役或者独立适用附加刑的；（2）可能判处有期徒刑以上刑罚，采取取保候审不致发生社会危险性的；（3）患有严重疾病、生活不能自理，怀孕或者正在哺乳自己婴儿的妇女，采取取保候审不致发生社会危险性的；（4）羁押期限届满，案件尚未办结，需要采取取保候审的。

《刑事诉讼法》第七十一条第一款规定了被取保候审的犯罪嫌疑人、被告人应当遵守的规定：（1）未经执行机关批准不得离开所居住的市、县；（2）住址、工作单位和联系方式发生变动的，在24小时以内向执行机关报告；（3）在传讯的时候及时到案；（4）不得以任何形式干扰证人作证；（5）不得毁灭、伪造证据或串供。该条第二款规定，人民法院、人民检察院和公安机关可以根据案件情况，责令被取保候审的犯罪嫌疑人、被告人不得进入特定的场所，不得与特定的人员会见或者通信，不得从事特定的活动，将护照等出入境证件、驾驶证交执行机关保存。

如果被取保候审的犯罪嫌疑人、被告人违反取保候审期间规定，已交纳保证金的，将没收部分或者全部保证金，并且区别情形，责令犯罪嫌疑人、被告人具结悔过，重新交纳保证金、提出保证人，或者监视居住、予以逮捕。

256.犯罪后自动投案但不如实交代，能从轻或减轻处罚吗？

> 你要如实交代同案犯的罪行，才能算自首。

▷ 情景再现

　　董某、李某在驾车过程中，发现被害人张女士停放在路边的黑色奔驰轿车没有落锁，二人便商议由董某负责望风，李某负责实施盗窃。李某下车后行至黑色轿车处，拉开副驾驶车门，盗窃车内现金5万元后离开，赃款由二人平分。案发后，李某被公安机关抓获归案，董某于2023年11月23日到公安机关投案。董某投案后的供述中称不知道李某下车去做什么，仅承认了事后分赃的行为，未被认定为自首。

律师说法

《刑法》第六十七条规定，"犯罪以后自动投案，如实供述自己的罪行的，是自首。对于自首的犯罪分子，可以从轻或者减轻处罚。其中，犯罪较轻的，可以免除处罚。被采取强制措施的犯罪嫌疑人、被告人和正在服刑的罪犯，如实供述司法机关还未掌握的本人其他罪行的，以自首论。犯罪嫌疑人虽不具有前两款规定的自首情节，但是如实供述自己罪行的，可以从轻处罚；因其如实供述自己罪行，避免特别严重后果发生的，可以减轻处罚"。

《最高人民法院关于处理自首和立功具体应用法律若干问题的解释》第一条规定，自动投案，是指犯罪事实或者犯罪嫌疑人未被司法机关发觉，或者虽被发觉，但犯罪嫌疑人尚未受到讯问、未被采取强制措施时，主动、直接向公安机关、人民检察院或者人民法院投案。自动投案包括三种基本情形：（1）在犯罪事实和犯罪嫌疑人都没有被发觉的情况下自动投案；（2）在犯罪事实已被发觉但不知犯罪嫌疑人是谁的情况下自动投案；（3）在犯罪事实和犯罪嫌疑人都已经被发觉而公安、司法机关还没有讯问或采取强制措施的情况下自动投案。

自首的认定必须同时满足两个条件，即主动投案和如实供述罪行，缺一不可。《最高人民法院关于处理自首和立功具体应用法律若干问题的解释》第一条第二款规定，如实供述自己的罪行，是指犯罪嫌疑人自动投案后，如实交代自己的主要犯罪事实。犯有数罪的犯罪嫌疑人仅如实供述所犯数罪中部分犯罪的，只对如实供述部分犯罪的行为，认定为自首。共同犯罪案件中的犯罪嫌疑人，除如实供述自己的罪行，还应当供述所知的同案犯，主犯则应当供述所知其他同案的共同犯罪事实，才能认定为自首。犯罪嫌疑人自动投案并如实供述自己的罪行后又翻供的，不能认定为自首，但在一审判决前又能如实供述的，应当认定为自首。

257.被判缓刑后还需要在监狱服刑吗？

▶ 情景再现

孙某被宣告缓刑后在某镇司法所接受社区矫正，后孙某利用每个月到司法所当面报到的间隔时间擅自外出20余次，最长一次达19天，其中违法出境2次，累计11天。检察院在日常监督时发现孙某存在未经批准擅自外出、出境等应当撤销缓刑的情形，故对孙某进行了询问。孙某对未经批准擅自外出的事实予以承认。检察院依法提请人民法院对孙某撤销缓刑，收监执行原判刑罚。法院经审理，裁定撤销孙某的缓刑，收监执行原判有期徒刑3年。

第九章
刑法红线与刑事诉讼程序

律师说法

缓刑全称为刑罚的暂缓执行，是指对触犯刑法，经法定程序确认已构成犯罪、应受刑罚处罚的行为人，先行宣告定罪，但暂不执行所判刑罚，是在一定期限内附条件地不执行所判刑罚的制度。缓刑并不是独立的刑罚，而是一种刑罚执行方式。宣告缓刑，意味着被告人不用去看守所或监狱服刑，而是由社区矫正机构在缓刑考验期限内对罪犯进行考察，根据其表现依法决定是否需要继续适用原判处刑罚。

《刑法》第七十二条规定了缓刑的适用对象。对于被判处拘役、3年以下有期徒刑的犯罪分子，同时符合犯罪情节较轻、有悔罪表现、没有再犯罪的危险、宣告缓刑对所居住社区没有重大不良影响这四项条件的，可以宣告缓刑，对其中不满18周岁的人、怀孕的妇女和已满75周岁的人，应当宣告缓刑。此外，其第七十四条规定，累犯、犯罪集团的首要分子不得适用缓刑。

对于判处缓刑的犯罪分子，法院会设置一定的考验期限。《刑法》第七十三条规定，拘役的缓刑考验期限为原判刑期以上1年以下，但是不能少于2个月。有期徒刑的缓刑考验期限为原判刑期以上5年以下，但是不能少于1年。缓刑的考验期限，从判决确定之日起计算。所谓判决确定之日，即判决发生法律效力之日，判决以前先行羁押的日期，不能折抵缓刑考验期。在考验期内，被宣告缓刑者应当遵守法律、行政法规，服从监督；按照考察机关的规定报告自己的活动情况；遵守考察机关关于会客的规定；离开所居住的市、县或者迁居，应当报经考察机关批准；遵守人民法院的禁止令。人民法院根据犯罪的具体情况，在宣告缓刑时可以同时禁止犯罪分子在缓刑考验期限内从事特定活动，进入特定区域、场所，接触特定的人。

根据《刑法》第七十七条的规定，如果被宣告缓刑的犯罪分子，在缓刑考验期限内犯新罪或者发现判决宣告以前还有其他罪没有判决的，应当撤销缓刑，对新犯的罪或者新发现的罪作出判决，把前罪和后罪所判处的刑罚合并计算决定执行的刑罚。被宣告缓刑的犯罪分子，在缓刑考验期限内，违反法律、行政法规或者国务院有关部门关于缓刑的监督管理规定，或者违反人民法院判决中的禁止令，情节严重的，应当撤销缓刑，执行原判刑罚。如果没有以上情形，缓刑考验期满，原判的刑罚就不再执行，并公开予以宣告。

258.犯罪嫌疑人从什么时候开始有权委托辩护人？

▷ 情景再现

2024年5月1日，张某因涉嫌犯罪被公安机关刑事拘留，张某的妻子想为其聘请律师，但还未收到《拘留通知书》。张某在被公安机关讯问时，明确要求聘请律师。那么张某从什么时间开始有权聘请律师？

第九章
刑法红线与刑事诉讼程序

律师说法

《刑事诉讼法》第三十四条规定,"犯罪嫌疑人自被侦查机关第一次讯问或者采取强制措施之日起,有权委托辩护人;在侦查期间,只能委托律师作为辩护人。被告人有权随时委托辩护人。侦查机关在第一次讯问犯罪嫌疑人或者对犯罪嫌疑人采取强制措施的时候,应当告知犯罪嫌疑人有权委托辩护人。人民检察院自收到移送审查起诉的案件材料之日起 3 日以内,应当告知犯罪嫌疑人有权委托辩护人。人民法院自受理案件之日起 3 日以内,应当告知被告人有权委托辩护人。犯罪嫌疑人、被告人在押期间要求委托辩护人的,人民法院、人民检察院和公安机关应当及时转达其要求。犯罪嫌疑人、被告人在押的,也可以由其监护人、近亲属代为委托辩护人。辩护人接受犯罪嫌疑人、被告人委托后,应当及时告知办理案件的机关"。

上述规定中,侦查机关包括公安机关、人民检察院以及其他依照刑事诉讼法的规定行使侦查权的机关。第一次讯问是指立案后的第一次讯问。自被侦查机关第一次讯问之日起,犯罪嫌疑人在任何时候都有权委托辩护人。从被采取强制措施之日起,犯罪嫌疑人在任何时候都有权委托辩护人。强制措施包括拘传、取保候审、监视居住、拘留和逮捕。

对犯罪嫌疑人、被告人来说,被侦查机关第一次讯问或者采取强制措施,是其进入刑事诉讼的开始。从这时起,犯罪嫌疑人就有权委托辩护人。被告人（既包括公诉案件的被告人，也包括自诉案件的被告人）有权随时委托辩护人，是指在人民法院受理刑事案件后，被告人在审判阶段随时有权委托辩护人。

如果犯罪嫌疑人、被告人因经济困难或者其他原因没有委托辩护人，根据《刑事诉讼法》第三十五条的规定，本人及其近亲属可以向法律援助机构提出申请。对符合法律援助条件的，法律援助机构应当指派律师为其提供辩护。

259.刑事诉讼中的"黄金37天"是指什么？

▷ 情景再现

李某入职某公司后，按照公司提供的脚本与客户聊天，在与客户熟悉后，以交换礼物等理由索要财物，并要求客户到指定的店铺进行下单购买礼品。后李某因涉嫌诈骗罪被刑事拘留。王律师在接受家属的委托后，第一时间到看守所会见李某，了解案情并梳理辩护意见。后王律师多次与检察院沟通并提交相关法律文书，最终检察院作出不予批准逮捕的决定，变更强制措施为取保候审。

律师说法

《刑事诉讼法》第九十一条规定，公安机关对被拘留的人，认为需要逮捕的，应当在拘留后的3日以内，提请人民检察院审查批准。在特殊情况下,提请审查批准的时间可以延长1日至4日。对于流窜作案、多次作案、结伙作案的重大嫌疑分子,提请审查批准的时间可以延长至30日。人民检察院应当自接到公安机关提请批准逮捕书后的7日以内,作出批准逮捕或者不批准逮捕的决定。人民检察院不批准逮捕的,公安机关应当在接到通知后立即释放,并且将执行情况及时通知人民检察院。对于需要继续侦查,并且符合取保候审、监视居住条件的,依法取保候审或者监视居住。

  从该条法律规定可以看出,犯罪嫌疑人被侦查机关采取刑事拘留的最长期限为30日,拘留后是否批准逮捕由检察机关决定,检察机关审查批捕的最长期限为7日,以上总计最长期限为37日,被称为刑事辩护"黄金37天"救援期。在这37天内,家属可以咨询专业的律师,对案件可能的发展方向进行预判,若经济条件允许,可以委托律师作为当事人的辩护人,由律师会见当事人、了解案情、讲解相关法律规定、向办案部门提交相关法律意见书等。

260.犯罪嫌疑人有权核对讯问笔录吗？

> 你有权核对讯问笔录，如果认为笔录记载有遗漏或者有差错，可以提出补充或改正。

▶ 情景再现

肖某因涉嫌诈骗罪被刑事拘留，在法院审理过程中，肖某辩称在公安机关的供述是民警事先做好的材料，其并没有阅读就签了字。法院经审理认为，办案民警向肖某告知了犯罪嫌疑人的诉讼权利义务，其中包括核对讯问笔录的权利，并明确告知肖某，如认为笔录记载有遗漏或者有差错，可以提出补充或者改正。讯问过程中不存在刑讯逼供等非法取证情形。肖某在公安机关的讯问笔录明确记载"以上笔录我看过，和我说的相符"，故法院对肖某的意见不予采纳。

第九章
刑法红线与刑事诉讼程序

> 律师说法

　　讯问笔录是指刑事立案后，侦查机关对犯罪嫌疑人收集证据，记录犯罪嫌疑人供述和辩解情况的重要文书材料。能否修改讯问笔录，笔录部分内容和本人陈述不相符时签字有什么后果，何种情形下可以拒绝签名、捺手印，这些问题是犯罪嫌疑人、被告人比较关注的问题，与当事人的合法权益紧密相关。

　　《刑事诉讼法》第一百二十二条规定，"讯问笔录应当交犯罪嫌疑人核对，对于没有阅读能力的，应当向他宣读。如果记载有遗漏或者差错，犯罪嫌疑人可以提出补充或者改正"。《公安机关办理刑事案件程序规定》第二百零六条、《人民检察院刑事诉讼规则》第一百八十八条也有类似规定。

　　因此，犯罪嫌疑人认为讯问笔录内容和本人陈述内容不相符的，可以要求侦查人员按照自己的原话进行记录。若存在对自己有利的事实、情节但讯问笔录未记载的情形，则可以要求侦查人员重新记录或者补充。

261.检察院不起诉的案件会留案底吗?

> 情景再现

　　王某的父亲涉嫌犯罪被刑事拘留，后检察院作出不起诉决定。王某担心，检察院不起诉是否会留下案底？是否会影响到自己？

律师说法

案底在我国法律中是指有刑事犯罪前科的档案记录,该犯罪档案一般存放至公安部门保存。我国没有前科消除制度,犯罪记录将伴随当事人终生,但犯罪记录只有特殊情况下报请有权机关审批后才会对外提供。

不起诉是指刑事案件进入审查起诉阶段后,经审查,检察院认为犯罪嫌疑人依法不应被追究刑事责任或犯罪嫌疑人情节轻微,依照《刑法》规定无须判处刑罚或者免除刑罚或证据不足,不符合起诉条件的,人民检察院可以作出不起诉的决定。不起诉分为法定不起诉、相对不起诉和存疑不起诉。

《刑事诉讼法》第十六条规定了法定不起诉的情形。有下列情形之一的,不追究刑事责任,已经追究的,应当撤销案件,或者不起诉,或者终止审理,或者宣告无罪:(1)情节显著轻微、危害不大,不认为是犯罪的;(2)犯罪已过追诉时效期限的;(3)经特赦令免除刑罚的;(4)依照刑法告诉才处理的犯罪,没有告诉或者撤回告诉的;(5)犯罪嫌疑人、被告人死亡的;(6)其他法律规定免予追究刑事责任的。

相对不起诉是指检察院对侦查机关移送审查起诉的案件,经过审查后,认为犯罪嫌疑人的犯罪行为情节轻微,依照《刑法》规定无须判处刑罚或者免除刑罚时,可以依法作出不起诉的决定。

存疑不起诉是指检察院对于经过补充侦查的案件,仍然认为证据不足，不符合起诉条件的，作出不起诉决定。

根据《公安机关办理犯罪记录查询工作规定》第二条的规定，犯罪记录是指我国国家专门机关对犯罪人员的客观记载，除人民法院生效裁判文书确认有罪外，其他情况均应当视为无罪。有关人员涉嫌犯罪，但是人民法院尚未作出生效判决、裁定，或者人民检察院作出不起诉决定，或者办案单位撤销案件、撤回起诉、对其终止侦查的，属于无犯罪记录人员。因此，只要尚未被法院判决有罪就不会留有案底。

262.什么是认罪认罚？

▷ 情景再现

2020年至2021年，魏某利用负责某工业有限公司仓储部收发货工作的职务便利，伙同该公司供应商实际经营人潘某，采用少发货、收全款的方式，共同侵吞该工业有限公司货款13万余元，后两人将上述赃款予以平分。2022年3月1日，检察机关以魏某涉嫌职务侵占罪移送审查起诉并对该案适用认罪认罚从宽制度和速裁程序。3月10日，法院采纳检察机关指控和量刑建议，以职务侵占罪判处被告人魏某某拘役5个月，缓刑5个月。

> 律师说法

《刑事诉讼法》第十五条规定，"犯罪嫌疑人、被告人自愿如实供述自己的罪行，承认指控的犯罪事实，愿意接受处罚的，可以依法从宽处理"。

认罪是指犯罪嫌疑人、被告人自愿如实供述自己的罪行，对指控的犯罪事实没有异议。《最高人民法院、最高人民检察院、公安部、国家安全部、司法部关于适用认罪认罚从宽制度的指导意见》第六条规定，"承认指控的主要犯罪事实，仅对个别事实情节提出异议，或者虽然对行为性质提出辩解但表示接受司法机关认定意见的，不影响认罪的认定。犯罪嫌疑人、被告人犯数罪，仅如实供述其中一罪或部分罪名事实的，全案不作'认罪'的认定，不适用认罪认罚从宽制度，但对如实供述的部分，人民检察院可以提出从宽处罚的建议，人民法院可以从宽处罚"。

认罚是指犯罪嫌疑人、被告人真诚悔罪，愿意接受处罚。其重点是考察犯罪嫌疑人、被告人的悔罪态度和悔罪表现，应当结合退赃退赔、赔偿损失、赔礼道歉等因素进行考量。被告人、犯罪嫌疑人虽然表示认罚，但暗中串供，干扰证人作证，毁灭、伪造证据或隐匿转移财产，有赔偿能力而不赔偿损失，则不能适用认罪认罚从宽制度。

认罪认罚从宽制度贯穿刑事诉讼全过程，适用于侦查、起诉、审判各个阶段。认罪认罚从宽制度没有适用罪名和可能判处刑罚的限定，所有刑事案件都可以适用，不能因罪轻、罪重或者罪名特殊等原因而剥夺犯罪嫌疑人、被告人自愿认罪认罚从而获得从宽处理的机会。犯罪嫌疑人、被告人认罪认罚后是否从宽，由司法机关根据案件具体情况决定。

263.检察院的量刑意见就是最终的量刑吗？

> **情景再现**
>
> 2023年6月30日至7月12日，龚某和罗某虚构女性身份，以谈恋爱为名，骗得刘某4万元，其中龚某分得赃款1万元。2023年9月15日，龚某被公安机关抓获。同日，龚某协助公安机关抓获犯罪嫌疑人罗某。归案后，龚某如实供述上述犯罪事实并退还赃款1万元。公诉机关以龚某犯诈骗罪向法院提起公诉并出具判处有期徒刑2年的量刑建议。法院经审理认定龚某构成诈骗罪，其在共同犯罪中起次要作用，犯罪以后能如实供述自己的罪行，有立功表现，积极退赔取得被害人谅解并认罪认罚，综合本案情节，可以对其减轻处罚，公诉机关量刑建议偏高，故不予采纳。法院以诈骗罪判处龚某有期徒刑1年6个月，并处罚金5000元。

律师说法

《刑事诉讼法》第二百零一条规定，对于认罪认罚案件，人民法院依法作出判决时，一般应当采纳人民检察院指控的罪名和量刑建议，但有下列情形的除外：（1）被告人的行为不构成犯罪或者不应当追究其刑事责任的；（2）被告人违背意愿认罪认罚的；（3）被告人否认指控的犯罪事实的；（4）起诉指控的罪名与审理认定的罪名不一致的；（5）其他可能影响公正审判的情形。人民法院经审理认为量刑建议明显不当，或者被告人、辩护人对量刑建议提出异议的，人民检察院可以调整量刑建议。人民检察院不调整量刑建议或者调整量刑建议后仍然明显不当的，人民法院应当依法作出判决。

量刑建议本质上是求刑权，《刑事诉讼法》第二百零一条第一款只是提示性规定，法院有权决定是否采纳量刑建议。人民检察院是公诉机关、法律监督机关，检察、批准逮捕、检察机关直接受理案件的侦查、提起公诉等由人民检察院负责。人民法院是审判机关，审判由人民法院负责，未经人民法院依法判决，对任何人都不得确定有罪。

第九章
刑法红线与刑事诉讼程序

264.被害人及亲属可以自己去法院提起刑事诉讼吗?

> 竟然用我的名写小说,简直胡编乱造!我要告他诽谤!

▶ 情景再现

唐某撰写中篇纪实小说,使用王某的真实姓名、地址和亲属关系称谓,以社会上的谣传和捏造的事实,描写王某生前担任民兵营长期间,横行乡里,抢人钱财,扫荡他人婚宴,逼死新郎,逼疯新娘;王某死后变成牛,对牛产生恋情,忘却了人间羞辱。该小说发表后,使王某的名誉受到严重损害、生活受到严重影响,王某遂向法院提起刑事自诉。法院经审理后认为,被告人唐某在自诉人所在地生活多年,熟悉王某的亲属关系,却故意捏造虚假事实进行诽谤,手段恶劣,情节严重,其

> 行为已构成诽谤罪。鉴于本案是自诉案件，法院先进行了调解，唐某拒不认罪，致使调解无效。法院最终以诽谤罪判处唐某有期徒刑1年，并赔偿自诉人经济损失2000元。

律师说法

刑事自诉案件是被害人、被害人的法定代理人、近亲属为了追究被告人的刑事责任而直接向人民法院提起的诉讼。

根据《刑事诉讼法》第二百一十条的规定，可提起刑事自诉的案件包括三种类型：（1）告诉才处理的案件。这类案件是指只有在被害人或其法定代理人、近亲属等提起诉讼后，人民法院才予以受理。具体而言，相关罪名包括侮辱罪、诽谤罪（严重危害社会秩序和国家利益的除外）、暴力干涉婚姻自由罪（致人死亡的除外）以及虐待罪和侵占罪。（2）被害人有证据证明的轻微刑事案件。轻微刑事案件是指犯罪事实和情节相对较轻，可能判处3年以下有期徒刑、拘役或管制等较轻刑罚的案件。在这类案件中，被害人需要提供证据证明其主张的成立。具体而言，相关罪名包括故意伤害罪，非法侵入住宅罪，侵犯通信自由罪，重婚罪，遗弃罪，生产、销售伪劣商品罪，侵犯知识产权罪，属于刑法分则第四章、第五章规定的罪名。（3）被害人有证据证明对被告人侵犯自己人身、财产权利的行为应当依法追究刑事责任，而公安机关或者人民检察院不予追究被告人刑事责任的案件。

265.刑事案件一审、二审审理期限是多久？

▶情景再现

董某在担任某区粮食局主任期间，作出向粮食系统员工集资用于筹备粮食物流城项目资金的决定。其后，检察院指控董某犯滥用职权罪、挪用公款罪，于2021年11月15日向法院提起公诉。一审法院于2024年2月25日作出判决，宣告被告人董某无罪。随后，检察院提出抗诉，认为原判认定事实及适用法律错误，本案超期审理，审判程序严重违法。二审法院认为，超期经查属实，原审虽因司法鉴定、人事变更等事由导致审理时间过长而超期审理，但该程序缺失不足以影响本案的实体判决。原判认定事实清楚，适用法律正确，应予维持。

律师说法

刑事案件一审法定审理期限如下：（1）公诉案件。人民法院审理公诉案件，应当在受理后2个月以内宣判，至迟不得超过3个月。对于可能判处死刑的案件或者附带民事诉讼的案件，以及交通十分不便的边远地区的重大复杂案件，重大的犯罪集团案件，流窜作案的重大复杂案件，犯罪涉及面广、取证困难的重大复杂案件，经省、自治区、直辖市高级人民法院批准，可以延长3个月；因特殊情况还需要延长的，报请最高人民法院批准。（2）自诉案件。人民法院审理自诉案件的期限，被告人被羁押的，适用上述公诉案件的规定；未被羁押的，应当在受理后6个月以内宣判。（3）简易程序。适用简易程序审理案件，人民法院应当在受理后20日以内审结；对可能判处有期徒刑超过3年的，可以延长至一个半月。适用速裁程序审理案件，人民法院应当在受理后10日以内审结；对可能判处有期徒刑超过1年的，可以延长至15日。

刑事案件二审法定审理期限如下：第二审人民法院受理上诉、抗诉案件，应当在2个月以内审结。对于可能判处死刑的案件或者附带民事诉讼的案件，以及交通十分不便的边远地区的重大复杂案件，重大的犯罪集团案件，流窜作案的重大复杂案件，犯罪涉及面广、取证困难的重大复杂案件，经省、自治区、直辖市高级人民法院批准或者决定，可以延长2个月；因特殊情况还需延长的，报请最高人民法院批准。

266.对一审判决不服，上诉会被加重刑罚吗？

▶ 情景再现

李某伙同他人以牟利为目的，贩卖职业资格证书、特种行业操作证。一审法院经审理后作出判决，认定

第九章
刑法红线与刑事诉讼程序

> 李某犯买卖国家机关证件罪,判处有期徒刑3年并处罚金3万元。宣判后,李某不服提出上诉,检察院提出抗诉,认为李某认罪认罚后又上诉反映其并非真诚认罪认罚,不应再对其适用认罪认罚从宽制度。二审法院认为,上诉权是被告人的基本诉讼权利,在认罪认罚从宽案件中被告人仍享有上诉权。李某在一审认罪认罚后又以原审判决事实不清、量刑过重为由提出上诉,是行使其法定权利的行为,但李某的上诉行为可能导致一审予以考虑的量刑情节发生变化,法院应依法在进行实质性审查后综合考虑全案作出裁判。本案中,原审判决认定事实和适用法律正确,量刑适当,李某二审庭审中又当庭表示自愿认罪认罚、悔罪悔过,检察机关的抗诉意见实际上已无事实依据,故对抗诉意见不予以支持。二审法院判决驳回抗诉、上诉,维持原判。

律师说法

《刑事诉讼法》第二百三十七条规定,"第二审人民法院审理被告人或者他的法定代理人、辩护人、近亲属上诉的案件,不得加重被告人的刑罚。第二审人民法院发回原审人民法院重新审判的案件,除有新的犯罪事实,人民检察院补充起诉的以外,原审人民法院也不得加重被告人的刑罚。人民检察院提出抗诉或者自诉人提出上诉的,不受前款规定的限制"。

上诉不加刑是我国刑事诉讼中的原则之一。上诉不加刑原则,只适用于被告人一方上诉的案件,如果是人民检察院抗诉或者自诉人提出上诉的案件,或者既有被告人上诉又有人民检察院抗诉的案件,则不受上诉不加刑原则的限制。

上诉不加刑具体包括:(1)同种刑种不得在量上增加;(2)不得改变刑罚的执行方法,如将缓刑改为实刑,延长缓刑考验期,将死刑缓期执行改为立即执行等;(3)不得在主刑上增加附加刑;(4)不得改判较重的刑种,如将拘役6个月改为有期徒刑6个月;(5)不得加重数罪并罚案件的宣告刑;(6)不得加重共同犯罪案件中未提起上诉和未被提起抗诉的被告人刑罚。

267.什么情形下可以暂予监外执行?

▶ 情景再现

经法院审理,以贪污罪判处黄某有期徒刑8年,并处没收个人财产6万元。判决生效交付执行时,某市监狱总医院鉴定黄某患有严重疾病,不宜收监执行刑罚。某区看守所建议对黄某暂予监外执行。法院审查后对黄某作出暂予监外执行决定。2024年4月,执行机关某区司法局提出收监执行建议,某区人民检察院对黄某进行鉴定并出具意见。某区法院经审理查明,黄某患肥厚型

第九章
刑法红线与刑事诉讼程序

> 心肌病，经治疗，现病情较为稳定，暂予监外执行情形已消失，但刑期未满，遂依法作出收监执行决定，及时将黄某收监执行剩余刑期。

律师说法

暂予监外执行是指对符合法定情形的罪犯，不适宜在监狱、看守所等场所执行刑罚，暂时采取不予关押的一种变通执行方法。《刑事诉讼法》第二百六十五条规定，对被判处有期徒刑或者拘役的罪犯，有下列情形之一的，可以暂予监外执行：（1）有严重疾病需要保外就医的；（2）怀孕或者正在哺乳自己婴儿的妇女；（3）生活不能自理，适用暂予监外执行不致危害社会的。对被判处无期徒刑的罪犯，属于怀孕或者正在哺乳自己婴儿的妇女的，可以暂予监外执行。对适用保外就医可能有社会危险性的罪犯，或者自伤自残的罪犯，不得保外就医。

暂予监外执行并非不再执行刑罚，依据《刑事诉讼法》的规定，对暂予监外执行的罪犯，依法实行社区矫正，由其居住地的社区矫正机构负责执行，并非不受任何监管。社区矫正对象在社区矫正期间应当遵守法律、行政法规及社区矫正相关规定，履行暂予监外执行决定等法律文书确定的义务，遵守关于报告、会客、外出、迁居、保外就医等监督管理规定，服从社区矫正机构的管理。

第十章

农村居民权益保护

第十章
农村居民权益保护

第一节　土地承包纠纷提示

268.村民与村委会签订承包合同未经村民会议讨论决定，是否有效？

▶ 情景再现

2014年6月，某村委会时任主任在未经民主议定的情况下代表村委会与张某签订《农村集体土地承包合同书》，约定承包地租赁期为30年，承包费总额为12万元，于合同签订当日一次性付清，同时约定了发包方及承包方的权利和义务等其他内容，并载明经过了村民议定程序。2024年8月，某村委会以案涉合同未经民主议定程序等为由诉至法院，要求确认该合同无效并将承包土地返还给某村委会。法院经审理最终确认合同有效，驳回某村委会的诉讼请求。

律师说法

土地发包民主议定程序是指本集体土地承包方将农村土地发包给本集体经济组织以外的单位或者个人承包，应当事先经本集体经济组织成员村民会议三分之二以上成员或者三分之二以上村民代表的同意。实践中，农村土地承包经营合同纠纷案件中存在大量村委会以未经民主议定程序为由主张合同无效的案件，许多此类纠纷的真实原因为村委会或村民因土地承包费价格上涨、地力提高而主张收回土地，进而毁约侵占承包人的投入，仅以没有经过村民议定程序为由提起诉讼，难以获得法院的支持。

《农村土地承包法》并未直接规定未经民主议定程序的农村土地承包合同无效。在承包人足额交纳承包费的情况下，合同的继续履行能够给集体带来合理收入，也不损害国家和公共利益，程序瑕疵不会直接导致合同无效或不成立。法律在土地承包中规定民主议定程序，是一种村集体内部的管理程序。土地发包是否经过民主议定程序，村集体以外的人难以知悉，特别是在合同已载明村集体内部已经完成民主议定程序的情况下，承包人难以对是否真实进行民主议定程序进行审查，因此，不能对承包人的审查义务要求过于苛刻。

269.同一土地上签订了两个承包合同，谁能取得土地经营权？

▷ 情景再现

董某与李某均为某村村民，2024年5月1日、2日，某村村委会因工作人员工作失误，就同一地块分别

第十章
农村居民权益保护

与董某、李某签订土地承包合同,董某与李某均未办理土地登记。如果董某和李某均主张取得土地经营权,那么谁能取得该土地经营权?

律师说法

《最高人民法院关于审理涉及农村土地承包纠纷案件适用法律问题的解释》第十九条规定,发包方就同一土地签订两个以上承包合同,承包方均主张取得土地经营权的,按照下列情形,分别处理:(1)已经依法登记的承包方,取得土地经营权;(2)均未依法登记的,生效在先合同的承包方取得土地经营权;(3)依前两项规定无法确定的,已经根据承包合同合法占有使用承包地的人取得土地经营权,但争议发生后一方强行先占承包地的行为和事实,不得作为确定土地经营权的依据。

本案中,董某签订合同在先,李某签订合同在后,双方均未办理登记,因此,董某取得土地经营权。

270.他人在我的土地上种植树木，怎么办?

情景再现

2022年11月，县政府向杨某颁发林权证，林权证载明林地使用权、森林或林木所有权权利人为杨某。2023年，同村村民郭某趁杨某外出打工期间，在杨某的林地上种植了大量果树。杨某回村发现后，多次私下找到郭某协商，希望郭某尽快把林地归还，但对方无动于衷。2024年6月，杨某起诉到法院，要求郭某返还林地。庭审过程中，杨某提交了林权证以及勘验报告，证明郭某占用其林地种植果树的事实，法院最终判决郭某将种在林地内的附着物全部移走并恢复原状。

第十章
农村居民权益保护

> **律师说法**

　　承包方在承包土地之后,享有合法的土地经营权。依法对承包地享有使用、收益的权利。任何组织和个人侵害土地承包经营权、土地经营权的,都应当承担相应的民事责任。本案中,杨某依法取得林地的使用权,而郭某未经杨某允许私自侵占其林地,并在其林地范围内种植果树,侵犯了杨某的合法权益,故杨某有权请求郭某排除妨害、返还林地。

　　实践中,一些农户因政策变化在他人林地上种植了果树,林地权人诉请要求移除果树,如径直将果树移除,将有违林业生产,不符合经济最大效用原则,且农户并非恶意侵权,可以结合林地的生长周期,按当地实际租赁林地情况补偿租赁费。这样不仅从公平角度保障了果树所有人的权益,也维护了林地权人的权利。

271.未经合法审批改变农用地用途的承包合同是否有效?

> **情景再现**

　　某区国土资源局与某公司签订《国有土地使用权出让合同》,合同涉及的14万平方米出让土地中,部分土地经批准已转为建设用地,其余部分未经批准,仍然为农用地。后某区国土资源局以某公司未按合同约定如期缴纳全部土地使用权出让金等为由,作出决定撤销与某公司签订的上述合同。某公司遂向法院提起诉讼,请求判令某区国土资源局履行《国有土地使用权出让合同》,向某公司交付合同项下的全部土地。

律师说法

《土地管理法》第四十四条第一款规定,"建设占用土地,涉及农用地转为建设用地的,应当办理农用地转用审批手续"。我国对农用地转为建设用地实行严格的审批制度,国土资源部门出让的土地未办理建设用地审批制度的,土地使用权出让合同无效。《民法典》第一百五十七条规定,"民事法律行为无效、被撤销或者确定不发生效力后,行为人因该行为取得的财产,应当予以返还;不能返还或者没有必要返还的,应当折价补偿。有过错的一方应当赔偿对方由此所受到的损失;各方都有过错的,应当各自承担相应的责任"。

《民法典》第一百五十六条规定,"民事法律行为部分无效,不影响其他部分效力的,其他部分仍然有效"。本案中,合同经过政府批准的部分土地使用权出让有效,未经政府批准的则无效。某公司未在合同约定的期限内履行合同有效部分的交纳土地出让金的义务,解除合同的条件已经成就,因此某区国土资源局解除合同的行为有效。

第十章
农村居民权益保护

272.承包合同到期后承包地的地上物归属谁所有?

▶ 情景再现

某村村委会与李某签订土地承包合同,由李某承包村委会面积为150亩的农场一处,承包期限为15年。后经李某申请,村委会批准李某对原有树木进行更新,李某在承包土地上大面积种植杨树。合同到期后,李某退还部分农场用地,尚有50亩因地上附着物归属及补偿问题双方不能协商一致。因李某长期占用该部分土地,某村村委会诉至法院。法院经审理,判决李某拆除附着物,将争议土地返还村委会,并支付逾期返还土地产生的占地费3万元,争议土地上附着物归村委会所有,村委会补偿李某上述附着物折价款12万元。

▶ 律师说法

《民法典》第五百一十条规定,"合同生效后,当事人就质量、价款或者报酬、履行地点等内容没有约定或者约定不明确的,可以协议补充;不能达成补充协议的,按照合同相关条款或者交易习惯确定"。

农村土地流转合同的签订普遍存在不规范、不完善的问题,容易产生纠纷,处理此类纠纷时,合同有明确约定的,应按合同约定处理。只要不违反法律或者损害他人利益,合同当事人就可以根据自己的意愿，自由确定双方的权利义务；合同没有约定或者约定不明的，可以根据不同的流转方式，按照公平原则或者交易习惯处理。

当土地流转合同约定的土地使用权流转期限届满，对地面附着物的处理没有约定或者约定不明时，应当根据不同的流转方式加以处理。以出让、出租方式流转农村集体建设用地使用权的，出让、出租期限届满后，土地所有权人有权将土地使用权连同地面附着物一同收回而且无须补偿，这是由租赁合同的性质决定的。承租方经出租方同意，可以对租赁物进行改善或者增设他物，对于改善和增设部分，如果当事人没有就归属达成一致，合同期限届满后可以进行拆分且不损害其价值的，则可以由承租方自行处理。土地上的添附具有特殊性，地面建筑物完成后就与土地具有不可分性，拆分不仅会使地面建筑物失去价值，也会影响土地的价值，因此，不存在由承租方自行处理的问题。

第十章
农村居民权益保护

273.承包方擅自改变土地用途的，村集体可以解除承包合同吗？

> 这片土地是我承包的，我想怎么用就怎么用。

> 擅自变更承包地的用途是违法的。

▶ 情景再现

2004年4月15日，赵某与某村民小组签订土地承包合同，承包土地50亩，承包期限为30年。合同签订后，赵某在其中的5亩土地上种植了若干果树，剩余大部分土地则一直闲置。后赵某将部分闲置承包地出卖给胡某等三户作为宅基地，用于建造住宅。2024年2月，某村民小组以赵某擅自变更承包地用途为由诉至法院，请求解除双方签订的土地承包经营权合同。

453

律师说法

《土地管理法》第四十四条第一款规定,"建设占用土地,涉及农用地转为建设用地的,应当办理农用地转用审批手续"。本案中,赵某通过与所在村民小组签订土地承包经营权合同的方式,依法取得承包地的经营权,作为权利人,赵某有权对承包地行使占有、使用和收益的权利,但不得擅自处分承包地。《农村土地承包法》对发包方和承包方的权利义务作了明确规定,双方在土地承包经营权合同中约定的义务,既是双方应恪守的约定义务,也是双方应遵守的法定义务。

维持土地的农业用途,不得将土地用于非农建设,不得给土地造成永久性损害,既是法律的明确规定,也是土地承包经营权人的法定义务。本案中,赵某取得土地承包经营权后,其未按合同约定和法律规定合理使用土地,擅自改变土地的农业用途,给土地造成永久性损害,违反了《土地管理法》和《农村土地承包法》等法律的强制性规定,致使双方签订合同的目的无法实现,法院最终判决依法解除双方签订的土地承包经营权合同。

第十章
农村居民权益保护

274.承包地被征收可以获得补偿吗？

▶情景再现

2012年5月，刘某与某村签订土地承包租用合同，由刘某承包某村山地二亩。刘某承包土地后除用于修建厂房外剩余部分向养猪场出租。出租期间，谢某等人在承包地上建设猪栏等建（构）筑物。2024年3月，该土地被征收，因对被征收的地上附着物和青苗的补偿款的归属存在争议，刘某诉至法院。

律师说法

地上附着物和青苗的补偿费用属于承包人所有，村集体不得私自截留或私分。《土地管理法》第四十八条第二款规定，"征收土地应当依法及时足额支付土地补偿费、安置补助费以及农村村民住宅、其他地上附着物和青苗等的补偿费用，并安排被征地农民的社会保障费用"。《土地管理法实施条例》第三十二条第二款规定，"地上附着物和青苗等的补偿费用，归其所有权人所有"。

《最高人民法院关于审理涉及农村土地承包纠纷案件适用法律问题的解释》第二十条规定，"承包地被依法征收，承包方请求发包方给付已经收到的地上附着物和青苗的补偿费的，应予支持。承包方已将土地承包经营权以出租、入股或者其他方式流转给第三人的，除当事人另有约定外，青苗补偿费归实际投入人所有，地上附着物补偿费归附着物所有人所有"。

本案中，承包地被依法征收，承包方请求发包方给付其已经收到的地上附着物和青苗的补偿款，具有法律依据。刘某建设附着物及种植青苗的合同权利来源于其与某村签订的土地承包租用合同，其理所当然有权依据合同主张地上附着物及青苗的补偿款。法院最终判决支持刘某要求返还补偿款的诉讼请求。

第二节　宅基地纠纷提示

275.遗嘱处分了宅基地及地上房屋，有效吗？

> **情景再现**
>
> 张某与王某为夫妻，二人生前立下遗嘱，明确其所在户的宅基地及地上房屋归女儿小张所有。2023年11月，张某和王某相继去世。就房屋继承问题，小张的哥哥诉至法院，认为小张是非农户籍，不能继承农村宅基地，要求确认遗嘱无效。

第十章
农村居民权益保护

律师说法

农村宅基地是指农村村民基于本集体经济组织成员身份而享有的可以用于修建住宅的集体建设用地，农民无须交纳任何土地费用即可取得，具有福利性质和社会保障功能。

《民法典》第一千一百二十二条规定，"遗产是自然人死亡时遗留的个人合法财产。依照法律规定或者根据其性质不得继承的遗产，不得继承"。宅基地使用权与特定社会身份相关，具有专属性，只能由特定的当事人享有。但宅基地的所有权和使用权是分离的，宅基地的所有权属于村集体，使用权属于村内房屋所有权人，村民只有宅基地使用权，不能随意对宅基地进行处置。若宅基地上已经建有房屋，则该房屋属于村民所有，法律并未限制地上房屋的继承。自然资源部《对十三届全国人大三次会议第3226号建议的答复》中明确指出，"农民的宅基地使用权可以依法由城镇户籍的子女继承并办理不动产登记"。

本案中，小张的父母生前已就相应宅基地的使用权及地上房屋进行了合理合法处分，小张的继承权利并不存在户籍障碍，法院最终判决该遗嘱有效。

总而言之，若宅基地上尚未建有房屋，则宅基地使用权不能被单独继承；若宅基地上已经建有房屋，基于"房地一体"的原则，宅基地上建成的房屋属于村民个人财产，可以依法继承，宅基地的使用权也随之发生继承，但村民只有宅基地使用权,没有所有权。

276.宅基地上的房屋可以卖掉吗?

> 这房子是我买的,拆迁补偿当然是我的。

> 你不是集体经济组织成员,签订的房屋买卖合同是无效的。

征收公告

情景再现

2023年5月12日,王某与孙某签订房屋买卖合同,约定将王某宅基地上的房屋出卖给孙某。房屋买卖合同签订后,孙某一次性付清购房款。后因拆迁补偿问题双方发生争议,王某诉至法院要求确认此前签订的房屋买卖合同无效。

律师说法

《最高人民法院第八次全国法院民事商事审判工作会议

（民事部分）纪要》第十九条规定，在国家确定的宅基地制度改革试点地区，可以按照国家政策及相关指导意见处理宅基地使用权因抵押担保、转让而产生的纠纷。在非试点地区，农民将其宅基地上的房屋出售给本集体经济组织以外的个人，该房屋买卖合同认定为无效。合同无效后，买受人请求返还购房款及其利息，以及请求赔偿翻建或者改建成本的，应当综合考虑当事人过错等因素予以确定。

认定农村房屋买卖合同效力时，一般应当根据买受人身份的不同作出不同裁判，同一集体经济组织成员之间的农村房屋买卖及宅基地流转，由于农村房屋转让后，该房屋所在地的宅基地仍然属于同一集体经济组织，并未损害集体经济组织及其他村民的合法权益，也未被法律、行政法规及相关政策所禁止，所以这类农村房屋买卖合同往往被认定为有效。而集体经济组织成员以外的人与农村村民之间的农村房屋买卖合同则通常被认定为无效。

本案中，王某与孙某签订买卖农村集体经济组织土地上的房屋的合同，必然涉及该集体经济组织宅基地使用权的变更，孙某及其家人均非房屋所在地集体经济组织成员，在购得涉诉房屋后也未将户籍迁入该集体经济组织，其依法不应享有该集体经济组织宅基地的使用权。因此，该房屋买卖合同违反了法律的强制性规定，应属无效。

277.农村宅基地及地上房屋可以抵押吗?

▶ 情景再现

2024年4月14日,陈某与李某签订借款协议,并约定以王某宅基地上房屋为李某借款进行抵押担保,权属证书的原件于协议签订当日交付陈某。后因债务人李某无法还款,陈某诉至法院,请求判令抵押人王某承担抵押担保责任,处置案涉房屋及土地。

律师说法

除全国人大常委会授权开展农民住房财产权抵押贷款试点的地区外,其他地方的农村宅基地和农房均不能抵押。根据《民法典》第三百九十九条第二项的规定,宅基地、自留地、自留山等集体所有土地的使用权不得抵押,但是法律规定可以抵押的除外。第三百九十七条规定,"以建筑物抵押的,该建筑物占用范围内的建设用地使用权一并抵押。以建设用地使用权抵押的,该土地上的建筑物一并抵押。抵押人未依据前款规定一并抵押的,未抵押的财产视为一并抵押"。

本案中,农村宅基地是法律规定的禁止抵押物,不得抵押,而农村住房是宅基地上的定着物,无法与宅基地相分割而独立存在,也不能抵押,因此约定以宅基地上房产及其集体土地使用权为借款作抵押的担保条款违反了法律的强制性规定,应为无效。

提醒注意，宅基地属于集体土地，其所有权人是集体经济组织，村民只拥有使用权。根据"房地一体"原则，抵押宅基地房屋必然涉及土地，即使抵押合同中只抵押房屋，因为不可分性，宅基地使用权必然要一并抵押，这样就违反了法律的强制性规定，因而无效。

278.进城落户的农民能否继续保留宅基地使用权?

▶ 情景再现

沈甲与沈乙是亲兄弟，均为某村村民。2022年5月，沈甲定居城市并落户。2023年6月，沈甲与沈乙的父母相继去世。沈乙认为沈甲已在城市落户，不属于该村集体经济组织成员，遂占用父母留下的三间房屋及对应的院落，后沈甲诉至法院。

律师说法

《土地管理法》第六十二条第六款规定，"国家允许进城落户的农村村民依法自愿有偿退出宅基地，鼓励农村集体经济组织及其成员盘活利用闲置宅基地和闲置住宅"。《中央农村工作领导小组办公室、农业农村部关于进一步加强农村宅基地管理的通知》规定，"要充分保障宅基地农户资格权和农民房屋财产权。不得以各种名义违背农民意愿强制流转宅基地和强迫农民'上楼'，不得违法收回农户合法取得的宅基地，不得以退出宅基地作为农民进城落户的条件"。

《国土资源部、中央农村工作领导小组办公室、财政部、农业部关于农村集体土地确权登记发证的若干意见》第六条规定，"已拥有一处宅基地的本农民集体成员、非本农民集体成员的农村或城镇居民，因继承房屋占用农村宅基地的，可按规定登记发证，在《集体土地使用证》记事栏应注记'该权利人为本农民集体原成员住宅的合法继承人'"。

《国土资源部关于进一步加快宅基地和集体建设用地确权登记发证有关问题的通知》第八条规定，"农民进城落户后，其原合法取得的宅基地使用权应予以确权登记"。

本案中，沈甲作为城镇居民虽然不属于该村村民，但可以通过继承房屋的方式对相应宅基地使用权进行登记确权，在事实上继承相应的宅基地使用权。

第十章
农村居民权益保护

279.城镇居民能在农村买宅基地盖房吗?

▷ 情景再现

李某早年外出打工,在城市买房落户,想等退休后在农村买一处宅基地,建一座小楼,养鸡、种菜,回归田园生活。李某能否通过市场交易的行为购买宅基地?

律师说法

根据《中央农村工作领导小组办公室、农业农村部关于进一步加强农村宅基地管理的通知》的规定,严禁城镇居民到农村购买宅基地,但可以租赁农房,租赁合同期限不得超过20年。农业农村部《关于政协第十三届全国委员会第五次会议第02954号(农业水利类245号)提案答复摘要》第二点"关于有偿使用宅基地"中提到，按照我国现行法律法规和有关政策的规定，宅基地属于本农民集体成员集体所有，农户依法拥有的宅基地使用权，可以按照有关规定在本集体经济组织内部进行转让，但严禁城市居民到农村购买宅基地。农民的住宅不得向城市居民出售，也不得批准城市居民占用农民集体土地建住宅，有关部门不得为违法建造和购买的住宅发放土地使用证和房产证。

根据《民法典》以及《土地管理法》的相关规定，宅基地使用权属于具有特定身份才可以获得的用益物权，属于该集体经济组织成员依据法律规定获取的一项权利，农村房屋的买卖受到较为严格的限制，一般仅有在集体经济组织允许后，农村房屋才可以在集体经济组织内部买卖。农村的宅基地属集体所有，城镇居民不具有农村集体经济组织成员资格，李某幻想的这种宅基地买卖行为违反了法律规定，属无效行为。

280.宅基地被泥石流掩埋、灭失后怎么办？

▶ 情景再现

董某拥有一处宅基地，2024年7月，因发生泥石流灾害，该宅基地及地上房屋均被泥石流掩埋。董某不知道该怎么办。

第十章
农村居民权益保护

律师说法

董某可以重新申请宅基地。《民法典》第三百六十四条规定,"宅基地因自然灾害等原因灭失的,宅基地使用权消灭。对失去宅基地的村民,应当依法重新分配宅基地"。从物理属性上讲,土地是不可能消灭的,但是从用途上讲,自然灾害等原因可能会使土地不再具有某种功能。在发生自然灾害后,原有宅基地不可能再用于建设住宅的情况下,必须对丧失居住条件的集体成员提供新的宅基地以维持生计。

可以享受重新分配宅基地的权利人应当是因自然灾害等原因而丧失宅基地的集体成员。宅基地使用权是村民基于集体成员身份而享有的一种保障性的权利。作为对集体成员的基本保障,宅基地使用权不应当流转到集体之外,也不应当无限扩大,导致集体土地被变相侵占。因此,因自然灾害等原因重新分配宅基地时,应当按照规定的标准分配给仍然属于本集体且丧失基本居住条件的村民。

281. 村集体在什么情况下可以收回农民的宅基地？

情景再现

某日，小营村村委会与经济合作社共同对王某作出《宅基地收回决定》，其主要内容为：鉴于小营村集体土地已经依法进行了棚户区改造，绝大多数村民已经签订拆迁补偿安置协议。但因你家至今未搬迁，严重影响全村回迁进程与公共设施建设进展。现为满足公共设施和公益事业建设的需要，经村民代表会民主决策，决定收回你的宅基地使用权。该《宅基地收回决定》未经人民政府批准。

第十章
农村居民权益保护

律师说法

根据《土地管理法》第六十六条第一款的规定，为乡（镇）村公共设施和公益事业建设，需要使用土地的，不按照批准的用途使用土地的，因撤销、迁移等原因而停止使用土地的，农村集体经济组织报经原批准用地的人民政府批准，可以收回土地使用权。

《土地管理法实施条例》第三十六条第二款规定，"禁止违背农村村民意愿强制流转宅基地，禁止违法收回农村村民依法取得的宅基地，禁止以退出宅基地作为农村村民进城落户的条件，禁止强迫农村村民搬迁退出宅基地"。

存在宅基地使用权被收回的法定情形时，应依据《村民委员会组织法》的相关规定，召开村民会议，详细讨论宅基地的分配方案，并作出收回宅基地使用权的决定。《村民委员会组织法》第二十一条规定，村民会议由本村18周岁以上的村民组成。村民会议由村民委员会召集。有十分之一以上的村民或者三分之一以上的村民代表提议，应当召集村民会议。召集村民会议，应当提前10日通知村民。第二十二条第一款规定，召开村民会议，应当有本村18周岁以上村民的过半数，或者本村三分之二以上的户的代表参加，村民会议所作决定应当经到会人员的过半数通过。决定通过后，应由村委会代表集体经济组织报经原批准用地的人民政府批准后，作出收回宅基地使用权的最终决定，并报相关机关注销登记证等文件，此时宅基地土地使用权才正式被收回。

282.同村村民之间签署的宅基地转让合同有效吗？

> **情景再现**
>
> 2023年5月，许某将其所有宅基地及未建成房屋作价20万元转让给同村村民杨某，村委会在合同上加盖了公章。杨某付款后，在该宅基地上新建房屋。2024年5月，许某认为该转让合同违反国家土地政策及法律法规中关于宅基地禁止转让和"一户一宅"的规定，遂诉至法院，要求确认该转让合同无效。

律师说法

宅基地使用权是农村集体经济组织成员享有的权利，与享有者的特定身份相联系，非本集体经济组织成员无权取得。《土地管理法》第六十二条第一款规定，"农村村民一户只能拥有一处宅基地，其宅基地的面积不得超过省、自治区、直辖市规定的标准"。"一户一宅"的宅基地使用原则并未禁止同一集体经济组织成员之间相互购买宅基地及地上房屋。该条第五款规定，"农村村民出卖、出租、赠与住宅后，再申请宅基地的，不予批准"。因此，法律并不禁止宅基地在集体经济组织内部流转，只是流转后不得再申请宅基地。

本案中，许某与杨某为同一集体经济组织成员，杨某系许某宅基地转让的合格受让主体，且经过宅基地所有权人即本村村委会盖章认可，法律、行政法规亦未规定此类合同应办理批准、登记等手续后生效。杨某在涉诉宅基地新建房屋，涉诉宅基地使用用途并未改变，合同已履行完毕。该种交易在同一集体经济组织内部进行，未损害集体公共利益，亦未违反相关法律法规，法院最终判决驳回许某的诉讼请求。

283.农民自愿退出宅基地后还可以再申请吗？

▶ 情景再现

陈某现为城镇居民户口，因继承父母的农村房屋获得宅基地使用权。陈某将获得的宅基地使用权转让给村民董某后，陈某可以再次申请宅基地使用权吗？

律师说法

目前宅基地的退出方式主要为永久退出、暂时退出、产权置换、货币补偿四种方式。（1）永久退出。已经定居在城市，甚至已经在城市落户，不准备回到农村，家中的宅基地无人居住，可以申请永久退出（有偿）。当永久退出宅基地以后，就无法再次申请了。（2）暂时退出。暂时退出后村中还可以继续保留宅基地的资格，以后如果想要继续获得宅基地，则可以再次申请。（3）产权置换。用自身原有产权房屋与其他产权房屋进行互换，例如，城中村准备拆迁时，通过一定的市场评估后，可以调换城里的楼房。（4）货币补偿。这种方式主要出现在房屋征收的过程中，拆迁方与被拆迁方通过协商，被拆迁者放弃产权，由拆迁人以市场估价为标准对房屋所有权人进行货币补偿。

完全退出宅基地的，一般能获得完整补偿但不再保留宅基地使用权申请资格，不能再申请；暂时退出宅基地的，继续保留宅基地使用权申请资格，可在约定期限内再申请。

本案中，陈某通过继承父母的房屋获得宅基地使用权，又将其转让给村民董某，因此其无法再申请宅基地。

第十一章

如何准备打官司

第十一章
如何准备打官司

284.借款合同纠纷案件如何起诉、立案?

情景再现

刘某向李某借款后未按照约定的还款期限归还,双方亦未签订书面借款合同。李某多次催要无果后,想去法院起诉刘某要求其归还借款,李某向律师咨询,起诉需要准备哪些证据材料?起诉立案流程是怎样的?

律师说法

首先,确定管辖法院。《民事诉讼法》第二十四条规定,"因合同纠纷提起的诉讼,由被告住所地或者合同履行地人民法院管辖"。民间借贷纠纷属于合同纠纷,在借款双方无书面约定管辖的情况下,被告住所地和合同履行地法院均具有管辖权。本案中，李某提起诉讼，刘某住所地（经常居住地）法院对该案具有管辖权；《最高人民法院关于适用〈中华人民共和国民事诉讼法〉的解释》第十八条第二款规定，"合同对履行地点没有约定或者约定不明确，争议标的为给付货币的，接收货币一方所在地为合同履行地"。李某起诉刘某要求给付借款，因李某住所地（经常居住地）为合同履行地，故李某住所地（经常居住地）法院也具有管辖权。

其次，准备立案材料。本案双方当事人均为个人，需要准备以下材料：（1）原告、被告身份信息，包括户籍信息、联系方式等，出借人在出借时应要求借款人提供身份证正反面的复印件，方便发生纠纷时起诉；（2）有签名、日期的民事起诉状，按照法院及被告的人数确定起诉状的副本数量，并提交给法院；（3）证据清单，包括借条、欠条或者合同、催款记录、转账记录等可以证明双方存在借贷关系的相关证据材料；（4）证据材料复印件，开庭时应携带原件，便于法官核对。

最后，立案。可通过线上、线下、邮寄等方式立案。（1）线上立案，通过法院提供的官方渠道实名注册，根据指示进行操作；（2）线下立案，现场递交材料登记立案；（3）采用邮寄方式立案，先在法院官网上将法院地址、联系方式查询清楚，如果网上查询之后，无法确定所查结果是否准确，可以向法院电话询问，确保邮寄地址和联系电话准确；此外，按照规定，司法文书要严格使用 EMS 邮寄。

法院收到立案材料后，会进行审查，符合起诉条件的，办理立案手续；需要补充材料的，进行阐明；不符合起诉条件的，应当在七日内作出裁定书，不予受理；原告对裁定不服的，可以提起上诉。

285.法定继承纠纷案件应向哪个法院起诉？

律师说法

《民事诉讼法》第三十四条第三项规定，"因继承遗产纠纷提起的诉讼，由被继承人死亡时住所地或者主要遗产所在地人民法院管辖"。如果遗产中价值较大的房产存在多处且位于不同地点，则起诉时应明确诉讼标的物的价值及具体的诉讼请求。起诉时遗产价值不明确的，可进行预估，立案法官对原告主张的财产价值进行初步审查，并按当事人主张的遗产价值确定主要遗产所在地。对于影响管辖的相关主要遗产价值，原告主张的价值明显高于或低于实际价值的，依实际价值确定管辖。主要遗产价值无法判断或相差不大的，各主要遗产所在地均有管辖权。

286.通过诉讼方式离婚，应向哪个法院起诉？

情景再现

董某与李某的户籍地均为北京市海淀区，2018年，

> 董某与李某在北京市海淀区登记结婚。因工作原因，婚后李某长期在上海工作，董某在北京工作。后双方因感情不和，协商离婚不成后，董某想通过诉讼方式离婚，董某应向哪个法院提起诉讼？

律师说法

《最高人民法院关于适用〈中华人民共和国民事诉讼法〉的解释》第十二条第一款规定，"夫妻一方离开住所地超过一年，另一方起诉离婚的案件，可以由原告住所地人民法院管辖"。

公民的住所地是指公民的户籍所在地。实践中，适用本条规定时需要提交被告离开住所地超过一年的初步证据，如被告住所地的居委会或村委会出具的居住情况证明、双方的聊天记录、工作性质等相关材料。本案中，董某提交了其与李某的聊天记录、工作调动证明等，能够初步判断李某一年内未返京居住，董某的住所地法院对本案具有管辖权。

此外，《最高人民法院关于适用〈中华人民共和国民事诉讼法〉的解释》第十二条第二款规定，"夫妻双方离开住所地超过一年，一方起诉离婚的案件，由被告经常居住地人民法院管辖；没有经常居住地的，由原告起诉时被告居住地人民法院管辖"。第十六条规定，"中国公民双方在国外但未定居，一方向人民法院起诉离婚的，应由原告或者被告原住所地人民法院管辖"。

287.买卖合同纠纷案件如何起诉?

> 律师说法

首先,确定管辖法院。在有书面合同的情况下,合同中通常会约定发生争议时的管辖法院。《民事诉讼法》第三十五条规定,"合同或者其他财产权益纠纷的当事人可以书面协议选择被告住所地、合同履行地、合同签订地、原告住所地、标的物所在地等与争议有实际联系的地点的人民法院管辖,但不得违反本法对级别管辖和专属管辖的规定"。如果合同双方未书面约定管辖法院,则根据《民事诉讼法》第二十四条的规定,"因合同纠纷提起的诉讼,由被告住所地或者合同履行地人民法院管辖"。

其次,准备立案材料。双方当事人均为公司时,需要准备以下材料:(1)原告、被告的公司信息;(2)原告法定代表人身份证复印件加盖公章;(3)原告法定代表人的身份证明加盖公章、法定代表人签章;(4)民事起诉状,根据法院及被告的人数确定起诉状的副本数量,并提交给法院;(5)证据材料清单;(6)委托员工代表公司诉讼的,需要提供授权委托书、劳动合同和受托人身份证复印件等。

生活中的法律常识
——让你少吃亏的 300 个锦囊

288.发生网络购物纠纷，去哪儿起诉？

▷ 情景再现

李某在某公司开设的网上店铺购买了 10 盒茶叶，共计支付 4000 元。李某收到茶叶后，发现某公司未取得食品生产许可证，不具备生产茶叶的资质。案涉产品标签内容显示产品中含有鸡骨草等物质，但鸡骨草属于《中华药典》中收录的药品，不能添加到普通食品中，李某便以案涉产品存在食品安全隐患为由，向其住所地法院提起诉讼，某公司提起管辖权异议。

律师说法

《民事诉讼法》第二十四条规定，"因合同纠纷提起的诉讼，由被告住所地或者合同履行地人民法院管辖"。《最高人民法院关于适用〈中华人民共和国民事诉讼法〉的解释》第二十条规定，"以信息网络方式订立的买卖合同，通过信息网络交付标的的，以买受人住所地为合同履行地；通过其他方式交付标的的，收货地为合同履行地"。

本案中，李某与某公司通过信息网络方式订立买卖合同，某公司将李某购买的货物通过快递方式邮寄到李某住所地，该收货地即为合同的履行地，因此，被告住所地和收货地法院对网络购物合同纠纷均有管辖权。

289.收到法院传票后应当做什么？

▶ 情景再现

董某于2024年4月20日收到法院传票，告知李某起诉董某民间借贷纠纷案于2024年6月20日开庭，董某收到该传票后应做哪些准备工作？

律师说法

法院传票是人民法院依法签发的，要求被传唤人按指定时间到指定地点出庭参加诉讼活动或进行其他诉讼行为的书面文件。

收到法院传票后，要做好以下准备工作：第一，仔细查看传票上的内容。通过查看传票内容了解审理法院、案由、开庭时间、举证时限,并与法院、承办法官取得联系,核实传票的真实性。第二,查看对方提交的起诉状。一般随传票送达的还有《应诉通知书》《举证通知书》《权利义务告知书》及起诉状副本等复印件,要逐一查看。第三,分析案件情况。根据对方的起诉状及证据材料,分析案件情况、所需证据材料,以及是否需要提起反诉。第四,收集证据。对案件分析后,及时收集证据,对于因客观原因不能自行收集的证据,应及时申请法院调查收集。第五,制作答辩状。答辩状是对原告在起诉状中提出的事实、理由及诉讼请求进行答辩的书状。第六,到庭应诉。按照传票规定的时间和地点准时到庭应诉。

290.离婚案件当事人可以不出庭吗?

第十一章 如何准备打官司

▶ 情景再现

2023年5月,聂某向法院提起诉讼,请求判决其与杨某离婚。根据国家移民管理局出入境记录查询结果,聂某于2019年12月15日出境后再无入境记录。根据聂某亲属的到庭陈述,聂某与其父母于2019年12月出境后一直未回国。法院经审理认为,聂某于2019年12月15日出境后至开庭时均在国外,立案时虽提交了聂某的授权委托书,但授权委托书、起诉状等并无法律规定的使领馆证明手续。本案诉讼时,聂某本人身居国外未到庭,且其提交的起诉状、授权委托书等材料在均无法律规定的证明手续情形下,无法确认聂某的真实意思表示,法院驳回起诉。

律师说法

《民事诉讼法》第六十五条规定,"离婚案件有诉讼代理人的,本人除不能表达意思的以外,仍应出庭;确因特殊情况无法出庭的,必须向人民法院提交书面意见"。

至于哪些属于特殊情况,因法律没有明确规定,参照《民事诉讼法》第七十六条规定,证人确有困难不能出庭的情形包括:(1)因健康原因不能出庭的;(2)因路途遥远,交通不便不能出庭的;(3)因自然灾害等不可抗力不能出庭的;(4)其他有正当理由不能出庭的。

因特殊情况无法出庭的，必须向法院提交自己对是否离婚以及对财产分割、子女抚养问题的书面意见。离婚案件不同于其他民事案件，具有一定的特殊性，夫妻感情是否确已破裂、是否离婚以及财产的分割处理、子女抚养问题等，均涉及当事人的人身和财产权益，要由当事人真实表达意思。且法院要进行调解，只有在经调解无法和好、感情确认破裂的情况下才能判决离婚。因此在无特殊情况下，原则上离婚案件中本人必须出庭。

291.哪些材料可以作为案件的证据？

情景再现

李某在购物平台下单了一部手机，收到货后发现是假冒产品，与商家协商不成后，李某想通过诉讼方式来维护自己的权益，李某可以提供哪些材料作为诉讼证据？

律师说法

《民事诉讼法》规定民事诉讼中的证据主要包括八类：（1）当事人陈述，是指当事人在诉讼中就案件事实所作的陈述。（2）书证，是指以文字、符号、图形等表达的思想内容来证明案件待证事实的书面材料，例如合同、遗嘱、书信、图纸等。（3）物证，是指以其外形、特征、质量等客观存在的能够证明案件事实的物品，例如购买的产品、被损害的物品等。(4)视听资料,是指用录音、录像等方法记录下来的能够证明案件事实的材料。(5)电子数据,是指基于计算机应用、通信等现代化电子技术手段形成的数字、文字、图形等能够证明案件事实的证据,例如电子邮件、网上聊天记录、电子签名、网络访问记录等。(6)证人证言,是指知晓案件事实的人就自己亲眼看到、亲耳听到或从其他人、其他地方间接知道的案件事实以口头或者书面方式向法院所作的陈述。(7)鉴定意见,是指鉴定人运用专业知识对民事案件中的专门性问题进行分析、鉴别、判断后作出的判断性意见,例如文书鉴定、医学鉴定、技术鉴定等。(8)勘验笔录,是指人民法院在诉讼中对与案件争议有关的现场或者不能或不便拿到人民法院的物证等进行现场勘查、分析后制作的笔录。

本案中,李某在网上购物,可提供如下材料作为电子数据证据:(1)网页、博客、微博客等网络平台发布的信息;(2)手机短信、电子邮件、即时通信、通信群组等网络应用服务的通信信息;(3)用户注册信息、身份认证信息、电子交易记录、通信记录、登录日志等信息;(4)文档、图片、音频、视频、数字证书、计算机程序等电子文件;(5)其他以数字化形式存储、处理、传输的能够证明案件事实的信息。

292. 证人出具证言后，必须出庭作证吗？

情景再现

在李某与董某的民间借贷纠纷案中，董某找到王某要求其出具证人证言，证明李某于2022年4月1日向董某借款5万元。王某出具了证人证言，但不知道后续开庭时，王某是否必须出庭作证。

律师说法

《民事诉讼法》第七十六条规定，经人民法院通知，证人应当出庭作证。有下列情形之一的，经人民法院许可，可以通过书面证言、视听传输技术或者视听资料等方式作证：（1）因健康原因不能出庭的；（2）因路途遥远，交通不便不能出庭的；（3）因自然灾害等不可抗力不能出庭的；（4）其他有正当理由不能出庭的。

无正当理由未出庭的证人以书面等方式提供的证言，不得作为认定案件事实的根据。但具备法定情形的特殊情况下，经人民法院许可，证人可以通过书面证言、视听传输技术或者视听资料等方式作证。

293. 如何撰写一份起诉状？

> **情景再现**
>
> 原告李某向法院提起诉讼，要求判令被告某公司支付拖欠原告的劳务工资 1 万元，并承担本案的案件受理费及相关诉讼费用。法院经审理认为，原告起诉时未能提供被告住所的详细地址，经法院释明后，原告仍未在指定期间内提供上述信息，因此不符合起诉的条件，依法驳回原告起诉。

律师说法

《民事诉讼法》第一百二十二条规定，起诉必须符合下列条件：（1）原告是与本案有直接利害关系的公民、法人和其他组织；（2）有明确的被告；（3）有具体的诉讼请求和事实、理由；（4）属于人民法院受理民事诉讼的范围和受诉人民法院管辖。

《最高人民法院关于适用〈中华人民共和国民事诉讼法〉的解释》第二百零九条规定，"原告提供被告的姓名或者名称、住所等信息具体明确，足以使被告与他人相区别的，可以认定为有明确的被告。起诉状列写被告信息不足以认定明确的被告的，人民法院可以告知原告补正。原告补正后仍不能确定明确的被告的，人民法院裁定不予受理"。

《民事诉讼法》第一百二十四条规定，起诉状应当记明下列事项：（1）原告的姓名、性别、年龄、民族、职业、工作单位、住所、联系方式，法人或者其他组织的名称、住所和法定代表人或者主要负责人的姓名、职务、联系方式；（2）被告的姓名、性别、工作单位、住所等信息，法人或者其他组织的名称、住所等信息；（3）诉讼请求和所根据的事实与理由；（4）证据和证据来源，证人姓名和住所。

294.离婚案件不想公开审理，怎么办？

律师，我这个离婚官司不想公开审理，可以吗？

您可以向法院申请不公开审理。

▶ 情景再现

郭某向法院提起诉讼，要求解除与申某的婚姻关系，并要求申某承担损害赔偿责任。申某以涉及个人隐私为由向法院提出不公开审理的申请。法院经审查认为，该案为离婚案件，可能会涉及个人隐私，故法庭决定同意申某的请求，不公开开庭审理本案。

律师说法

《民事诉讼法》第一百三十七条规定，"人民法院审理民事案件，除涉及国家秘密、个人隐私或者法律另有规定的以外，应当公开进行。离婚案件，涉及商业秘密的案件，当事人申请不公开审理的，可以不公开审理"。

如果案件不公开审理，则庭审过程中法庭不会录音、录像，外人未经同意也不能旁听。值得注意的是，不公开审理需要当事人主动向法院提出申请。

295. 一审判决对我不利，我应该怎么办？

情景再现

法院判令A能源公司向B公司支付代建项目费及违约金，A能源公司于2022年4月11日签收该判决书，其在上诉期内未提起上诉。后A能源公司认为该判决导致其就同一工程项目重复承担付款义务，向法院申请再审。法院经审理认为，两审终审制是我国民事诉讼的基本制度，当事人如认为一审判决错误，应当提起上诉，

> 通过二审程序行使诉讼权利，即当事人首先应当选择民事诉讼审级制度设计内的常规救济程序，通过民事一审、二审程序寻求权利的救济。再审程序是针对生效判决可能出现的重要错误而赋予当事人的特别救济程序。A 能源公司未对此案提起上诉，应视为其已接受一审判决结果，故 A 能源公司的再审申请缺乏再审利益。

律师说法

《民事诉讼法》第一百七十一条规定，"当事人不服地方人民法院第一审判决的，有权在判决书送达之日起十五日内向上一级人民法院提起上诉。当事人不服地方人民法院第一审裁定的，有权在裁定书送达之日起十日内向上一级人民法院提起上诉"。

第一百七十二条规定，"上诉应当递交上诉状。上诉状的内容，应当包括当事人的姓名，法人的名称及其法定代表人的姓名或者其他组织的名称及其主要负责人的姓名；原审人民法院名称、案件的编号和案由；上诉的请求和理由"。

两审终审制，是指一个案件只要经过两级法院的审理即宣告终结。第二审是发生法律效力的终审，即案件初审后可以上诉的法院层级数仅有一级。除选民资格案件、宣告失踪或者宣告死亡案件、认定公民无民事行为能力或者限制民事行为能力案件、认定财产无主案件、确认调解协议案件和实现担保物权案件等特定案件外，普通民事案件均是两审终审。任何一方对一审法院作出的判决、裁定不服，均可以在上诉期限内提出上诉。

上诉状应当通过原审人民法院提出，并按照对方当事人或者代表人的人数提出副本。当事人直接向第二审人民法院上诉的，第二审人民法院应当在 5 日内将上诉状移交原审人民法院。上诉案件的诉讼费用，由上诉人在向原审人民法院提交上诉状时预交。双方当事人都提出上诉的，由上诉的双方当事人分别预交；上诉人在上诉期内未预交诉讼费用的，人民法院应当通知其在 7 日内预交；上诉人逾期不交纳诉讼费用又未提出司法救助申请，或者申请司法救助未获批准，在人民法院指定期限内仍未交纳诉讼费用的，由人民法院依照有关规定处理。

296.对方不履行生效判决，可以申请强制执行吗？

▷ 情景再现

法院对董某与李某买卖合同纠纷案作出的判决生效后，李某未按照判决确定的给付期限履行支付义务，董某该怎么办？

律师说法

董某可以向法院申请强制执行。

《民事诉讼法》第二百四十七条规定，"发生法律效力的民事判决、裁定，当事人必须履行。一方拒绝履行的，对方当事人可以向人民法院申请执行，也可以由审判员移送执行员执行。调解书和其他应当由人民法院执行的法律文书，当事人必须履行。一方拒绝履行的，对方当事人可以向人民法院申请执行"。

第二百五十条规定，"申请执行的期间为二年。申请执行时效的中止、中断，适用法律有关诉讼时效中止、中断的规定。前款规定的期间，从法律文书规定履行期间的最后一日起计算；法律文书规定分期履行的，从最后一期履行期限届满之日起计算；法律文书未规定履行期间的，从法律文书生效之日起计算"。

提醒注意，申请人向法院申请强制执行的期限为2年，从判决规定的履行期间的最后一日起计算。超过2年期限后申请强制执行，在2年执行期限内不存在督促义务人履行裁判文书、对方主动部分履行义务等时效中止、中断事项，被执行人对申请执行时效期间提出异议，人民法院经审查异议成立的，将裁定不予执行，也就是说，当事人将丧失请求人民法院强制执行的权利。

申请强制执行需要准备以下材料：（1）强制执行申请书；（2）证明申请人主体资格的材料；（3）具有强制执行内容的生效法律文书原件、复印件及法院出具的法律文书生效证明；（4）被申请人可供执行的财产线索清单。

第十一章
如何准备打官司

297.法院错误执行了我的财产，我可以提出异议吗?

> ▶ **情景再现**
>
> 2022年5月30日，董某与李某签订房屋买卖合同，约定董某购买李某房产一套。合同约定购房款在签订购房合同时支付30%，交付房屋后支付60%，办理不动产过户后支付剩余的10%。合同签订后，李某按时向董某履行了交房义务，董某装修完毕即入住该房屋。李某售房后一直在外地居住，未按照约定协助董某办理房屋过户登记。2024年6月30日，董某得知该房屋因李某与王某的民间借贷案件被法院查封。董某该怎么办?

律师说法

《民事诉讼法》第二百三十八条规定，"执行过程中，案外人对执行标的提出书面异议的，人民法院应当自收到书面异议之日起十五日内审查，理由成立的，裁定中止对该标的的执行;理由不成立的，裁定驳回。案外人、当事人对裁定不服，认为原判决、裁定错误的，依照审判监督程序办理;与原判决、裁定无关的，可以自裁定送达之日起十五日内向人民法院提起诉讼"。

本案中，李某和王某是民间借贷案件的当事人，董某是案外人，李某的房屋是执行标的物，故董某有权向法院提出异议。如果执行法院裁定驳回董某的异议申请，董某对该裁定不服，则可自裁定送达之日起15日内，以其享有房屋的全部权利为由，以王某作为被告向法院提起执行异议之诉。

《最高人民法院关于人民法院办理执行异议和复议案件若干问题的规定》第二十八条规定，金钱债权执行中，买受人对登记在被执行人名下的不动产提出异议，符合下列情形且其权利能够排除执行的，人民法院应予支持：（1）在人民法院查封之前已签订合法有效的书面买卖合同；（2）在人民法院查封之前已合法占有该不动产；（3）已支付全部价款，或者已按照合同约定支付部分价款且将剩余价款按照人民法院的要求交付执行；（4）非因买受人自身原因未办理过户登记。

298.成为失信被执行人有什么后果？

第十一章
如何准备打官司

律师说法

失信被执行人是指具有履行能力而不履行生效法律文书确定的义务的被执行人，俗称"老赖"。一旦纳入失信被执行人被法院限制高消费，根据《最高人民法院关于限制被执行人高消费的若干规定》第三条的规定，被执行人为自然人的，被采取限制消费措施后，不得有以下高消费及非生活和工作必需的消费行为：（1）乘坐交通工具时，选择飞机、列车软卧、轮船二等以上舱位；（2）在星级以上宾馆、酒店、夜总会、高尔夫球场等场所进行高消费；（3）购买不动产或者新建、扩建、高档装修房屋；（4）租赁高档写字楼、宾馆、公寓等场所办公；（5）购买非经营必需车辆；（6）旅游、度假；（7）子女就读高收费私立学校；（8）支付高额保费购买保险理财产品；（9）乘坐G字头动车组列车全部座位、其他动车组列车一等以上座位等其他非生活和工作必需的高消费行为。被执行人为单位的，被采取限制高消费措施后，禁止被执行人及其法定代表人、主要负责人、影响债务履行的直接责任人员、实际控制人以单位财产实施前述规定的行为。

此外，未履行生效法律文书确定的义务，且有伪造证据，以暴力、威胁等方法妨碍、抗拒执行，以虚假诉讼、虚假仲裁或者以隐匿、转移财产等方法规避执行，违反财产报告制度，违反限制消费令，无正当理由拒不履行执行和解协议等情形的，也会被纳入失信被执行人名单。

299. 符合哪些情况可以申请法律援助？

▷ 情景再现

2021年11月，董某从老家河北农村来北京务工，入职一家火锅店做配菜工，未签订劳动合同。后火锅店老板以火锅店业绩不好为由辞退董某，于是董某对火锅店提起劳动仲裁。董某此种情况可以申请法律援助吗？

律师说法

《法律援助法》第三十一条规定，下列事项的当事人，因经济困难没有委托代理人的，可以向法律援助机构申请法律援助：（1）依法请求国家赔偿；（2）请求给予社会保险待遇或者社会救助；（3）请求发给抚恤金；（4）请求给付赡养费、抚养费、扶养费；（5）请求确认劳动关系或者支付劳动报酬；（6）请求认定公民无民事行为能力或者限制民事行为能力；（7）请求工伤事故、交通事故、食品药品安全事故、医疗事故人身损害赔偿；（8）请求环境污染、生态破坏损害赔偿；（9）法律、法规、规章规定的其他情形。

当然并不是所有的法律援助申请都受经济困难条件限制，根据《法律援助法》第三十二条、第四十二条的规定，英雄烈士近亲属为维护英雄烈士的人格权益，因见义勇为行为主张相关民事权益，再审改判无罪请求国家赔偿，遭受虐待、遗弃或者家庭暴力的受害人主张相关权益的，不受经济困难条件的限制。此外，如果申请人有材料证明其属于无固定生活来源的未成年人、老年人、残疾人等特定群体，社会救助、司法救助或者优抚对象，申请支付劳动报酬或者请求工伤事故人身损害赔偿的进城务工人员，则免予核查经济困难证明。

本案中，董某属于申请支付劳动报酬的进城务工人员，其主张属于法律援助范围，可以申请法律援助，且免予核查经济困难情况。

300.申请法律援助应准备什么材料？

▶ 情景再现

> 杨某年幼时患病，智力发育受到严重影响，经残疾鉴定被评定为二级智力残疾。2022年，杨某家面临拆迁安置，因杨某为二级智力残疾人，致使很多拆迁安置手续无法正常办理，需要通过诉讼途径认定其为无民事行为能力人或者限制民事行为能力人，并指定监护人代为实施民事行为。2022年7月初，杨某在家人的陪同下来到法律援助中心申请法律援助。法律援助中心根据法律援助法相关规定，经审查后决定给予杨某法律援助，并指派律师承办此案。

律师说法

《法律援助条例》第十七条规定，公民申请代理、刑事辩护的法律援助应当提交下列证件、证明材料：（1）身份证或者其他有效的身份证明，代理申请人还应当提交有代理权的证明；（2）经济困难的证明；（3）与所申请法律援助事项有关的案件材料。申请应当采用书面形式，填写申请表；以书面形式提出申请确有困难的，可以口头申请，由法律援助机构工作人员或者代为转交申请的有关机构工作人员作书面记录。

如果申请人符合《法律援助法》第三十二条、第四十二条的规定，则无须提供经济困难的证明。

图书在版编目（CIP）数据

生活中的法律常识：让你少吃亏的300个锦囊／陈科主编；董瑞雪副主编. -- 北京：中国法治出版社，2024. 10. -- ISBN 978-7-5216-4750-1

Ⅰ. D920.4

中国国家版本馆CIP数据核字第20241DJ103号

责任编辑：秦智贤（qinzhixian@zgfzs.com） 封面设计：周黎明

生活中的法律常识：让你少吃亏的300个锦囊

SHENGHUO ZHONG DE FALÜ CHANGSHI：RANG NI SHAO CHIKUI DE 300 GE JINNANG

主编／陈科
副主编／董瑞雪
经销／新华书店
印刷／三河市紫恒印装有限公司
开本／880毫米×1230毫米　32开　　　　　　印张／16.25　字数／183千
版次／2024年10月第1版　　　　　　　　　　2024年10月第1次印刷

中国法治出版社出版
书号 ISBN 978-7-5216-4750-1　　　　　　　　定价：58.00元

北京市西城区西便门西里甲16号西便门办公区
邮政编码：100053　　　　　　　　　　　　　传真：010-63141600
网址：http：//www.zgfzs.com　　　　　编辑部电话：010-63141798
市场营销部电话：010-63141612　　　　　　印务部电话：010-63141606

（如有印装质量问题，请与本社印务部联系。）